近世日本の国家権力と宗教

高埜利彦

本書は、一九八九年五月二五日に東京大学出版会より刊行された。

序

戦後生まれの私が育った東京の街には、戦争への反省が至るところに溢れていた。そんなところ、子供であった私の耳に、はかり知れぬ奥深い響きを伝えていたのが、「赤紙一枚」という言葉であった。

大日本帝国の軍隊による召集令状、俗に赤紙は、その紙切れ一枚で、突然、否も応もなく家族から父親や息子を引きさき、学徒たちからは学問を、挙句に命をも奪ったのであった。戦いすんで、かろうじて生き還れた大人たちが、折にふれ、重い口調で「赤紙一枚で」と言の葉に乗せた時の口元には、一様に口惜しさに似たゆがみのあったことを、子供心に感じたことを覚えている。

大人たちはなぜ赤紙を破り捨てて召集を拒まなかったのだろうか、と子供心に思った。しばらくしてから思ったのは、誰もが破ることのできなかった赤紙の、奥の威圧感とは何だったのだろうか、という疑問で、これはその後も抱かれ続けてきた。その後、歴史学を学んだ私なりの粗略な理解を試みれば、かつて大人たちが破ることのできなかった赤紙とは、それが戦前の圧倒的な国家権力そのものであり、これに比べて個人の権利はあまりに脆弱であったこと、そしてその対比が赤紙について語る時の生き残れた大人たちの口惜しさの原因であった、と今の私は考えるのである。

この圧倒的な国家権力を形づくった主要素に、天皇制と国家神道があったことも、歴史学を通して学んできた。「近世日本の国家権力と宗教」を本書のテーマに据えたことの、これが遠い所以である。

＊

強力な国家権力と個人の脆弱な権利、という戦前の関係は、アジアや欧米、そして日本の人々の筆舌に尽せぬ犠牲によって改められ、戦後は天皇制や国家神道の改廃とともに、個人の権利は保証されるようになったと確かに思ってきた。しかし、戦前とは異質ながらも、依然、今日（一九八九年）に至っても、国家に対する個人の権利の薄弱さ、共同体や社会の目からは決して自由になれない自主性の乏しさは、フランス社会の中に僅か一年間（一九八六年）ながら身を置いて外から日本を眺めた私に、改めて痛感された。フランスでは、個々の人が国家や社会や共同体からじつに自立して、堂々と生きていることが感じられ、彼我の違いを強く認識させられたのである。このようなフランスの国民性は、もちろん一朝一夕に成ったものではなく、多大の犠牲（フランス革命やレジスタンスなどなど）を国民が払って、歴史が積重ってできあがったものであるのは言うまでもない。

日本の、現在に至る個人の権利・自由の乏しさや、これに対する国家権力の強さとは、ましてて戦争による多大な犠牲を払っても容易に改めえなかったこの根強さとは、いったい歴史的にどこから由来するものであろうか。

直接的には、明治維新後の近代国家形成の歴史過程や戦前の軍国主義の中に求めえよう。しかし、国家権力と個人との関係で言えば、中世期までと、全国統一なった後の近世期との違いにこそ着目する必要があるのであろう。兵農分離以前の、在地や農民や共同体に武力が備わり、対する統一性の弱い分散した権力に、時には一揆で対峙しえる国民の側の権利と国家権力との関係。これに比べて、近世の統一された幕藩領主権力と、兵農分離を経た丸裸の農民や共同体との関係。この中世と近世との違い、すなわち格段に強い近世国家権力の形成こそ、今日に連なる国家と個人の関係の歴史的な出発点として捉えるものであろう。その観点が、「近世日本の国家権力と宗教」をテーマに据える所以となる。

*

幕藩領主権力による小農民支配を根幹におく近世国家において、執行権力である幕府は、天皇や公家、門跡寺院や大神社、さらには律令制的な制度も含めた広い意味での朝廷を、統制・編成して権力の一部に含み込ませた。

幕府が国家支配の上で朝廷に担わせた役割とは、①将軍や東照権現の権威化を果すこと、②官位叙任を通じ諸身分編成に機能すること、③元号や宮号宣下をしたり、国家安全や将軍の病気平癒のために仏教・神道・陰陽道を駆使して祈願を行なう宗教的機能を果すこと、④神社支配の吉田家・白川家や陰陽道支配の土御門家など、家職をもつ公家たちが本所として、身分統制の機能を果すこと、⑤門跡は、天台・真言・浄土・修験の諸宗寺院編成をしたり、祈禱にあたること。これら大まかに五つの役割を、近世国家の中で機能すべく、担わされた朝廷は、軍事力・行政力は無く、経済力も幕府に許与された限りのものしかなく、まったくの非権力であった。

元和元（一六一五）年、幕府によって出された「禁中並公家諸法度」は、幕末期まで続く、幕府による朝廷統制の根本原則になった。ところで朝廷には、天皇の勅許・綸旨・宣旨あるいは太政官符などが、前代より引き続き発給されてきた。時には、天皇の綸旨が主体的に発せられた上で、しかもある程度の効力をもっていたことを示した例もある。寛永四（一六二七）年七月、幕府は大徳寺や妙心寺の入院出世がみだりになっていることを咎め、これに抵抗した沢庵らを処罰し、元和元年以来、幕府の許可なく着した紫衣を剝奪した。この紫衣事件は、第三・四章で見るごとく、幕府が大徳寺・妙心寺両派を統制する目的のほかに、幕府法度と天皇綸旨とが抵触している状態を打開し、幕府法度の上位を明確に示す目的があったのである。

このように幕府法度上位が徹底された上で、しかし、勅許や太政官符は依然出され続けた。例えば元号が改められた際、形式的には五畿内諸国にあてて改元の宣旨が朝廷内で調えられるが、それで新元号が全国に知らされるのではなく、まず改元が幕府に届けられ、その上で幕府から全国に周知徹底されるのである。行政力の無い朝廷の発した太政官符や宣旨は、実効力をもたなかったが、東照社から東照宮への宮号が太政官符によって与えられたように、幕府にとって意味のある時に限り、効力がもたらされたものである。この法制面での押えは、幕末まで続き、幕府による朝廷統制の基本的枠組の一つの要素をなす。

次に、幕府による朝廷統制の基本的枠組をなす二つ目の要素として、統制機構について触れたい。延宝七（一六七九）年、右大臣一条内房が日記に記すところでは、天正～文禄期に至るまで、摂家とその他の公家とを分けずに大臣は天皇の勅問に預り評議の席に列した、しかるに、元和～寛永期に至り、摂家の偏重が進み、摂家でなければ朝議に預かれぬような状態が形成された、という。摂家に準じる家格の清華家九家（歴代当主のべ一〇六人）で、近世期に左大臣になった例を「公卿補任」で求めると、わずか一〇例のみで、しかも一～二年の短期間の任官でしかなかった。のみならず、その短期間も摂家でなければ朝議に預かれないような、摂家の偏重が存在したのである。

一条内房の指摘する元和～寛永期からの摂家偏重は「禁中並公家諸法度」の幕府意図の反映と言える。しかしながら、武家伝奏中院通村のほかは摂家をはじめ堂上の誰もが知らされない形で寛永六年、後水尾天皇が突然譲位したことは、幕府に朝廷統制策の引締めを必要とさせた。幕府は寛永七年七月十三日、明正天皇即位に伴い、弱冠七歳の女帝を支える朝廷の要として、摂家に対して朝廷のまつりごとの沙汰を正しく、きっと行なうべきことを明示した。のみならず九月には、酒井忠世・土井利勝を京都に送り、京都所司代板倉重宗や金地院崇伝とともに、まず武家伝奏中院通村を罷免させた上で、摂家を呼び寄せて、幕府の上意を伝えた。上意の内容とは、遠国にある幕府から禁中向きの統制は無案内になる、したがって摂家が天皇・上皇に異見を上申し、これまでのまつりごとが退転しないよう、ならびに公家衆家々の学問や法度支配が相違なく行なわれるようにと摂家に命じ、もし無沙汰ならば摂家の越度になる、というもので、大御所秀忠・将軍家光の命として伝えられた。

寛永六年の後水尾天皇の突然の譲位こそが、逆にこれを契機に、幕府をして摂家重視の朝廷統制機構確定に向かわせたのである。この摂家による統制を補完したのが二名の武家伝奏である。「禁中並公家諸法度」第十一条のように、関白と並んで武家伝奏の命に従わざるものを流罪に処すと、幕府は武家伝奏の権限保証をしている。京都所司代の邸に赴き、毎日のように連絡を取りながら、幕府の指示を受けつつ、堂上公家や地下の者たちを管理する役割を担わされていた武家伝奏が、例えば後水尾天皇譲位の際の中院通村のような行動をとったことは、幕府には決して許されるものではなかった。幕府は、中院通村を罷免したにとどまらず、寛永十二年三月には、通村・通純の父子を江戸の寛永寺に、およそ半年間幽閉したほどで、幕府の意図に抗した武家伝奏の処遇を示唆した、だめ押しの処分であった。

慶長期から存在する武家伝奏であったが、その任務に二つの及ばぬ点が生じはじめた。一つは、その任務はあくまで朝廷の表向きのことがらに限定され、奥向きつまり天皇の「御前之儀」には届かなかった点。二つには、あまりに武家伝奏の役割が繁多になった点である。この二点を解決するために設置されたのが議奏である。寛文三年に一〇歳の霊元天皇即位に際して、養育係として幕府の指示で四人の年寄衆が置かれ、寛文十一年以降は、天皇や若い側近の行動を強く統制する役割を果した。貞享三（一六八六）年に、年寄衆は議奏の名称に統一され、武家伝奏の繁多な職務を補佐するとともに、天皇側近の管理統制を担った（田中暁龍「江戸時代議奏制の成立について」『史海』三四号）。

武家伝奏と議奏はともに幕府から役料を受けていたが、両者の関係は、議奏歴任者が武家伝奏に就任することが多かったことが示すように、相互補完して摂家（摂関・三公）を支え、朝廷内にラインを形成して、京都所司代・付武家などの武士の力（暴力装置）を背景にして、朝廷統制機構として機能した。換言すれば、朝議には摂家―武家伝奏―議奏の十名余の公家のほかは、親王も百家余の堂上公家も参画できない体制であったと言える。

この体制は、寛政三（一七九一）年の尊号一件で動揺したが、その時を除いて、寛永七年以降幕末に至るまで、摂家―武家伝奏―議奏による幕府の朝廷統制のための機構は機能したと見て大過なかろう。このラインや押えの武士たちの存在は、天皇・上皇や公家たちの行動を大いに規制した。ここでは天皇の行動、とくに行幸に着目する。

天皇の行幸は、近くは天正十六（一五八八）年に後陽成天皇が豊臣秀吉の待つ聚楽第に行幸した例や、寛永三（一六二六）年に後水尾天皇が、上洛した将軍家光や大御所秀忠の待つ二条城に行幸した例がある。「聚楽第行幸図」中に、天皇の乗る鳳輦に向かい、膝まづき額ずく武士の姿が見出されるように、天皇のもつ権威が、鳳輦とおごそかな公家の行列となって、市中や社会の中に、広く示されることは、天皇の権威の一人歩き、自立につながる。幕府は、近世国家内で果すべき天皇の機能に限定するためにも、天皇の権威の自立・拡散を封じた。天皇の行幸は、後水尾天皇の二条城行幸のあと、小規模ながら二度は行なわれた模様である。寛永十七年三月十二日明正女帝は父である後水尾上皇の仙洞御所に行幸し、五日間留まった。これは、約一カ月前から武家伝奏を通して江戸に伺い、細々と行なう条件で容認された。その後は、慶安四（一六五一）年二月二十五日に、後光明天皇が後水尾上皇に「朝勤の行幸」を行なった。これは内々にことが進められ、事前に幕府の許可を得なかった可能性がある。

この後には、禁裏炎上などの止むを得ぬ時のほか、おそらくは天皇の行幸は幕府によって事実上停止されたものと思われる。慶安四年の後光明天皇の行幸から三五年ほど経った貞享四（一六八七）年、譲位した霊元上皇の強い要望で、東山天皇即位に伴う大嘗会再興が幕府によって容認された。朝廷はその際、大嘗会を構成する重要儀式である賀茂の河原への禊行幸もあわせて要望したが、幕府はこれに反対した。この禊行幸の不許可は、元文度以降の大嘗会でも貫かれた。行幸そのものが、幕府には決して容認できぬものとされたのであろう（武部敏夫「貞享度大嘗会の再興について」『書陵部紀要』四号）。

行幸の禁止が、その後も引き続いたことは、明和事件の際の山県大弐に対する死罪申し付けの理由の中にも見出せる。山県大弐が現在の天皇は「禁裏行幸もこれ無く囚れ同前之由」と雑談したことも罪状とされ、大弐の尊王の立場からも、天皇行幸の不許可が語られていた。この行幸の禁止は、幕末まで続く。以上のような江戸時代全般を通じた天皇行幸の禁止は、天皇の存在と権威を社会に直接示すことを阻む効果をもった。

＊

江戸幕府の朝廷統制の基本的枠組は、寛永期に確定してから幕末まで機能し続けたが、その下で、朝廷の存在は時代とともに徐々に変容を遂げていった。その変容の過程は、大きく二つの時期を画期として捉えることができる。一つ目の画期は、将軍で言えば四代家綱から五代綱吉にかけて、朝廷では霊元天皇の時期にあたる。従来、武断から文治政治への転換期として把握された時期。二つ目は、尊号一件のあった、寛政期を画期として捉えることが可能である。

まず第一の変容以前の朝廷の位置・状態について、その特徴を検討しておこう。前述の寛永四〜七年の幕府による統制策の上に、寛永十一年の将軍家光による三十万余の大軍勢を率いての上洛は、幕府の圧倒的な力を朝廷に示したことでよく知られる。これを反映して、朝廷はもっとも自立性の乏しい、幕府の統制は思いのまま、といった時期であった。例えば寛永十四年、明正天皇が一五歳になったのにあたり、旧例に従って摂政を関白に改めようと（復辟）、朝廷は準備万端整えた上で、京都所司代板倉重宗に内談したところ、板倉は、このような重儀は武家へ談合あって然るべき、と延期を命じた。内大臣九条道房は、これに不満の色をかくさず、「現在は諸事この通りで、すべて関東に仰合わせて、しかるといえども公事が制限される」と嘆いている。

この九条道房の嘆きに照応するように、幕府の考えもその積りであったことが、金地院崇伝の日記からわかる。崇伝が記すには、「大事も小事もともに武家へ談合無くてはとてもなるまじく」との考えで、これを朝廷に口頭で伝えてあると言う。しかも、寛永二十一年の正保の改元では、元号の選定だに幕府が決定するという、かほどに朝廷の自主性の乏しい、幕府に気遣いを示した時期であったと捉えることができよう。

三代将軍家光の大軍勢による上洛は、また一面、将軍権力のもつ軍事指揮権発動によって領主階級を編成するためでもあった。国内・国外の戦争を前提にしたこの権力編成原理は、国内外の平和が継続する中で、おのずからこれにとって代わる権力編成原理を将軍権力に必要とさせた。「武家諸法度」第一条が将軍綱吉によって「文武忠孝を励し、礼義を正すべき事」と改められたのに象徴的なように、武士にまず第一に求められたのは、武道

（弓馬の道）ではなく、忠孝や礼義となったのである。三代将軍までの軍事指揮権に頼った支配方式ではない、「平和」な時代の秩序維持を図り、よりいっそう将軍権威を高めるために、幕府は朝廷や天皇の近世国家にもつ儀礼上の存在意義を必要とした。

この武から「平和」への転換、あるいは戦時の論理を否定する政策を端的に示す事例をここで示しておきたい。貞享元（一六八四）年、幕府は「服忌令」を発した。「服忌令」はこのあと貞享三・五年、元禄四・五・六年、元文元（一七三六）年に追加制定がなされ、以降、明治維新まで制度は続いた。「服忌令」とは、近親者に死者があった時、自宅で謹慎をする忌の日数や、神事にかかわれぬ服喪の日数など、死者の近親の度合に応じた服や忌の日数を定めたものである。言うまでもなく、死や血の穢れを排する考え方である。

これらは、もともと武士の世界に存在した観念ではない。「大宝令」の制度以来、朝廷や神道における死穢を排する習俗だったのである。例えば明暦二（一六五六）年三月に、仙洞内雪隠に下女の流産の子がある故、仙洞は三〇日の地穢となった。あるいは延宝二（一六七四）年七月、青蓮院門跡が、自領内山中の首つりの死者に触穢があるか否かを心配して問合わせてきたのに対し、妙法院門跡は、山中は路頭と同じ無限域で触穢は無いと答えている。

死や血その他の穢れの対極に神や聖・浄の観念がある。神社そして禁裏をその中心に据える考え方である。このような穢を排する「服忌令」が、この時期、幕府によって武家の社会に制度化されたのである。戦時にあっては人を殺すことが価値であり、主人の死後、追腹を切ることが美徳とされた武士の論理は、死穢とともに排され、武家の儀礼の中に朝廷から伝わった服忌の観念が制度化・徹底され、ついには広く社会にも浸透していったのである。

しかし、かと言ってこのような幕府の政策変更、つまり権力編成原理の変化だけで、この時期の朝廷儀礼や朝儀の復興の数々を理解することはできない。朝廷側の、とりわけ霊元天皇の積極的な意図に着目する必要があろう。霊元天皇と朝廷には、「朝廷復古」という言葉に集約される気運の盛りあがりが存在し、これがこの時期の朝儀の復興につながった一因と見てよかろう。議奏の制度化のきっかけとなった寛文十一年の霊元天皇と近習たちの放埒事件を見る時、二十歳前後の天皇や公家たちには、あの三六年前の寛永十一年の家光の三十万軍勢の上洛の威力はもはや昔話でしかなくなったのであろうか。前期の強い幕府統制とその状況とは異なる朝廷内の動向を窺い知ることができる。

延宝六〜八年ころと見られる左大臣近衛基熙の主張では、当時の朝廷は関白の下知で決定することが稀になっている、その上、関白・三公などの承諾なきことが、霊元天皇の叡慮であるからと治定されたり、あるいは武威を軽んずることにことよせて決定されることがしばしばである、関白の官は形骸化している、というものである。

幕府の朝廷統制機構とくに関白の権限を守ろうとする、時の左大臣近衛基熙の動きもあって、霊元天皇や側近による「朝廷復古」は、幕府によって阻止された。貞享三年の霊元天皇譲位に際し、幕府は天皇の側近の花山院定誠をしりぞけ、あらためて寛永期以来の幕府の朝廷統制機構、すなわち関白・武家伝奏・議奏によって「諸事相談」するように命じた。この後は、「朝廷之御為之事ハ勿論、大樹様御為」を志向した近衛基熙・家熙らを中心にして、将軍権力に朝廷権威を協調させる体制が、維持されていったのである（久保貴子「天和・貞享期の朝廷と幕府」『早稲田大学大学院文学研究紀要別冊第一四集』）。

この元禄期前後の変容ののち、協調体制を象徴する幕府と朝廷との関係は、幕府による山陵修理（元禄十〜十二年）や禁裏御料の増献（宝永二年）、あるいは閑院宮創設（宝永七年）や宇佐宮香椎宮奉幣使再興（延享元年）（第二章）などによく示されている。

このような第一の変容後、すなわち朝廷を幕府権力の一部、とりわけ将軍権威の補強のために協調させる時代はその後も続いた。宝暦十二（一七六二）年七月十二日、桃園天皇の突然の死は、関白らごく少数の者を除いて秘密にされ、九日目の七月二十一日になってやっとその死が朝廷内に知らされた。その間、関白らは次の天皇を誰にするか幕府に内慮を伺い、その返答を待ったために秘喪となったのである。かつての後光明天皇の突然の死の時と同様に、依然、幕府の朝廷統制の根幹、すなわち天皇を誰にするかの権限は幕府に保たれていたと言えよう。しかしこのような中で、他方、宝暦期以降は朝廷を構成する公家や門跡たちも積極的に自家の権限を確保・増長させようと、幕府に働きかけた。あるい

堂上公家数（寛延３年）

摂　家	5	〈新家設立時期別内訳〉		
清華家	9	文禄―１	慶安―１	貞享―１
旧　家	54	慶長―９	万治―１	元禄―３
新　家	65	元和―９	寛文―８	宝永―５
計	133家	寛永―16	延宝―５	正徳―１
		正保―２	天和―２	享保―１

［註］『京都御所東山御文庫記録乙七十二』（東京大学史料編纂所所蔵）の「官位定条々」による．寛延３（1750）年段階に至る公家の増加数を示す．

は公家の旧家復興や新家設立要求の結果、公家の絶対数が著しく増加したことをふまえて、三位以上の公卿の増加も著しくなった。

表のように五摂家以下、堂上の公家数は一三三家を数えるが、新家は、寛延三（一七五〇）年まででその半分を占める。すなわち、新家による公家の倍増である。これらの公家は、それぞれの旧例にのっとり、しかるべき年数を経ることによって、三位に昇進する。しかるに、大臣・納言・参議の当官（現官）には定数があるゆえ、三位の公卿に昇進しても参議以上の官職に就けるとはかぎらない。必然的に非参議の公卿数は増加する。非参議公卿の増加は、まず元禄期を境にして急に増加し、二つ目の画期としては、安永期から著しい変化が見え、天明〜寛政期には、増加の一つのピークを形成する。とくに後者は、一時期神職数が非参議の中の過半数を占めたように、三位以上神職の増加が顕著な傾向として指摘できよう。これは、全国の中小神社の神職の位階（四位、五位）が増加したことで、二十二社など大神社神職の位階を押し上げ、三位以上神職を増加させたものと理解できよう（第三章）。

「数は力である」などと単純に考えるわけではないが、公卿数が六九名だった元和六年と、一五〇名を超えるようになった天明年間以降とでは、朝廷を構成する公家の総体の力量の違いは歴然であろう。しかも宝暦期以降、これら公家や門跡は、個々の家職の本所としての権限を確保・増長させようと、競い合うように幕府に働きかけた。神社支配の強化を目指す吉田家や白川家（第三章）などのほかに、陰陽師支配の土御門家（第九章）、あるいは鋳物師支配の真継家や盲僧支配の青蓮院門跡が、再三にわたって幕府に働きかけ、自家の権限を保証してもらおうとした。その他の門跡も、富突《とみつき》興行や名目金《みようもくきん》貸付許可を求めたり、職人受領補任権を幕府に保証してもらい、官金収入の増加を図っている。

以上のような、個々の公家の経済的要求や絶対量の増加を前提にして、公家側の気運は盛りあがり、宝暦事件や明和事件が発生し、これらの事件をさらにまた一種のはずみにして寛政期の尊号一件が発生したのである。朝廷は閑院宮典仁親王に太上天皇号（尊号）を宣下する希望を幕府に伝えたが、老中松平定信の拒否によって宣下はならなかった。にもかかわらず、議奏を中心にした多数の公家たちは、数を頼りに再度尊号宣下を幕府に要求した。朝議に加わることのなかった公家たちが、幕府朝廷統制の枠組を逸脱して群議を行ない、多数の力で幕府に圧力を加えたことに対し、幕府は首謀の公家たちに処罰を加えて、基本的枠組の堅持を図った。このような力による処罰が行なわれたということは、第一の変容以降、幕府の主導の下で将軍権力の補強のために朝廷の権威を協調させてきた時代の終焉を意味した。

この後、文化・文政期以降、朝廷の権威は協調の枠から逸脱し、自立の途を歩みはじめる。文政六（一八二三）年十一月、伏見宮内土岐多膳は、甲斐―駿河―関東へ、天皇家と関係ある神社の代参をし、その際、菊紋付紫幕や挑灯を預け置き、以後の社用に用いさせたことなどは、ヴィジュアルな形で天皇や朝廷の存在を地方に認識させることにつながった。この逆に、朝廷の権威を社会の側が求めた例も少なくない。江戸の相撲渡世集団が、将軍や幕府の権威のほかに、文化期からは公家の権威をも求めはじめたことについては、第一章で詳述している。

第二の変容以降の特徴は、以上の朝廷側の動向やその逆に社会が朝廷権威を求める動きとして把握するだけでは十分ではない。国学や尊王思想の展開もこれまでの研究の教えるところだが、とくに内憂外患と呼ばれる国家の危機が、二度目の変容の大きな原因となった。蝦夷地周辺で始まった外患、すなわち対外的な危機は、文化年間以降、幕閣をはじめとして広く強く、国家を意識させた。このような国家意識のたかまりの中で、国家内の寺社序列は、文政三（一八二〇）年に幕府によって、徳川家菩提寺などよりは鎮護国家や国家安全祈願のための伝統的大寺社が上位に位置づけられたような、幕府の意識変化も見られたのである（第三章）。

また、天明の打ちこわし後の都市の治安維持のためにも、個別人身掌握が強化され、そのために宗教者・芸能者・職人等に対する本寺・本所の組織編成の権限強化が、幕府によって望まれた（第七・九章）。人身支配のために、広い意味での朝廷のもつ機能を、幕府が用いはじめたのである。そのことが、公家や門跡たちの権威上昇につながっていったことは容易に想像できよう。文化・文政期からの朝廷権威の自立と浮上、それはやがて幕府・将軍権威との並立をもたらし、あるいは、洛中や畿内にとどまっていた権威の及ぶ範囲を、より広範にさせることになっていった。

そののちに、幕末の政治情勢の中で、幕府の朝廷統制の基本的枠組はこわれることになった。すなわち法制面では、安政元（一八五四）年に幕府は、諸国寺院の梵鐘を銃砲に改鋳し海防強化を図るにあたって、朝廷に太政官符を発してもらい、諸国寺院に命じる形式を整えた上で、幕府から触れが出された。その後、次第に勅許や宣旨が一定の政治的意味や効果を持ちはじめ、ついに明治維新に向かった。

また、朝廷統制機構については、安政五年に条約調印勅許をめぐり、公家の群参が生じて、二百数十年続いた朝議の慣行を動揺させた。ついで、文久二（一八六二）年十二月、国事御用掛が設置され、朝議決定の中に、青蓮院宮尊融入道親王すなわち翌年還俗して中川宮朝彦親王が加わり、はじめて朝議に親王の参画がなされた。さらに文久三年二月、国事参政・寄人の設置は、短期間とはいえ、より下級の公家たちの朝議参画の機構改変となったのである。天皇の行幸については、これまた文久三年三月と四月に、攘夷祈願のため、そして大政委任の象徴作りのために、天皇の賀茂社と石清水八幡宮への行幸が、ほかならぬ幕府の奏請によって行なわれ、孝明天皇の乗る鳳輦の後ろには将軍以下諸大名が供奉したのであった。

かくして幕府の朝廷統制の基本的枠組が瓦解し、近世の国家権力は解体して王政復古という形の明治維新を迎える。さらにその後、近代国家権力の中枢に天皇は位置づけられることになるのである。

＊以上については、拙稿「江戸幕府の朝廷支配」（『日本史研究』三一九号、一九八九年『近世の朝廷と宗教』吉川弘文館、二〇一四年所収）を参看頂ければ幸甚である。

＊

近世の国家権力を、幕府と藩による幕藩領主権力にとどめず、天皇・公家・門跡などを含めた広い意味での朝廷を含み込ませて、その特質を明らかにしようとしたところに、本書のねらいの一つがある（序・第二章～第五章・第九章）。ねらいの二つ目には、僧侶・神職・修験者（山伏）・陰陽師・万歳・易者・相撲取・梓巫女などの非農業民、とくに宗教者ないしは芸能者たちを、身分的にいかに近世国家権力は編成していたのか、その組織や支配方式を修験道本山派（第四～八章）のほかに、陰陽道（第九章）や神社神職（第三章）・相撲渡世集団（第一章）についても明らかにすることである。この課題は、修験道組織の頂点に門跡が存在し、神道・陰陽道組織の本所としては公家が存在していたように、おのずから、近世国家権力の特質を解明する第一の課題とも連動している。

本書の課題の第三は、明治維新政府による神仏分離・神道国教化政策により、そしてとくに戦前の偏重評価された神道を経験したことによる影響を排して、近世の神社がいかなる状態におかれていたのかという点（第三章）や、明治維新後に禁止され、今では思い浮かべることも難しくなった宗教、すなわち修験道や陰陽道やその他の宗教の実態を明らかにすることで、かつて、仏教とともに近世に生きた人々の心を捉えていた宗教・信仰について考えることである。なお、この第三の課題については、第三章がそれ以下（第四章～補説2）の総論の役割を果している。

＊

初出一覧（論文名は原題）

第一章「幕藩体制における家職と権威」『日本の社会史　第三巻』岩波書店、一九八七年
第二章「近世奉幣使考」『歴史学研究』五〇〇号、一九八二年
第三章「江戸幕府と寺社」『講座日本歴史5　近世1』東京大学出版会、一九八五年
第四章「幕藩制国家と本末体制」『歴史学研究別冊（一九七九年度）』
第五章「近世の僧位僧官」『論集きんせい』四号、一九八〇年
第六章「修験本山派院家勝仙院について」『東京大学史料編纂所報』一四号、一九八〇年

第七章「江戸触頭についての一考察――修験本山派を中心に――」『学習院史学』二〇号、一九八二年
第八章「修験本山派の本末体制」『大月市史　通史篇』近世Ⅱ宗教、一九七八年
第九章「近世陰陽道の編成と組織」『日本近世史論叢　下巻』吉川弘文館、一九八四年
補説1「前近代日本の宗教と国家――近世を中心にして――」『人民の歴史学』六六号、一九八一年
補説2「村と宗教」『大月市史　通史篇』近世Ⅱ宗教、一九七八年

目次

第九章　近世陰陽道の編成と組織……354

補説1　近世の祈禱系宗教……406

近世日本の国家権力と宗教

第一章　近世国家における家職と権威

はじめに

冷たく乾いた空気の中に、鼓の音を冴え渡らせながら江戸の春を言祝《ことほ》ぎ歩く万歳は、三河万歳と決まっていた。秋田にも越前にもほかにも万歳はいるにはいたが、江戸は三河とされてきた。なぜ三河の万歳が、江戸、そしてのちには東京の家々の門に立って春を言祝ぐことになっていたのか。このことを考えることが、「家職と権威」のテーマに接近する、まずは近道になるのである。

三河の万歳太夫は、日頃は百姓として農業を行ない、年の瀬になると江戸に赴いて、時にはそこで相方の才蔵を見つけ出し、まず江戸の町々を、そして関八州のいきつけの家々・村々を廻って稼ぎ、やがて三河に戻ってくる。江戸を含めた関八州の家々を門附して万歳をすることは、誰彼にも行ないえたものではなく、しかるべき許可を求めねばならぬことであった。この関八州を万歳して歩く権利は、京都の公家土御門《つちみかど》家に入門して免許状を受け、毎年、土御門家に貢納料を納めることで許された。土御門家は、三河万歳が江戸を含めた関八州を廻る権利を幕府から認められており、それは代々、同家に世襲された権利（職）として公認されてきたのである。すなわち土御門家の家職《かしょく》であった。これに対して個々の三河の万歳たちは、入門料と貢納料によって土御門家の家職の分有を許されることになる。その結果、家職を分有した個々の万歳は、関八州での活動・稼ぎを幕府によって保護されるという仕組みである。個々の万歳の分有した家職を保証する権威は本所である土御門家であり、その土御門家の家職を保証する権威は幕府とその権力であった。

なぜ江戸の春には三河万歳なのか。偶然のようにも見えたその背景には、幕府―土御門家―三河万歳という関係と組織が存在していたのである。江戸の「泰平」を示すかに見える三河万歳のいる風景の表面とは対照的に、厳然とした組織と、それを通した幕藩権力による統治がなされていたことを知らねばならない。三河万歳はほんの一例にすぎない。例えば、辻々にあって筮竹《ぜいちく》を鳴らしながらの易者でさえ、これまた土御門家の許状を受ける必要があったのである。

本章では、万歳と同じように、江戸の「泰平」を象徴していたかにも見える相撲を素材に、四季勧進相撲成立にむけた相撲渡世集団と吉田善左衛門家（通称吉田司《つかさ》家）の関係を通して、まず「家職と権威」の成立する過程を検討する。次いで、占いをめぐる陰陽道と修験道との争論や、神楽をめぐる修験道と神道の争論を主な素材にして、家職をめぐる争論と、そこで果した権威の役割について検討を加えていこうと思う。

一　家職の成立と構造――相撲と吉田善左衛門家――

1　四季勧進相撲の成立過程

近世前期、武家にとって相撲は格別の娯しみであったようだ。寛永七（一六三〇）年三月四日、前将軍徳川秀忠の四女で若狭小浜城主京極忠高に嫁していた初姫は、江戸屋敷にて死去した。初姫がいよいよ臨終の際にあった時、夫の京極忠高は広庭に相撲取を数十人ならべ相撲見物に余念がなかったという。初姫の病臥する奥より数度、表《おもて》にその末期のことを伝えたが、申し次ぐ者もなく、やむなく奥より直接江戸城西丸の大御所秀忠のもとに注進すると、酒井雅楽頭忠世・土井大炊頭利勝・永井信濃守尚政その他の年寄衆がただちに馬で京極屋敷へ駈けつけた。折しも相撲に熱中していた広庭の者たちはあそこここへと逃げかくれ、目もあてられぬ様子であったという。京極忠高はいち早く逃げ入り、その場に逃げることもならずにいた青木民部重兼（摂津麻田藩主）とその子息は、秀忠の年寄衆にことのほか叱責されたという。この話を記した細川三斎から細川忠利に書き送った手紙には、京極氏と初姫との不仲のことが付け加えられているが、それにしても、正室である大御所秀忠の娘の末期の時にさえ、屋敷で相撲を催し、他の大名を招いて観戦していたほどに、武家にとって相撲は抑えることのできない娯しみであったことを充分に窺い知ることができよう[1]。

このような相撲を幕府が武士の娯楽として容認していたことは、慶安元（一六四八）年二月の触れからもわかる（寛保二八八三）[2]。触れには、相撲取の下帯は絹布であってはならない、屋敷方へ呼ばれても布（麻）・木綿の下帯を用いること、が命じられている。この年の一連の奢侈禁令の一環と見られるもので、それまで、相撲取が武家の屋敷で相撲を取る際、絹の締込をしてきたのを質素なものに改めさせたもので、武家屋敷での相撲を幾分たりとも否定してはいない。しかるにこの触れ条文の次には、「一、勧進相撲とらせ申すまじき事」の条文が記されている。それまで時として勧進相撲を催した者があったが、幕府はこの年、勧進相撲を禁じている。さらに三カ月後の五月には「一、辻相撲取り申すまじき事」の触れ（寛保二八八五）が出され、幕府は町の四辻などで行なう辻相撲も同時に禁じているのである。

では、この武家の屋敷内の相撲取とはどのような者たちだったのであろうか。例えば加賀藩では、藩主前田利長の時、抱え力士を相撲組に編成しており、寛永十一（一六三四）年金沢城内玉泉院丸に築山を作る際、相撲組五〇人が人夫として出役したという。また盛岡藩では、やや下るが元禄七（一六九四）年十二月、藩財政の勘略のためにそれまでの相撲を中止することになった。このため抱えていた「相撲の者」のうち、久しく勤めた者で、もはや出身地に戻っても土地もなく「田畠働き成り兼ね候者」は御持筒組や御持弓組に編入し足軽として処遇し、最近「御相撲へ入」った者どもは出身地に返すように命じた。右の振り分けが行なわれた後、結局「御相撲の者拾七人、行事一人」に暇が出され、出身地に返されることになった。足軽に編入された者もあったであろうから、二〇人以上の相撲取が抱えられていたであろう。(3)

主に右のような抱え力士を屋敷内で取り組ませ、武士だけが楽しむことのできた相撲であったが、やがて元禄期に向けた顕著な経済の発展と、町方人口増加につれて、民衆の娯楽要求は、幕府の禁止する武家屋敷の外でも相撲を繰り広げるようになっていった。元禄七(一六九四)年七月「この頃、所々広小路え毎夜大勢集り、相撲取り候の由」を聞くが「前々より、すまひ堅く停止」しているのであり不届きである、もしそむいて相撲を取る者があるならば、捕えて罰するという町触れ(寛保二六六六)が幕府から出された。真夏の夜、広小路の四ツ角に、九尺二間の裏長屋などから毎夜人々が群参して相撲を楽しんでいる光景とその熱気が、この幕府の禁止令から伝わってくる。辻や広小路での相撲禁止令は、前述の慶安元(一六四八)年のあと、寛文五(一六六五)年六月に出され、さらに貞享四(一六八七)年七月、元禄三(一六九〇)年七月に出されたあと、右の元禄七年と引き続くのである。その後、元禄十六年七月、宝永四(一七〇七)年七月、享保四(一七一九)年七月、享保五年六月まで、ほぼ同内容の辻相撲の禁止が触れられている。貞享四(一六八七）年以降の頻繁な禁止令と前述の元禄七年の禁止令の内容は、逆にこの時期の人々の娯楽要求の盛上りを示しているといえよう。このような状況を背景にして、禁じられていた勧進相撲開催の要求は強まった。

幕府に申請された勧進（勧化《かんげ》）は、その申請主体や目的が公共のためのものや権力として助力すべきものを対象に許可された。勧進相撲についても同様であった。元禄十二年、岡崎村天王社修復のために、京都町奉行は七日間の勧進相撲興行願いを許可した。その後も、**表1**のごとく、合計一七回の勧進相撲を京都町奉行は許可している。表の名目欄のごとく、寺堂・神社修復や往還橋修復、あるいは宿次《しゆくつぎ》人足による町中の困窮救済といった名目に対して許可していたことがわかる。

前述の慶安元年に勧進相撲は禁止されたが、寛文元年には「勧進相撲毎々より町中にて御法度に候間、いよいよ其の旨相心得、町中にて致させ申すまじく候」（寛保二六九〇）と、町中での開催は不許可というように、限定的な禁止へと緩和されていた。これが元禄期には頻繁な辻相撲とその熱気を背景にして、しかるべき名目にかぎり勧進相撲を許可するようになったと見られるのである。そのことは京都のほかに堺でも見られ、元禄四年、堺の海船町・蛤町・綾堀屋敷町の三町不繁昌の場所につき賑いのための勧進相撲が、堺奉行佐久間丹後守信就によって許可されている。さらに元禄六年、宝永三年にも、堺奉行は町の困窮救済などを名目に勧進相撲を許可している(4)。

表1 京都町奉行が許可した勧進相撲

	名　目	許可日数
元禄12年	岡崎村天王の社 修復	7　日
〃	吉祥院村天神社 修復	5　日
13年	五条武田八幡社 修復	5　日
〃	知恩院末寺田中光福寺地蔵堂 修復	7　日
〃	朱雀権現寺堂 修復	7　日
14年	西岡大原春日社 修復	7　日
〃	御菩薩池地蔵堂 修復	7　日
〃	東寺四塚町宿次人足出町中困窮に付き	7　日
宝永元年	五条若宮八幡社 修復	7　日
2年	東山青竜寺観音堂 修復	7　日
4年	朱雀村往還の橋 修復	7　日
5年	吉祥院村天神橋 修復	7　日
正徳3年	朱雀村往還の橋 修復	2年に7日宛
〃	大宮通九条坊門の辻石橋 修復	7　日
〃	西八条村領千本通往還筋橋 修復	2年に7日宛
4年	下久世村寺戸村往還橋 修復	2年に7日宛
6年	鳥羽実相寺本堂（朝鮮人来聘の節休息所）修復	7　日

〔註〕『京都御役所向大概覚書三』「勧進相撲之事」より作成.

江戸においては、元禄十五年五月、柳川文左衛門・中川浅之助の両名の願い出た深川八幡社内の勧進相撲に対して、寺社奉行は、七月十七日から二十五日まで日数八日の開催を許可した。これを手始めに、同年は四回、翌十六年は三回、宝永元年は四回、二年は二回、三年は三回と、この五年間に都合一六回の勧進相撲を許可していることが、寺社奉行所の法令・諸記録などを分類、集録した『祠部職掌類聚』第八冊「開帳願差免留」(5)の分析からわかる（**表2**）。ただし、元禄十六年七月七日の中川浅之助・玉岡所右衛門の願い出

20（ 35）			0	
元文元（ 36）			0	
2（ 37）			0	勧進全般
3（ 38）			0	一切不許可
4（ 39）	（史料欠落）		0	
5（ 40）			0	
寛保元（ 41）			0	
2（ 42）				勧進制度化
3（ 43）				
延享元（ 44）		この年以降，寺社奉行専決四季一度ずつ許可		
2（ 45）				
3（ 46）				
4（ 47）				許可多数
寛延元（ 48）				
2（ 49）				
3（ 50）		1「為渡世」		
宝暦元（ 51）		2		
2（ 52）		1		

表2　勧進相撲の変還

	不許可数	許可数		勧　進　全　般
元禄15(1702)		4	評定所　免	
16(　03)		3		
宝永元(　04)		4		
2(　05)		2		
3(　06)		3		
4(　07)		5	「為渡世」寺社奉行内寄合　免	
5(　08)		4		
6(　09)		2		
7(　10)		5		
正徳元(　11)		2	町触れ（町人の相撲禁止）	
2(　12)		3		
3(　13)		2		
4(　14)		0		
5(　15)		3		
享保元(　16)		0	中止	
2(　17)		1	評定所　免	
3(　18)		1		
4(　19)		1	町触れ（辻相撲の禁止）	
5(　20)		1	〃　〃	
6(　21)	1	0		
7(　22)	1	2		
8(　23)	2	1		
9(　24)	2	0		0
10(　25)	2	2		
11(　26)		0		0
12(　27)		0		0
13(　28)		0		0
14(　29)	1	1	内寄合　免	
15(　30)	1	0		
16(　31)		0		0
17(　32)		1		
18(　33)		1		
19(　34)	1	0		0

に対して許可された勧進相撲は「相撲のもの間違い興行なりがたき旨、断り候」との理由で開催できなかった。また宝永二年二月に異国三太兵衛・柳原文左衛門両名が願い出、許可された勧進相撲のように、実際には「相撲のもの間違い興行成りがたきに付、差延したき旨」を申請して許され、二カ月後に順延されたものもある。勧進相撲興行申請者と「相撲のもの」とが別々に独立した存在であったことを窺わせる。

京都より数年遅れて開始された江戸の場合、勧進相撲申請にしかるべき名目が立てられていたか否か、同史料からは確定することができない。しかるに、宝永四年正月に出来山峯右衛門・大竹市左衛門の勧進相撲願い出には、はっきりと「為渡世」と記されるようになった。寺社修復などの勧進の名目は立てずに、渡世のためにと明記され、しかも寺社奉行の内寄合で許可されるようになった。寺社奉行の内寄合とは、月番奉行の役宅で専決されるもので、それまでの老中に伺いを立て町奉行・勘定奉行などとともに評定所で評議決定した場合に比べ、許可はきわめて容易になった。右の寺社奉行の専決で渡世のための勧進相撲を許可したのは、この宝永四年に五回、五年に四回、六年に二回、七年に五回と、四年間に都合一六回もの多きを数え、しかも申請はことごとく許可された。相撲の者たちが勧進相撲興行によって渡世を送る軌道に乗ったものと思ったであろうほどの実績の積み重ねであった。

しかるに正徳元（一七一一）年、次の触れ（寛保二六七四）が幕府より出された。

町々において、町人ども相撲取を抱え置き、寄せ集め、相撲を取らせ候の由、相聞こえ候、定めて実の相撲取にてはこれなく、火事などのため鳶のものなど抱え置き、右たぐいのものに相撲とらせ候にてこれあるべく候えども、町人に似合わざる事に候あいだ、向後相止め候よう、町中きっと相触るべく候、以上、

右の町触れにいう「実の相撲取」とは、大名に抱えられ、武家の屋敷内で武家のために取る相撲取のことであろう。そうではなく、町人が相撲取を抱え、相撲を取らせるのは今後禁止する、というのが幕府の、厳密には老中・町奉行の認識と意図である。元禄十五年以来開催され、とくに宝永四年からのこの四年間は一六回も、寺社奉行の内寄合専決で、申請はほぼ自動的に許可されてきた相撲の者たちにとって、この町触れは、冷水を浴びせられたごとくであったろう。

しかし、開催がまったく根絶されては、すでに集団となりつつあった相撲の者たちの活計の道は失われる。そこで正徳元・二年には、寺社奉行への申請を「操り芝居」の一種として、あたかも紛れ込ませるように行ない、寺社奉行専決で、その二年間に五回（そのうち正徳二年の三回目は将軍家宣の死去に伴い中止）、勧進相撲は許可された。正徳三年には、従来の「相撲芝居」として勧進相撲は寺社奉行専決で二回許可された。このように、宝永七年まで一年に平均四回開催された勧進相撲は、正徳元年の触れを契機に、根絶されはしなかったが、多くとも年二回に減らされつつ、興行は継続された。

勧進相撲開催の減少は、逆に少なくなった娯楽の機会に欲求を満たそうと、人々の気持を逸らせる。正徳五年八月、浅草大護院境内で行なわれた相撲興行は、ことのほか観客が集まったため、老中は「口論なども出来候ては宜しからず候間、相止めさせ候よう」にと命じた。町奉行管轄の都市治安維持の観点からの中止であり、前述の正徳元年の町触れと同一の立場からの命令であろう。この老中の指示による中止命令は、勧進相撲興行許可を、もはや寺社奉行の専決範囲から奪い上げることになった。正徳五〜享保二（一七一五〜一七）年には勧進相撲の願い出は一切受けつけられなかった。足かけ三年間の勧進相撲開催不能が相撲の者たちに与えた打撃は大きかった模様である。享保二年五月、寺社奉行松平対馬守近禎に対して相撲の者たちは「渡世これなく渇命に及ぶ」と訴え、寺社奉行から老中井上大和守正岑に伺いを立ててやっと勧進相撲停止が解除されるに至った。

表2で示したように、足かけ三年の完全停止のあと、享保三年から享保十九年までの一七年間に許可された勧進相撲は一一回、不許可も一一回にのぼった。年平均一回を切る勧進許可件数に、当然、江戸民衆の欲求は満たされず、真夏の夜、広小路などで行なう辻相撲がまたぞろよみがえった。享保四・五年と連続して辻相撲禁止の町触れが一二年ぶりに出されたのは新たな民衆の抵抗を物語っていよう。しかるに、享保改革期の幕府政策は、その他の勧進（大寺社の勧進や富突興行など）に対しても厳正を極めた模様で、江戸の勧進相撲興行がいっさい行なわれなかった享保九・十一・十二・十三・十六・十九年には、幕

府はその他の勧進許可を一件も触れていないのである。幕府は勧進相撲について、その他も含めた勧進政策の一環として位置づけ、この時期安易な「為渡世」の勧進相撲は認めず、許可基準を厳しくしたものと理解されるのである。

『祠部職掌類聚』の勧進相撲願書は、享保十九年のあと転写の際の誤りからか、突然、寛延三（一七五〇）年以降の願書に飛んでしまうので、その間の一五年間の状態については判明しない。そこで、勧進相撲も例外ではない幕府の勧進政策全般の動向を示すことで、やむなくこの間の江戸の相撲について類推することにする。幕府は勧進全般について、享保二十〜寛保元（一七三五〜四一）年の七年間は、新規にはいっさい許可しておらず、寛保二年五月に、政策転換して勧進の制度化を整え、全国触れ（寛保一二一九）を行なった直後から、毎年（宝暦七〜十三〔一七五七〜六三〕年を除く）、多数の勧進許可を行なった。この幕府の勧進全般の政策からすると、おそらく江戸の勧進相撲についても、寛保元年ころまでは低調だったのではなかろうか。

元禄末—宝永期（一七〇二〜一〇年）には江戸の勧進相撲は順調に開催され、渡世集団として確立しかかった相撲の者たちにとって、享保元（一七一六）年からの二十余年間はほとんど江戸では勧進相撲興行は行なえず、やむなく渡世の本拠地を江戸から、京・大坂に移さざるをえなかった模様である。この二十余年間の江戸での相撲の中断ないし低調が、これまでの相撲史研究では明らかにされなかったために、江戸勧進相撲の開始期も不明確にされてきた。寛保二（一七四二）年の勧進全般の制度化と、堰を切ったような多数の寺社の勧進申請と許可の中で、相撲の者たちも同様に勧進申請を行なったものであろう。寛保三年、町触れ（寛保二六八二）がなされ、前述の正徳元（一七一一）年の町人が相撲取を抱え置くことの禁が再び触れられた上で、「年久しき儀にて心得違のものもこれ有る旨相聞え候」と、勧進相撲の復活したことを窺わせる文言となっている。この町奉行側のあくまで相撲渡世集団を容認しないという立場も、しかし翌延享元年には緩和された。七月二十日、寺社奉行本多紀伊守正珍の伺いに答えた老中松平左近将監乗邑は、今後、勧進相撲は老中に伺いを立てることなく寺社奉行が専決し、事後、老中に届ければよい、という取決めを行なったのである。ただし、一カ年に何度と開催数を定め置くことも併せて命じ、四季に一度ずつとの取決めが、幕府評定所においてなされたのである[6]。この際、勧進能についても同様の措置が決められたが、これは、このころ寺社の建立・修復のための勧進申請が多数なされ、許可基準をめぐってその対応に幕府評定所が忙殺されまいと、評議件数を削減するところに直接の狙いがあったものであろう[7]。しかし、相撲の者たちにとっては、これは申請通りにほぼ自動的に許可されるという、この上ない福音となった。これ以降、江戸において勧進相撲は恒常的に開催され、相撲集団の渡世は安定に向かう。

江戸と同様にこの時期、京都・堺についても勧進相撲は自動的に許可されるようになったと見られる。京都では、前掲**表1**の元禄十二（一六九九）年から正徳六（一七一六）年のしかるべき名目の付いた勧進相撲のあと、現存する京都相撲番附によれば、享保十三（一七二八）年九月「七条堀川橋掛替」を名目に、さらに享保二十年五月「山科落合の石橋掛替」のために、元文二（一七三七）年二月「七本杉布袋薬師修復」のために、寛保三（一七四三）年五月「新生洲町」のために、と勧進の名目が冠せられていた。それが延享三（一七四六）年五月の番附では、一切名目は示されずに、単に「御赦免勧進相撲興行仕り候」とのみ記されるように変化した。その後も、延享四年六月「御赦免之勧進相撲興行」と記されたあと、寛延二（一七四九）年四月には「御赦免之大相撲」と大の字が加わり、寛延三年八月、宝暦二（一七五二）年七月以降はすべて「御免之大相撲興行」の形式となって番附に記されるようになったのである。(8) 堺の場合も寛保三年には「相撲取玉の井七五郎　願により」とあるのみで、それ以降はもはや前述のような名目を示すことなく堺奉行は許可を出している。延享元年ころを境にして、京都や堺でも、勧進の名目が落ちたこととあわせ、申請主体も、神社神主や寺院あるいは町年寄というのではなく、相撲取が申請者になって願いを出している変化にも着目しておく必要があろう。

江戸では『祠部職掌類聚』に記載の再開される寛延三年以降の願書は、すべて「為渡世」の勧進相撲であり、その許可はすべて寺社奉行の内寄合で専決されており、延享元年の幕府評定所の取決めを裏付けている。同史料によれば、その後宝暦元年以降安永九（一七八〇）年までの三〇年間に、欠年なく一季に一回限りの勧進相撲が、毎年一―三回開催され、合計六二回を数える。すなわち年平均二回の江戸での勧進相撲の恒常的な開催である。この年平均二回の江戸開催の時季は、冬・春の連続開催が一七度（三四回）、春・夏の連続開催が一一度（二二回）と大多数を占め、夏・秋連続開催は三度、秋・冬連続開催は二度と少ない。いわゆる四季勧進相撲は、宝暦・明和・安永期（一七五一～八〇）については必ず春季とその前後（冬と夏）を江戸で二季二回開催したのちに、京・大坂に移り、各一季一回ずつ開催し、また江戸に戻るというサイクルを基本型にして、時には江戸で一回のみ、あるいは三季連続という例外も含んだのであった。天保九（一八三八）年、斎藤月岑の著わした『東都歳事記』の三月の勧進相撲の項に「春冬二度なり。官に乞ひ晴天十日の間、寺社の境内に於て興行す。夏は京、秋は大坂にて興行す。都合四季に一度ヅツ、年に四度なり」(9)の説明が付けられているのは、右の宝暦—安永期の事情と合致する。

三都での四季に一度の勧進相撲は「大相撲」と別記されるように、江戸の年寄、京・大坂の頭取を師匠とする弟子である相撲取が合同で大興行を行なうが——その人数は、例えば安永七（一七七八）年三月にそれまでの晴天八日から京都・大坂なみに晴天一〇日興行が認められた江戸の大相撲の場合、番附に記された相撲取の数は一五八名にのぼる——、この一季一度の四回以外は、三都の相撲渡世集団はそれぞれ単独で、師匠—弟子を単位にして在々を巡って興行を行ない、渡世を行なったのである。このように見る時、三都の相撲渡世集団を中心にした四季勧進相撲の体制は、延享—寛延期（一七四四～五〇）ころに成立したものと考えて大過あるまい。

2　二つの争論と相撲故実

幕府の政策との関連から、渡世のための恒常的な四季勧進相撲体制の成立を延享―寛延期ころと述べてきたが、そのことは、相撲渡世集団の内実を見ても同様に言うことができる。宝永三（一七〇六）年七月八日付で、武州比企郡流川村の関根戸兵衛が大坂の勧進相撲に一〇日間の興行給金五五両で契約した際の依頼主＝勧進元は菊名和田之助・本田伝右衛門であり、同年六月二十四日付の証文には高津屋九兵衛・明石屋四郎兵衛・柴田屋左兵衛・藤井運右衛門の名前が見出せるが、いずれも相撲取の四股名をつけた者ではなかった。[10]これと同様に江戸の場合も、『祠部職掌類聚』によれば、元禄十五～正徳五（一七〇二～一五）年の間は、異国三太兵衛・吉方伝二・道芝七太夫・柳原文左衛門などの名前が勧進相撲申請の勧進元・差添としてくり返し見出される。次の享保期（一七一六～三四）からは、それらの名前のほかに出来山峯右衛門・玉垣額右衛門・間垣伴七・音羽山峯右衛門らの現在も年寄名跡の続く名前が勧進元・差添として見られだす。やがてその過渡期も過ぎて、四季勧進相撲体制の成立した後の、記載が再開される寛延三（一七五〇）年以降は、勧進元・差添ともにまったく現在も年寄株として存続する名前で占められる。換言すれば、寛延期以降の勧進相撲の勧進元・差添＝興行主体は、一般の興行師と思われる町人の名は認められず、年寄によってすべて担われるようになる。

この年寄たちは、四季勧進相撲以外に在々で、例えば村落が主催する祭礼相撲などの際に、弟子たちを派遣して相撲を取らせ金を受取る契約主体にもなった。明和六（一七六九）年九月、すでに、ともに現役を退いていた入間川五右衛門と伊勢海五太夫の二人の年寄は、武州比企郡野本村（埼玉県東松山市）八幡宮の祭礼相撲（一日間）に、羽黒山善太夫・佐渡嶽沢右衛門・戸田川金治の三力士を礼金四両三歩で派遣することを契約し、野本村孫四郎に宛てた証文を渡している。ところでこの野本村八幡宮祭礼相撲は延享四（一七四七）年九月にも行なわれたが、同年の元方《もとかた》江戸の入間川五右衛門・吉野川色之助・文字関綱右衛門の三力士への頼金四両は、当時の現役力士入間川に直接渡されている。[11]すなわち、力士が村方と直接契約を結ぶこともあったのであり、権限の確立した江戸の年寄たちが力士を弟子として従え、契約主体となったその後の段階との違いを示している。

このような年寄を中心に編成された相撲渡世集団にとって、以下に述べる二つの争論の勝訴は、その後の渡世の上に飛躍的な安定をもたらすものとなった。争論の一つは、宝暦八（一七五八）年の「八王子出入一件」と呼ばれるものであり、他の一つは明和九（一七七二）年の「越後国相撲出入一件」と呼ばれるものであった。[12]

まず「八王子出入一件」とは、宝暦八年、武蔵国多摩郡八王子村において相撲年寄玉垣額之助が晴天五日の相撲興行を行なおうとしたところ、八王子近辺の「えた」が見物にきて、相撲側が見物させない旨を伝えると、「えた」側が大勢で罷り越して口論に及び、そこで相撲側が三日限りで興行を中止して江戸に帰り、町奉行土屋越前守正方に訴え出たという一件である。訴人の玉垣額之助と惣年寄代木村瀬平は、相撲興行ができないと「家業に相成らず、大勢の年寄・門弟ども」が難儀するから、穢多頭弾左衛門に命じて、「えた」が相撲場に来ないようにしてほしいと願った。この訴えを取り上げた町奉行の掛り吟味役中村八郎右衛門は、双方を召出し、吟味の上で内済にしようとしたところ、相撲側の行司木村庄之助一人が残って、吟味役に、禁廷節会の相撲故実、行司・相撲家筋の儀をつぶさに上申した。この結果、奉行所は、今後津々浦々に至るまで「えた」の相撲見物をさせないことを弾左衛門に命じ、請証文を呈出させたという。

相撲と「えた」側との争論は、すでに享保十四（一七二九）年の秋、伊豆三島神社での勧進相撲興行の際に見られ、また元文四（一七三九）年駿河国府中での勧進相撲興行でも、「えた」側の見物を相撲側が拒んだことから争論が生じていた。さらに相模国大住郡大槻村での相撲興行にも同様な争いが起こっており、相撲見物をめぐる相撲と「えた」の争論は興行主体の相撲年寄や行司にとって、大きな課題となってきた。これら個別の争論を、相撲側は相撲取を抱える大名家との関係を駆使して有利に進めてきてはいたが、はっきりと弾左衛門側との争論に結着をつけ、決定的に有利な裁許を引き出したのが、宝暦八年の「八王子出入一件」だったのである。それまで肩を並べて相撲見物のできた弾左衛門配下の人たちの姿は、原則としてはこれ以降、相撲興行の場に見出せなくなった。こういう形で、弾左衛門配下の人たちに対する社会的な差別は一歩深められた(13)。この宝暦八年の相撲側の勝訴に効果的に作用したと見られるのが、木村庄之助による天皇・朝廷との結びつきを強調した相撲故実の言上であったことに改めて着目しておこう。

もう一つの、相撲渡世集団に有利に作用した「越後国相撲出入一件」とは、明和九年七月、越後国蒲原郡新城村（現在燕市）栄竜《（永了）》寺（浄土真宗）の修復普請のため、村方で素人相撲を興行していたところ、近くで興行を行なっていた江戸相撲年寄井筒万五郎の門弟角文字林平と四海波勘五郎の二人の力士が押しかけ、元方の素人に対し、寄方《よりかた》となって取り組み、開催側の素人衆を負かした上で、札銭などを取り上げようとして、双方の争いとなったものである。双方に言い分はあろうが、竹鑓・斧・鋤などを携えた村方多数と、脇差を備えた二人の相撲取との乱闘になり、結局、角文字林平は打ち殺され、四海波勘五郎はほうほうの体で逃げ帰ったというものである。早速、江戸では町奉行牧野大隅守成賢に相撲年寄より訴えがなされ、吟味の上、栄竜寺住職と年寄井筒万五郎は三〇日の押籠、村役人たちは三貫文ずつの過料、角文字殺害に関係した村方の一一人と四海波は入牢、のちに四海波は牢死という結果になった。双方ともに重科に処せられたものであるが、この吟味の際、牧野大隅守は相撲年寄伊勢海五太夫と行司木村庄之助を召出し、相撲故実を尋ねたのに対し、両者は答えて、素人の相撲とは異なる渡世集団に備わった相撲故実と作法とを主張した。この結果、故実を備えた相撲渡世集団に素人との違いを認めた幕府は、翌安永二（一七七三）年十月、全国に触れ（天明三一八六）を出して、相撲渡世集団に格別の権限を付与することとなった。触れは、(1)相撲興行の際に木戸を建てて札銭（入場料）を取るのは相撲渡世集団に限られること。素人が木戸を建て札銭を取ることは、今後いっさい禁止する。(2)もっとも、素人が相撲渡世集団に「対談の上」で勧進相撲を催すのは特別に許される、という内容であった。この「対談の上」とは、相撲渡世集団に金銭を支払って「土俵免状」の許可を得るという内実を含んでいる。

幕府は右の触れを出した後、十二月二十七日に伊勢海五太夫と木村庄之助を呼び出し、触れの(1)(2)の内容を示した上で、たとい素人が相撲渡世集団に断りなく木戸を建て札銭を取るようなことがあったとしても、相撲場で木戸銭を奪うなどの「騒しき争論」を決してしないよう慎むようにと請証文を出させ、「越後国相撲出入一件」は落着を見た。

かくして宝暦八年と安永二年の幕府裁許を得て、相撲渡世集団はその後の安定的な四季勧進相撲体制を確立・発展させることができた。この二つの争論に際して、木村庄之助と伊勢海五太夫によって上申された相撲故実がきわめて有利に、効果的に働いたことに着目してきたが、では相撲渡世集団にいったい何時から相撲故実が備わっていたと考えられようか。それは、結論的に言えば、江戸の相撲渡世集団を幕府が容認し、まさに四季勧進相撲が軌道に乗ろうとした寛延二（一七四九）年の、中立《なかだち》（木村）庄之助と式守五太夫による肥後国熊本藩士吉田善左衛門への入門をきっかけにしたと考えて差し支えあるまい。
中立庄之助の名前は、すでに宝永七（一七一〇）年正月、柳原文左衛門とともに「為渡世」の勧進相撲開催の願出に見られるが、その後も、同年閏八月に異国三太兵衛とともに、正徳二・五（一七一二・一五）年には松風瀬兵衛とともに、さらに享保七・八・十（一七二二・二三・二五）年には異国三太兵衛とともに、勧進元ないしは差添として寺社奉行への願書に見出される。宝永期以来の興行主体の一人として相撲の者たちと深く関わった人物で、子孫である九代目木村庄之助の書き上げた由緒（文政十一〔一八二八〕年）では、その先祖は真田伊豆守の家来で中立羽左衛門と唱え、浪人して江戸にあったとしている。寛延二年、この時すでに木村庄之助と改めていたのか、入門を機会に木村姓に改めたのかは不明であるが、この時以降は確実に代々木村庄之助を名乗っている。
寛延二巳年八月中、肥後国熊本に吉田豊後守家次子孫これ有る由承り及ぶ、右吉田家は細川越中守様御家来にて、其頃、吉田善左衛門と申し、職業にては追風と名乗り、禄三百石之由、元来旧家にて、往古、恐れながら後鳥羽院様相撲御節会之節、本朝相撲司御行司と勅命を蒙り候家柄に付、庄之助罷り越し右御規式・御法伝え請け門弟入り致し候
と、文政十一年に、九代目庄之助が由緒に書き上げているごとく、吉田善左衛門の存在を知って、あえてこの時（寛延二年）に熊本に罷り越して門弟入りを果したという主張であ

る。吉田善左衛門は木村庄之助の弟子入りを受けた際、「本朝相撲司《すもうつかさ》　御行司　十六代吉田追風」の肩書で庄之助に免許状（「無事之唐団扇《うちわ》ならびに紅緒、方屋《かたや》之内上草履のこと」）を与え、以降代々の庄之助にも同様の免許状を与えたとも、右の由緒書上げは伝えている。[14]

他方、式守五太夫については、吉田追風の著わした「相撲式」[15]に、木村庄之助と同じく寛延二年八月、「本朝相撲司御行司　十六代吉田追風」の名前で式守五太夫に宛てて九カ条からなる「力士目録」を与えたと記されている。木村庄之助のほかに式守五太夫も同時に吉田善左衛門に入門したと考える由縁である。ではこの式守五太夫とは、いかなる人物であろうか。次の史料（相撲博物館所蔵）は式守五太夫の人物確定に有効な意味を持つ。

覚

一常州住人吉十郎、此度願により相撲行司古実之門弟に差加え、式守氏差遣わし、何国に於ても紛れこれなく候、仍て証状、件の如し、

寛政五丑年七月吉日

本朝相撲司御行司
吉田追風末流式守三代
伊勢海村右衛門高弟
式守伊之助㊞
英勝（花押）

式守伊重郎殿

寛政五（一七九三）年当時、式守姓を遣わし、相撲行司故実の門弟に加える、行司入門許可を出す立場にあった式守伊之助英勝とは、伊勢海村右衛門の高弟であり、この村右衛門は式守三代でもあるという。ということは、三代伊勢海村右衛門の先々代にあたる伊勢海五太夫こそは、式守初代、すなわち式守五太夫その人なのであろう。

寛延二年八月、あえて吉田善左衛門に入門した木村庄之助と式守五太夫とは、すなわち宝永期から江戸の相撲興行の開催主体の一人として相撲の者たちに密接に関わってきた中立庄之助と、もう一人は、現役力士を退いたのち年寄として相撲渡世集団の中心人物の一人となった年寄伊勢海五太夫であった。この二人の吉田善左衛門への入門は、享保―元文期（一七一六～四一）の中断後、今やっと幕府に容認された相撲渡世集団を、例えば懸案の弾左衛門側との争論を解決し、相撲渡世を安定的な軌道に乗せるべく、集団に権威と格式とを付与するための相撲故実を強く求めたがゆえの入門だったのであろう。

3　権威としての吉田善左衛門家

吉田善左衛門への二人の入門が、相撲渡世集団に故実をもたらし、それが宝暦八（一七五八）年と安永二（一七七三）年の二つの勝訴に結びついていったことは前述の通りである。相撲渡世集団にとって、もはや相撲故実とこれを保証する吉田善左衛門家は、欠くべからざる存在になっていった。では「本朝相撲司御行司吉田追風」と名乗る吉田善左衛門家とはどういう家柄なのであろうか。「細川藩先祖附」によれば、吉田善左衛門家は万治二（一六五九）年、京都において細川家に五人扶持二〇石で初めて召抱えられ、ついで天和三（一六八三）年に中小姓、元禄三（一六九〇）年に新知一〇〇石、役料五〇石を拝領、さらに元禄九年に役料を一五〇石に加増されたもので、近世前期の武家のための相撲に対応した行司として、細川家に召抱えられたものである。

このような行司家には、天正六（一五七八）年の木瀬蔵春庵・木瀬太郎大夫、慶長年中（一五九六〜一六一四）の岩井播磨の名が初期には見出されるほかに、元禄十二年、京都岡崎村天王社修復のための勧進相撲には、吉田追風・岩井団右衛門・木村茂助・吉田虎之助の行司名が見出される[16]。同じく京都で催された享保十七（一七三二）年の勧進相撲には、盛岡藩の相撲奉行が領内一八人の力士を引き連れ、行司長瀬善太郎とともに上京して東方を占め、西方の九州相撲などと対戦した。この時の東方行司は長瀬と紀州徳川家抱えの尺子茂太夫と木村喜八がつとめ、西方行司は式守新八・木村円平が担っている[17]。この上京の折に、長瀬善太郎は、かつて四代前の岩井播磨守が官名を頂戴したように、自分も「此度も御高家様方のうち国名にても頂戴仕り罷り下り申すべき段、国元にても申入れ置き候」と盛岡を発つ前から国名拝領に意欲的であった。しかし「御所方筋御縁もござなく候」ところから、今回の勧進相撲の主体となった岡崎村が「一条様御領地にて候故、幸の儀と存じ村方役人中へ」盛岡藩京都留守居より願い入り、享保十七年六月七日に「国名拝領之儀」を一条家に願い上げたのである。かくして翌々日、留守居と岡崎村庄屋三郎右衛門同道で長瀬善太郎は一条家にて「越後」の国名を拝領した[18]。

後年、文化五（一八〇八）年に右の長瀬越後の子孫が父祖同様に越後の国名を名乗ることを一条家に依頼し、これが免された際の由緒書上げでは、後陽成院の禁裡行司であった岩井市右衛門（後に播磨守）の弟子に生方次郎兵衛があり、生方の弟子に小笠原嘉左衛門と岩井佐左衛門とがおり、長瀬越後はその小笠原の弟子になるという。一条家では、嶋出羽介・入江式部少輔の諸大夫連名で越後の国名を免したが、その際の書付、

後陽成院御宇相撲叡覧之節、岩井播磨守より相備え置き候相撲式法ならびに制禁之儀共、故実伝来之通り猥りがましく相成らざる様、相守るべき旨、享保之度、亡父同姓越後え申渡し置き候えども、年久しく相成り候事に付、此度猶又其方えも申渡し候条、故実退転致さざる様、精々相守るべく候事、

が渡され、岩井播磨守から伝来する相撲式法・制禁の故実が守られるよう命じられており、そこに行司の一つの系統を窺わせる[19]。

右にあげた諸行司家は、享保年間に「相撲伝書」を記した木村守直のごとく、それぞれの相撲式法や故実を備え、自家の権威を高めようと図っていたであろう。これらもろもろの行司家の一つとして、細川家に抱えられた吉田善左衛門家も存在したのだが、もちろん吉田家も相撲故実を備え、自分の権威を少しでも高めるべく由緒も整備していたに違いあ

るまい。自家の格式と権威とを最も高める方法として、この時代には、幕府の公認を得る以上のものはなかった。ほかにも存在した諸行司家の中で、ひときわぬきんでた格式を備えるために、吉田善左衛門家は、細川家の後押しと、そして何よりも木村庄之助・伊勢海(式守)五太夫の弟子入りを受けていた江戸相撲渡世集団の隆盛(谷風・雷電時代)を挺子にして、寛政元(一七八九)年、由緒を幕府に上申してその公認を求めようと試みた。あるいはこれは、集団の権威を高めようとした相撲渡世集団と細川家の強い要望にもとづくものと解する方が妥当かもしれぬ。

その内容は、まず十一月二十日付で細川越中守内井上加右衛門から、相撲渡世集団の行司の要望で吉田家を相撲興行の場に見分のために差し出したい、という伺いが寺社奉行になされた。吉田家を行司たちの上位に臨ませ、おのずからその地位を権威づける目論見と解しえよう。これに対する寺社奉行の回答は翌年三月になされ、「先例出候義もしかと致さず、(中略)興行の場所へ差出され候儀は御見合わせ候方と存じ候」と、吉田家を相撲興行場に差し出すのは見合わせよ、という内容であった。相撲渡世集団や細川家の目論見に、幕府は加担しなかった。

しかしこの際、吉田善左衛門は幕府に問われ、由緒を書き上げる機会を得た。その由緒書上げは九カ条あるが、今ここでは行論上取り上げるべき個条の要約のみを次に示す。(20)

第一条、相撲の起源は天照大神の時より始まり、朝廷では垂仁天皇の時から相撲の節会が行なわれた。聖武天皇神亀年中に近江国志賀清林を「御行事」に定めて相撲の式が委く備わり、志賀家の子孫が相続したが、多年の兵乱により節会は行なわれず、志賀の家は自然と断絶した。

第二条、後鳥羽院文治年中、再び相撲の節会を行なおうとしたが、志賀の家は断絶したため行事の者を普く尋ねたところ、私の先祖吉田豊後守家次と申す者が越前国にあって志賀家の故実伝来、行事を仕る旨叡聞に達し、五位に叙せられ追風と名を賜り「朝廷御相撲之司行事之家」と定め置かるよう勅命を蒙った。

第四条、元亀年中、二条関白晴良公より、日本相撲の作法に二法なしとて、一味清風の団扇ならびに烏帽子・狩衣・唐衣・袴を頂戴した。

第六条、一五代目追風に至り、朝廷相撲の節会も自然と中絶になり、また二条殿には相撲についてねんごろの筋目もあるので、万治元年（一六五八）より当家（細川家）に勤めた。

これらの由緒について、吉田善左衛門は自ら著わした「相撲式」にさらに詳しく記している。第一条の志賀清林の内容に関しては、「相撲伝書に見えたり」と記されており、享保年間に成った木村守直著の「相撲伝書」に依拠したことを述べている。すなわち享保期以前、吉田家独自の故実がなかったことを窺わせ、中世以来という家柄の古さに疑いを抱かせる。また第二条の内容に関しては、吉田家先祖は元来木曾義仲の「旗下」であったが越前国に退いていたところを召出され、「日本相撲の司御行司」に定められたとある。さらに第四条に関しては、二条関白より「行事は他流なく、ただ一流なる事」を明示されたものと記している。

以上の吉田家の由緒とその主張に対して、江戸時代後期の博覧で知られた国学者喜多村信節は『嬉遊笑覧　四武事』[21]の中で、細川家士吉田氏の家説・相撲故実（九カ条の由緒書）を見るに、その始祖を相撲の行司に定めたこと「正史に所見なし、其他も推て知るべし」と書き記し、吉田家由緒に色濃い疑念を呈している。

江戸時代からすでに疑問が投げかけられた吉田家由緒については、明治・大正年間に編纂された『古事類苑』編纂者の理解からしても、いくつかの致命的な疑念が生じる。第二条や木村庄之助宛免許状その他で再三再四用い、司家の通称の由来ともなる「本朝（日本）相撲司」については、これはとうてい信じがたい僭称と言うほかあるまい。『古事類苑』編者は「相撲司」は「相撲節より一月前、左右の相撲司を任じ、参議以上を左右司に分配して諸般の事を準備せしめ、親王を以て別当となす」という。参議以上の公卿を相撲司に任ずるものであって、かつて木曾義仲の麾下にあり越前国に引き退いていた者を参議以上の職に任ずるとは考えがたい。また、吉田家由緒書に言う相撲の節会が後鳥羽院文治年間から続けられ承久の乱で中絶した（第二条）とか、正親町院永禄年中に節会があった（第三条）とか、一五代目追風に至って相撲節会が中絶した（第六条）という内容についても、『古事類苑』編者に従えば誤りと言わざるをえない。

また第四条の、二条関白から与えられたという「一味清風」の団扇の件についても、その真偽は確かめようがないが、それは吉田家自らが「日本相撲の作法に二流」があることを認め、他の行司家とその礼法・故実の存在を認めた上で、吉田家一流こそが行司であることの主張のために、二条関白を引き出したものとの疑念の余地を残していよう。

勧進興行場への見分という形での吉田善左衛門家の権威化は幕府に認められなかったものの、真偽はともかく由緒書上げは幕府に受け取られた。ついで寛政三（一七九一）年、相撲渡世集団と吉田家の権威化の目論見は、将軍上覧相撲で実現する。その年四月、町奉行池田筑後守長恵は、その春回向院で行なわれた相撲興行の勧進元鎹《しころやま》山喜平治と差添の伊勢海村右衛門とを呼び出し、将軍上覧の内意を伝え、同時に、この春の興行に全国から江戸に集められていた相撲の者を「ちらすまじき事」、かつ相撲取の名前を東西に分け書き出すこと、そして相撲式を取り調べて立派に用意することを命じた。その際町奉行は、だからといって相撲人どもが何となく「権威にほこり」、がさつがましくなってはならないと釘を刺している[22]。

かつて享保十七（一七三二）年に、盛岡藩の行司長瀬越後が一条家より国名を拝領した際、京都町奉行本多筑後守忠英と京都所司代牧野河内守英成は、一条家の認めた烏帽子などの行司装束について、これを「勧進相撲の間は着用すべからず、(長瀬越後)是扶持人といえども勧進の間は乞食の類の如く[23]」であるとの意向を一条家に伝えている。このようにかつて勧進相撲を「乞食の類の如」しと認識した幕閣たちであったから、今、将軍上覧となれば相撲の者たちが「権威にほこり」と予想するのは至極もっともであった。

相撲集団の、さぞやの喜びが手に取るように伝わる。しかし、喜びの反面この初めての一大儀式を、いかにつつがなく行なえるか、との不安も去来したに違いあるまい。年寄でありかつ式守三代の伊勢海村右衛門は、町奉行池田筑後守に、吉田善左衛門を召出し、規式を尋ねるように願い上げた。不安を解消するために吉田善左衛門に依存し、その登用を幕府に願ったのである。しかし奉行は、吉田家の不用を回答したのであった。その後も相撲年寄は、くり返し吉田善左衛門の上覧相撲への登用を願ったが、町奉行は「其儀に及ばず」との返答を与えるのみであった。しかるに六月十日に至って、老中戸田采女正氏教は、急遽吉田善左衛門を召出し、将軍上覧式を命じたことから、ここに吉田善左衛門の登場となったのである。

上覧の当日、吉田善左衛門は、かねて寛政元年十一月に横綱を免許していた谷風と小野川両者の取組みのみ自ら土俵に昇り、行司として取り裁いた。将軍以下の注目を浴びたこの一番は、しかし両者が実際に取り組む寸前に、立合いの呼吸が合わずに立ちおくれた小野川を、一方的に「気敗け」としてしまったという。一人、行司吉田善左衛門の立場のみをきわだたせる結果に終わった。

その後も行なわれた将軍上覧によって、相撲渡世集団は「権威にほこり」、素人相撲や弾左衛門との格別の違いを自認したに違いあるまい。しかも、その集団の権威を保証した吉田善左衛門とその故実も、たとえ史実と乖離するフィクションを含もうとも、最高権力者将軍の上覧によって、いまやその乖離は一挙に埋められることになったのであった。その日から、江戸時代を通して、実は今日に至るまで、垂仁天皇以来の朝廷の相撲節会と近世勧進相撲とは、吉田善左衛門家の故実を介して接続させられることになったのである。

さらに、文化期には吉田家自ら、故実と権威を危くすると認めていた他の行司家、盛岡藩の長瀬越後を封じ込めることにも成功した。文化六（一八〇九）年四月、先述の一条家から越後の国名を免された長瀬越後は、その際同時に「越後儀、南部家士分の事に付、勧進相撲等へは罷り出でず、南部家相撲一覧の節、又は諸侯方相撲一覧の節相勤め候事もこれある由に候、付ては右の通り越後へ当御殿より猶また此度申し渡され置かれ候趣、行事・相撲頭取等へも夫々申し通し置くべく候事」(24)が命じられた。行司・頭取（年寄）など相撲渡世集団の意図のあらわれであろう、長瀬越後は武家の屋敷内のみの相撲行司として南部家抱え行司に限定された。文政二（一八一九）年二月二日、長瀬越後に盛岡藩が命じた「相撲行司永仰せ付けられ候間、家職と相心得申すべき旨、仰せ出さる」(25)の文言のうち、その家職とは決して勧進相撲には罷り出ることのない限られた範囲を条件としていたのであった。

木村庄之助の文政十一（一八二八）年の書上げでは、長瀬越後を盛岡藩に封じ込めた結

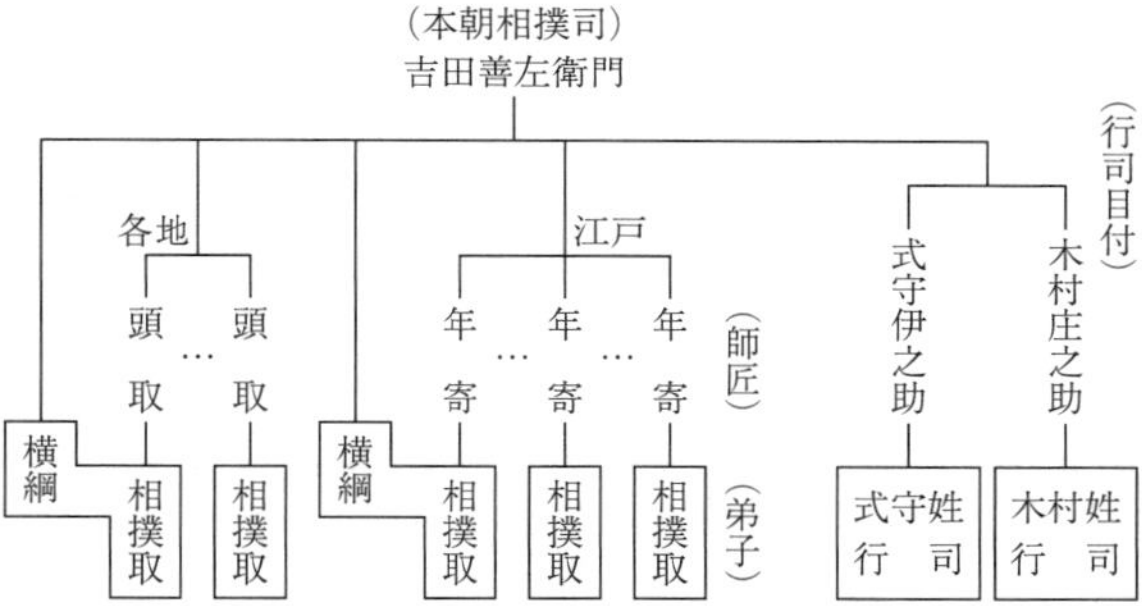

図１　相撲渡世集団組織図

果を受けて、次のように書き記している。すなわち、吉田善左衛門の往古よりの本朝相撲司の地位を前提にした上で、吉田善左衛門家の門弟に四人あり、「南は日高、北は水本、西は金田」があって「東は木村と四姓に分けられ、日高・金田は断絶いたし、水本は南部大膳大夫様御家来に当時子孫これあり、長瀬越後と申す、右御領分に相撲興行これある節は行司相勤め、他国へは一切出申さざる故、庄之助儀吉田家にて高弟に相成り、日本相撲行司目付と定められ」たと書き上げている。日・水・金・木などと見えすいた五行説の中にも、長瀬家の存在は否定できなかったものの、南部領内封じ込めはもはや確実になったとの自信が伝わってくる。

吉田善左衛門家は、代々、世襲して追風を名乗り、「本朝相撲司御行司」を称して、「行司目付」の木村庄之助・式守伊之助に対し、その代替りの際に神文を請けて免許状を与え、両者の地位を保証した。木村庄之助と式守伊之助両名は、それぞれ行司の弟子を取り、五三頁の史料のように木村姓・式守姓を与えて門弟として従え統率した。吉田善左衛門はまた、相撲年寄（江戸以外では頭取）に対して、吉田家の故実門弟たる免許状を発行し、さらに年寄・頭取は相撲取（力士）をその弟子として抱えた。のみならず、在々にあって地方の相撲興行を開催する者たち（かつて相撲取であった者が少なくない）をも門弟入りさせ、その他の者の地方興行を統制した。その上で吉田家は現役の相撲取の最強者に対し、特に将軍上覧相撲開催と密接に照応した形で横綱免許を与え、自家の権威を高めるのに用いた。

　かくして、江戸時代の後期には**図1**のような組織が確立したと考えられる。この組織を、幕府権力が触れによって行政的に保証して、これ以外の者の相撲興行を禁止し、さらに将軍上覧によって権威づけていたのである。この将軍・幕府による相撲渡世集団に対する保護とも見られるこれらの政策の背後には、すでに述べてきた都市民衆のエネルギーの懐柔策と弾左衛門やその配下組織への差別政策が横たわっていた。そしてまた、素人相撲の興行を統制したのも、じつは、寛政十（一七九八）年四月の「関東在方に於て、同類を集め、通りものと唱え、身持不埒の者共を子分などと号し抱え置き、或は長脇差を帯し、目立ち候衣類を着し、不屈の所業に及び候ものこれあり、右の内には角力渡世の者共もこれあり、（中略）以来在方において右体の風俗決して致すまじき旨、師匠分のもの共より急度申し渡すべきもの也」（天保五五三四）と角力年寄共に幕府が命じた触れに見られるように、主に関東在方取締りの一環として、在方統制を強めるのに連動していく政策であったことは容易に考えられることである。

やっと延享期になって初めて幕府に容認されたと考えられる相撲渡世集団でさえが、じつに短期間のうちに組織を整え、しかもそれは、吉田善左衛門家を頂点に、その家に独占されて代々の家職となった相撲故実と、吉田家から免許されて家職を分有した者だけが相撲渡世を行なえる、という「家職の構造」を備えていたことにも、改めてここで言及しておきたい。

二　家職と権威

1　家職をめぐる争論

はじめに述べた三河万歳が、土御門家の家職を分有して江戸や関八州を言祝ぎ歩けたことや、これを保証した土御門家を本所とする「家職の構造」は、決して近世初頭からアプリオリに存在したものではなかった。前節で見た相撲の場合で言えば、例えば「本朝相撲司」の吉田善左衛門家の地位や、垂仁天皇以来の相撲節会につながる故実も、それらの故実門弟になった年寄や行司両家に弟子入りした者のみが木戸銭を取る渡世の相撲を行なえたことなど、天保期以降の人々の眼にはまったく疑いのない不動の体制と、映ったことであろう。しかしこの相撲の体制が、徐々に形成されていったことを子細に検討してきた我々は、もはや朝廷の相撲の節会と、現代にもつながる四季勧進相撲とが異質な不連続なものであったことも、またそれらを連続させようとした相撲渡世集団の意図やその過程についても知ったのであり、決して相撲の場合の「家職の構造」がアプリオリに存在したものではなかったことを確認できたのである。

陰陽道における土御門家の家職とその構造も、天和三（一六八三）年、霊元天皇綸旨と将軍徳川綱吉朱印状が出され、それを根拠に土御門家が全国陰陽道支配の編成に乗り出したのが手始めになるもので、その当時は畿内近国と江戸にその編成範囲はとどめられていた。その後、宝暦十二（一七六二）年より武家伝奏を通して、約三〇年間再三の嘆願を続けることで、やっと寛政三（一七九一）年に幕府から、土御門家の全国陰陽道支配の全国触れが出されたことで、文字通りの全国的な編成に土御門家が乗り出し、その組織化が実現していったのである。

土御門家による組織化の過程で、各地域に上下支配の関係なく自立して存在していた陰陽師は、時には抵抗を示しつつも、全国触れを受けた地域領主の圧力も加わり、やがて組織内に組み込まれ、土御門家の発する職札や掟に従い貢納料を上納する義務を負うことになった。窮屈な、もろもろの義務を負う代わりに、しかし組織内の陰陽師は、その家職が保証されるようになった。天和三年の段階では、「有髪・束髪にて占考・祈禱・日取・方角等考致」す者こそ陰陽師であり、この基準で土御門家配下に編成しようとしたように、当時想定された陰陽師の家職は、日取・方角も含めた占考や祈禱に求められ、大雑把な広い枠の職分であった。これが八〇年後の明和年間に幕府に承認された家職となると、「判はんじ・諸事占方・神道行事・一切の祈禱事・地祭・家堅・五穀祭・四季の祓・荒神祓・札守の事・こよみ・年筮《ねんぜい》配り候事・秘符まじない・矢除守り・日よみ十二神の札・神馬の札の事・神市巫女の事・千寿万歳《せんず》」（各内容規定あるが省略）と細分化した規定になる。この間の家職の細分化に至る過程には、陰陽師と他の祈禱系集団の職分をめぐる争論が存在し、これら争論を通して家職は徐々に細密に規定されるようになっていったのである[26]。

他職との争論には、元禄六（一六九三）年、神事舞太夫・梓職頭役《あずさしよくかしらやく》の幸松勘太夫との間で生じたものがまずある。この家職混雑の内容は両職ともに行なう絵馬配りの抵触や、梓神子《あずさみこ》の行なう数珠占いと陰陽師の占いとの抵触と考えられる。ところでこの陰陽師との争論の幕府裁許にもかかわらず、神事舞太夫頭幸松勘太夫は、その後も陰陽師との混雑を止められなかったために、追放を命じられた。配下の統制が行き届かなかった頭役の追放という処分を伴った神事舞太夫と陰陽師との混雑は、これ以降おさまり、徳川家康入国以来関八州支配を認められてきた幸松氏に代わって、宝永五（一七〇八）年から頭役は田村八太夫が代々任じられるようになった[27]。

次に、同じく元禄年間から、陰陽道と修験道との家職をめぐる争論が生じた。遠江国にて「両派混雑仕り候」ことが数多あり、寺社奉行に訴えがなされた結果、関東陰陽師触《ふれ》頭《がしら》菊川権頭と修験道当山派江戸触頭鳳閣寺に対し、寺社奉行は両派の職分が混雑せぬように命じた。この件については、両派とも作法を守って事静かになったという。

しかし、その後、占考をもって渡世をする他職の面々が存在したため、土御門家配下の占考渡世の者たちは、権利がおびやかされるとして不満を持ち続けた。明和元（一七六四）年八月、寺社奉行松平伊賀守忠順は、陰陽師触頭菊川権頭支配売卜改役の朝日太同の訴えによって、内々で陰陽道占考渡世を行なっていた江戸両国米沢町に住む宇佐美良栄に対し、吟味の上で占考の禁止を命じた。明和四年八月には、寺社奉行土井大炊頭利里に触頭吉村権頭が願い上げ、許可を受けた上で占考渡世改めを行なった。翌明和五年には、羽黒派修験三光院が占考渡世をしていたのを、陰陽師触頭が聞き付け、これを寺社奉行に訴えた。同奉行が吟味したところ、三光院は祖父の代から占考渡世を行ない、しかも一切、土御門家に届けなかったことから、三光院は押籠の上、以後、占考停止が命じられた。

現に、この当時には、他職でありながら占考のみ土御門家より職札を受けている者は存在しており、明和七年十月の寺社奉行への届けでは、江戸居住の修験のうち、本山派東大坊・文殊院・花王院・円寿院のほかに、当山派大楽院・羽黒派中力院が渡世の助けに職札を受けて陰陽道占考を行なっており、修法はあくまで修験道を勤めて、両派混雑しないようにしている例が上申されている。(28)

江戸居住の修験者たちの檀家や霞《かすみ》（檀那場）は、農村部の修験者たちに比べて、安定的とはとても言えず、まして百姓欠落ち後に在方から江戸に流入して修験者になったような者はなおさらであったろう。他国出生の江戸修験者の比率は、寛政三年の修験道本山派院家若王子《にゃくおうじ》配下の江戸居住修験者合計四一人のうち、約四割にあたる一六人は他国出生の者であった(29)。越後国頸城郡室野村百姓由兵衛のように、寛政元（一七八九）年に困窮のため欠落ちして、だんだん袖乞をしながら武州豊島郡下練馬村条助方で奉公したところ、眼病を煩い外稼ぎならず、やむなく寛政九年に江戸音羽桜木町本山派修験峯本院へ弟子入りし修験者（覚定院）になった場合のように(30)、他国出生の江戸修験といえばすべてが農村部からの困窮欠落ち組ともいえまいが、生活の安定度に欠けていたことは十分に考えられよう。実際に、天明六（一七八六）年、若王子配下江戸触頭の跡職をめぐる争論の際、それまで触頭だった修験者は帰依檀家が五〇～六〇軒あるのみで、触頭職が失われると困窮難儀する、この五年間は病床にあって、誼みの修験者五人が米・味噌・薪などの世話をしてきたが、その五人も、その日暮し同様の者である、と述べている(31)。

不特定の乏しい檀家の帰依を求めるのに、占いは有効な活動であった。換言すれば、人々は占いに期待を寄せていたのであろう。「陰陽道諸占考仕らず候ては、旦家の寄得も御座なく候に付」と他職の者が土御門家に門下入りして職札を受けた際に記されているのは、実状をよく物語っていよう。これら他職の者からの占考願いに対する土御門家の態度は、「神主・社家・修験・僧形其外諸職の面々は、それぞれの家職」があるが、渡世の助けのために、占考の職札を渡してきた、だがその場合も「陰陽道は右占考を相用い候のみにて、修法などの儀は其支配々々の作法相守り、両様混雑これなき様、取計い申すべき事」というものであった。実際、神道の吉田家の支配下にあった下野国都賀郡壬生の雄琴神社神主黒川志摩は、由緒ある神社と安定した氏子圏をもっていながら、氏子圏からの檀家の多種多様な依頼に応えるべく、土御門家に入門し、占考の職札を文化元（一八〇四）年に受けている(32)。

しかるに、右の黒川志摩の場合、職札料金一分と銭二〇〇文、毎年の貢納料銭六〇〇文などの金銭を上納したが、その日暮しのような修験者にとって上納は容易でなく、入門手続きなしで内々に占考の活動を行なおうとする者が跡を絶たなかった状況も容易に想像されるところである。明和七年九月、土御門家に無届けで内分に占考を行なっていた江戸居住の羽黒派修験清卜院と当山派修験大尺院・良宝院の三名と、林子貞こと良助、高橋数馬こと角兵衛の都合五名を、陰陽師売卜改役の木村清平・東柳軒が寺社奉行に訴えた。訴状によれば、良助は先年から内分に占考渡世を行なっていたので土御門家側が一度改めたところ、良助は職札を受けたが、この夏中、土御門家の作法を用いなかったがゆえに、吟味の上で今後占考をやめるように命じ、良助は請証文を差出していた。にもかかわらず、良助はこの偽占考をやめずに、この八月二日夜、神田紺屋町原へ夜分に出、「当卦八卦　吉凶御占い」と呼び掛けて人集めをしていたので、売卜改役が出向き糺した。良助は、天門易の抜書本を売っており、望みの者には占いも見ている、と答えたという。売卜改役は、大勢の人込みもあるところで取り合わずに、ただちに良助の家主に行って人名を確認し、寺社奉行に訴え出たというものである。また、角兵衛についても、良助と同様に停止されていたにもかかわらず、芝愛宕下に罷り出、占考を行ない、天門八卦などの抜書本を売り、神符などを出していたので、売卜改役が尋ねたところ、法外なことを申し掛けたという。残りの三人の修験者については、卜筮を用いて渡世を行なっており、土御門家支配入りしないならば占考はできない訳合を、売卜改役が申し聞かせたところ、三人とも理不尽なことを言って改役に取り合わなかったので、訴えたというものである。

寺社奉行土岐美濃守定経の掛りで、出入りとなり、十月九日、双方ともに寺社奉行所に呼ばれた。そこで、羽黒派修験清卜院、良助・角兵衛と陰陽師側とは内済になった。しかるに当山派修験両名とは公事《くじ》になり、以後、争われることになる。十月十二日、陰陽師触頭吉村権頭が寺社奉行に呼び出されて尋問を受けた。この件の掛役人は、看板も掛けずに内分にて修験方が占考をするのに対し、売卜改役がこれを咎めるのはどうか、という問いと、陰陽道側の根拠となる天和三年の綸旨・朱印状の文言についての尋ねであった。陰陽師触頭の答えは、当家配下の面々が占考を行なう場合には、それぞれの作法を守り、決して無法の占考は行なわない、これに反して他職の面々は、作法も用いず何事も面白く申す者がはやるような気味合いである、その結果、作法を守る者が衰え、陰陽師の数は四年前には江戸だけで二〇人ばかりに減少してしまった、その後、占考改めをすることで陰陽家支配下の者は少しは回復したものの、このままでは断絶になってしまおう、この度、修験方に占考を免しては、陰陽家一派は相乱れ、公儀への勤めも果せなくなるであろうし、そもそも修験方にて買本して占見たり、または弘法大師一枚八卦にて考えたりと、いろいろ言うけれども、占考は数を多数立てなくては行ないうるものではない、修験方が工夫をして考えるというのは、はなはだあやしく思える、と答えている。また、綸旨・朱印状の件は御代替りのみぎりの公儀の改めでなくては申し上げられず、あるいは京都において武家伝奏を通し、老中に伺った上ではじめて申し上げられよう、と答えた。以上のやりとりを、江戸触頭吉村権頭は京都の土御門家役所に書き送っており、その最後尾に「まずは勝理に相見へ申し候者也」と記して、公事勝訴を予想している。

年が明け明和八年二月二十日、吉村権頭は改めて寺社奉行所に書上げを呈出し、前回同様の主張をくり返した。だが、この陰陽道と当山派修験道との公事の結果については不明である。しかるに、その後寛政七（一七九五）年十一月、松平備前守より、寺院山伏などが檀家より、物の善悪、あるいは失物などを考えてくれるよう依頼され、書物などにて易道を行ない、礼物などは請けないならば、土御門家の免許が無くとも差支えないか、との問合せに答えた寺社奉行板倉周防守勝政の回答は、社家・寺院・山伏の類、祈禱いたし候節、善悪・邪正考え遣し候儀、礼物申し請けず候上は、土御門家免許これなきものにても苦しからざる筋に候えども、表向大躰に申し成し、内実は礼銭などを申し請け、職業同様に致し候もの、あらあらこれあるやに付、容易にお聞き届け相成り難き筋と存じ候、

と答えている。(33)明和七年の陰陽師側の訴えの主張と勝利の予想通りにはなっておらず、寺社奉行は、寛政七年段階でも陰陽師以外の法職が檀家に依頼され、礼物を請けずに行なう易道は差支えないとの考えをもっていた。しかし実際には礼銭を取って職業としているとの認識ももっており、その場合には土御門家の免許が必要であるとの判断であろう。占考を礼銭を取って行なうか否かが寺社奉行の判断基準となっていたようだが、かといって幕府は、これを明確に打ち出すこともなく曖昧な態度にとどまっていたようである。

この占考をめぐる陰陽道と修験道との争論に終止符を打ったのは、じつは寺社奉行の裁許ではなかった。大坂に居た本山派修験が占考を行なっていたのに対して、文化七（一八一〇）年、陰陽道側より大坂町奉行所に届けがなされ、その修験者の調べが行なわれた。すでにそれ以前、寛政十年と文化三年に聖護院門跡側と土御門家側とは、占考をめぐって懸合に及んでおり、それらをふまえて、今回の大坂の件も両者懸合を重ねることとした。これは、武家伝奏広橋前大納言伊光（六六歳）の仲介によるものであるが、その際、本山派修験は古来よりの仕来り通り、檀家から占考を頼まれた時に志次第の謝礼を受納するだ

けであって、決して売卜として職業にしているものではないことを聖護院門跡側は再応申し入れた。これを土御門家側は受諾し、本山派修験の占考は売卜行為とは異なることを確認し、陰陽道支配混雑の差支えなしとして、両者和談に至ったのである。聖護院門跡と土御門家は、和談治定の旨を、お互いの配下末々にも達し、とくに寛政三年の全国触れ以後、取締りを強めていた土御門家は、他の寺院・社家その他の占考とは異なり、本山派修験には、末々においても咎めだてをしないように命じ、もし混雑のことが生じても、幕府に訴えることなく、またまた内談するように取り決めた上、「永世争論に相及ばず候様」、それぞれの和談書が相互に取り交わされた(34)。

両派の末端における活動の抵触という状況下で、家職を分有していた末々の陰陽師と修験者の権利を保証することが、組織の頂点＝権威としての存在意義となろう。しかるに、この紛争を組織の頂点たる門跡と公家とが、武家伝奏広橋氏の調停で和談としたことには注目される。くり返される末端の家職をめぐる争論を、寺社奉行などの幕府権力が解決できなかったゆえであろうが、それを朝廷内で他の公家の働きかけによって実質的な解決策を幾度かの相互懸合の上で成立させ、しかも今後も幕府に訴えないことを永世に取り決めたことの意味は、幕府の執行権力としての能力の衰えと、その逆に、朝廷の役割浮上を示す一例と解されよう。

2　家職における権威の役割

土御門家の求め続けた幕府全国触れのきっかけとなったのが、西国筋の盲僧と陰陽師との家職をめぐる混雑であったように、土御門家の家職は、天和三（一六八三）年以降、他職との争論を通して、他の家職との境界を一つ一つ鮮明にして、「混雑」を解消していくことで明瞭に規定されていった。このことを述べた前項でもすでに触れてはきたが、末端に分有された家職を保証する権威こそは本所であり本山であり、その意を受けた触頭であった。組織をもたなかった占師の良助・角兵衛や脆弱な組織の羽黒派修験が、簡単に内済という形で屈服させられたのに反し、当山派修験の大尺院・良宝院が内済をせずにあくまで公事にもち込んだのは、その背景に三宝院門跡と江戸触頭鳳閣寺の権威を感じていたからに違いあるまい。逆に言えば、他職間との家職をめぐる争論などの際に、末端の家職を分有した者たちの権利を保証することが、組織内の頂点にたつ本山・本所・触頭などの役割であったと言えよう。次に例示するのは、当山派修験道において家職維持に、触頭が権威としての役割を果した例である。

文化九（一八一二）年夏、甲州西井出村当山派修験海寿院の抱え神子《みこ》春翁が、同国巨摩郡中丸村（長坂町）より依頼を受け、同村藤武神社において湯立神楽《ゆだてかぐら》を勤めたところ、同神社は、同郡大八田村神主輿石土佐の兼帯社であったところから、神主土佐は権利侵害であり放置できぬ、と甲府代官に訴え出た。代官所が翌年四月に神子春翁を呼び出したところ、春翁と村役人は連印にて、神主土佐に詫び書付を差し出し、これを土佐が承知して、代官所へも一件願下げ書付を呈出して、内済落着した。

しかるにその後、神主土佐は何を思ったか、右一件は差し置き難しと改めて代官所へ申し立てたため、代官所は六月、修験海寿院（差添として長坂上条村清教院同道）を呼び出し、神主土佐から差し出された証文（寛文三年三月中、奥州岩城社家と山伏との出入一件、本山修験の本山聖護院門跡坊官と吉田家雑掌と相談をもって済方の書付）を読み聞かせた。その上で代官所は、神主土佐支配の神社兼帯所へ、山伏抱え神子が来て湯立神楽などをしてはならぬことを申し聞かせた。寛文三（一六六三）年の奥州岩城の出入一件では「神子は神職である。修験道の守子《もりこ》は千早（襷）舞絹（衣）を着けない。鈴を持ち千早舞絹を着し、篠幣祓・湯立神楽・神託宣致すのは社家の神子たるべきこと」が取り決められ、これは寛文六年三月、幕府寺社奉行によっても確認されていた。

代官所の申し付けに対して甲州当山派修験側は、江戸触頭鳳閣寺へ申し立てた上でなくては請けられない、とその場をしのいだ。修験海寿院などはこの間の委細と甲州当山派修験ならびに神子湯立神楽の来由などをもって鳳閣寺へ伺いを立てた。鳳閣寺は、代官所で示されたという岩城出入一件の写しを代官所にてしたためてくるように命じ、それらを検討の上でなされた鳳閣寺の指示は、次のようであった。すなわち、寛文三年の岩城社家修験出入りは、岩城の社家と本山派修験との争論であって、当山派修験ならびに神子の争論済口《すみくち》ではない。当山派修験は本寺が三宝院門主であり、法令もいっさい、本山派聖護院門主の法令を用いたためしはない。しかも、慶長年中、当山派と本山派争論の節、両門主に東照宮様・台徳院様より当山・本山格別たる条の判物が下されているように、両派は宗法も別段に定めてきた。したがって、聖護院坊官と吉田家雑掌の取り決めた書付をもって、当山修験・神子の職分そのほか千早舞衣着用に差障りをもたらすのは非分至極である。また、寛文六年の寺社奉行確認の書付も当山派には仰せ渡されていない。そもそも当山派神子は古来より神子と称しており、本山派のように守子とは唱えていない。また、寛文六年の裁許にも、社家の檀那が祈念などを山伏方に願い出た時は、檀那の所望に随うべく、社家は違乱あってはならないと取り決められている。甲州の神主土佐の申掛けは右の定の文言に反する、と述べた。触頭鳳閣寺の反論は功を奏し、甲州の一件は当山派有利に落着した。(35)

それにしても、一度、甲州当山派修験と神子が詫び証文を書き、神主土佐が承知して内済したにもかかわらず、なぜ神主側は改めてこの件を訴え出したのであろうか。奇異にも思える行動だが、じつはそこには理由があったのである。

武蔵国など主に関東で白川家と配下神職組織拡大の争いをくり広げ、しかも修験道とは、神子支配や神楽の装束問題で、例えば寛政十（一七九八）年の武蔵国比企郡野田村で起こった神子若狭一件出入(36)で争った吉田家は、関東に見廻り役を派遣していた。見廻り役は、吉田家の免許なく装束を着用することを取り締ったり、寺院・修験持ちの神社社頭における神楽執行に際してその吟味を行なうことなどが命じられていた。このような吉田家の意図を受けて吉田家家来神祇道取締の桑原左衛門と手附差添の五十嵐主税・杉山図書・山西与市は、武蔵国の当山派修験を旅宿に呼び出し、吉田家の許状を受けずに当山派神子が千早舞衣を着し湯立神楽を致したからには、装束を剝ぎ取ると威圧した一件が生じた。これに対し、武蔵国埼玉郡須賀村利益寺と児玉郡西五十子村理正院の当山派修験は、享和二（一八〇二）年二月六日、寺社奉行松平周防守康貞（定）に訴え出た。この一件についての吟味は、その後代々の寺社奉行に受け継がれ、七年後の文化六（一八〇九）年四月六日、双方呼び出され寺社奉行列席の場で懸合・吟味の後に松平右京亮輝延の判断が下された。すなわち、桑原左衛門は、装束を剝ぎ取るなどと声高に不法の儀を申し掛け、そのうえ吟味中奉行所の呼出しに病気と称して参らぬは不届きゆえ、洛中洛外の構い（立入禁止の罰）と江戸払いが命じられ、五十嵐主税・杉山図書は逼塞と在所慎みが命じられた（なお山西与市は吟味中欠落）。訴訟人の当山派修験には構いなしで一件落着した。(37)

おそらくその後も、吉田家側と「他門（白川家）・他職（修験道・陰陽道など）の輩との混雑」は続いており、とくに文政五（一八二二）年には、延享三（一七四六）年以来、七六年ぶりに京都より本所吉田家当主が江戸に下向して、関東の吉田家配下神職の組織強化をはかっている。このような、関東などの他地域を含めた広域の一連の家職をめぐる争論の中に、甲州の神職土佐の再度の訴出を連動させて考えることが可能であろう。

ところで、近世に生きた人々は、必ず仏教寺院の檀家となって、キリスト教など幕府の禁じた宗教の信徒でないことを寺請してもらったが、ために、葬式や彼岸・盂蘭盆などの重立った仏教行事は、近世の人々に広範に浸透し、今日に至るわが国の主要な習俗になったほどである。しかしだからといって仏教だけを信仰していたものでもなかった。村落単位や家単位で、あるいは個人として、近世の人々は多様な信仰心や多くの不安解消のために、また五穀豊穣や厄除け無病息災を祈るために、寺院僧侶以外の主に祈禱系の宗教者に依頼することが多かった。これに応えて、地域で活動をしていた末端の宗教者（神職・修験・陰陽師など）は、本来、地域の人々（祈禱檀家）の多様な依頼に、時には医療も含めた多様な習合した方法で応える必要があったのである。しかし、いまや、近世後期に至り、家職間の争論と取締り（改め）の強化によって、家職間の境界が鮮明になり、家職の限定によって、末端の宗教者が多様な習合した方法で祈禱檀家に応ずることは難しくなっていった。このような、多様かつ重層的な習合した部分が失われていく延長上に、神仏分離政策や明治初年の習合した宗教（修験道・陰陽道など）の禁止が位置づけられるのである。

おわりに

末端の陰陽師・修験者・神職・神事舞太夫・相撲取などの、地域社会における活動を保証する権威としての土御門家・聖護院門跡・三宝院門跡・吉田家・白川家・田村八太夫家・吉田善左衛門家といった、組織の頂点に存在する家々のもつ職分を、さらに上位から保証する権威は何であったのか、あるいはまた、それら頂点の本所・本山・頭役などの家々が、その地位に就くことの根拠は何に求められたのか、という連動する二つの課題をここで考察して本稿の結びとしたい。

聖護院が歴代熊野三山検校となったことに起源を求めうる修験道本山派の本山たる地位は、近世においては、慶長十四（一六〇九）年五月一日「修験の事、往古の法度に任せらるべし」と、将軍秀忠が聖護院に対して、それまでの地位を認めたことで改めて保証された。しかし、その前後の当山派との各地における確執をおさめ、聖護院（照高院）の地位を押える意図からも、徳川家康は慶長十八年五月二十一日、聖護院・三宝院両門跡に宛てて、本山派と当山派とがおのおのその筋目にまかせて混乱しないように、との下知を与えたのである。これによって、再度、聖護院門跡の本山派の本山たる地位が、また、三宝院門跡の当山派の本山たる地位が保証された。(38)

陰陽道については、中世末期まで暦博士を世襲してきた賀茂（勘解由小路《かでのこうじ》）家の正流が永禄八（一五六五）年に絶えた後、陰陽頭を中世以来世襲してきた土御門（安倍）家が暦道をもあわせて主管した。その後、土御門家は豊臣秀吉に追われた時期もあったが、徳川政権の成立とともに再び朝廷内で重んじられ、陰陽頭の地位も与えられた。しかるのち、奈良の幸徳井家（賀茂家の庶流）が三代にわたって陰陽頭に任じられ、ために土御門家と幸徳井家とは諸国陰陽師支配をめぐって二〇年来の争論を続けてきた。天和二（一六八二）年、陰陽頭であった幸徳井友傳が死去したことで陰陽頭が闕になり、そこで土御門泰福を陰陽頭に任じ、争論に決着がついたことで、天和三年の霊元天皇綸旨となったのである。律令官制の陰陽頭の地位にあることが根拠となって全国陰陽道支配の権限が与えられた例である。

　神道について見るならば、陰陽道の例とは異なり、律令官制の最高官である神祇伯であることは、幕府には重要視されなかった。すなわち、神道管領長上を称した吉田神社の祠官吉田（卜部）家の地位が、寛文五（一六六五）年、幕府の諸社禰宜《ねぎ》神主法度によって権威づけられ、全国の主に中小神社神職の編成の根拠となった。この法度第二条には、社家が位階を受ける場合、朝廷に執奏する公家（神社伝奏）が前々より存在する場合はこれまで通りとする、との条文があり、例えば石清水八幡宮は広橋家の、松尾・稲荷・大原野の各社は白川家の執奏を受け続けるように、との内容を含んでいた。幕府は、この段階では二十二社など特定神社の執奏を行なう神社伝奏の一つとして神祇伯白川家を位置づけていたのにすぎないのである[39]。

神事舞太夫の場合、京都との関わりは一切なく、古来より武家相属の一派神職であると主張され、関東支配頭役は建久二（一一九一）年十一月日付の源頼朝より与えられたとする「相州平塚の太夫、八郡の太夫の司たるべきもの也、仍て件の如し」の文書が根拠になっていると主張される。その後、幸松勘右衛門が徳川家康江戸入部のみぎり、三河国から御供をして来て以来、神事舞太夫頭役を勤仕してきた、と由緒に書き上げている。真偽のほどは詳らかになしえないが、関八州支配の根拠として源頼朝や徳川家康の権威を借りたのは、神事舞太夫に限ったことではない。穢多頭弾左衛門由緒書についても、あるいは普《ふ》化《け》宗（虚無僧）の偽文書と目される慶長十九年「東照宮御定目」と称する法度についても、同様に権利主張の楯とされてきたのであり[40]、その例は多い。

以上、見てきたごとく、一派を支配する根拠は、じつに多様なものであった。律令官制にもとづく長官であろうとあるまいと、あるいは源頼朝文書の真偽いかんにかかわらず、あるいはまた、相撲行司家吉田善左衛門の由緒にいう「本朝相撲司」が虚偽であろうとも、要は、近世の権力である幕府や将軍が、その当時の政治・社会状況に即しながら、その地位と権利を公認したことこそが、家職の最大の保証となったのである。すなわち、将軍や幕府権力こそが、家職を保証する権威たりえた、と言い換えてもよかろう。

では、この将軍・幕府が権威たりえたのは近世初頭以降、いつまで続いたと考えられようか。相撲の場合で見れば、寛政三（一七九一）年の将軍上覧の意味はきわめて大きかった。まさに、将軍は相撲渡世集団を保証する最大の権威であった。しかし木村庄之助をリーダーの一人とする相撲渡世集団にとって、次第に、将軍上覧と「本朝相撲司」吉田善左衛門家の権威のみでは十分と思われなくなった様子である。そもそも相撲故実が朝廷の相撲節会に結びつくことで権威づけられたということからも必然的な傾斜であったと考えられるが、そしてまた、吉田善左衛門家の権威を脅かしうる南部相撲行司長瀬越後と摂家一条家とのつながりにも対抗する意味あいから、木村庄之助は、京都の公家に接近し、遅くも文政十（一八二七）年には、相撲取旅行の節の絵符帳面を京都桑原家・飛鳥井家・五条家の三家より発行してもらい旅行する形を整えている[41]。また、自らの肩書についても、文化十（一八一三）年十一月付の相撲行司弟子り免許状の発行人として、「本朝相撲司御行司吉田豊後守追風十九代　藪二位左中将殿家木村若狭守正規　日本角力行司目附　五条殿家木村庄之助正武」と記しており、それ以降の肩書でも同様に、藪家・五条家との関係を、従来からの吉田善左衛門（追風）と並べて誇示している[42]。新たな権威として、文化期以降、諸公家に接近し、朝廷権威を希求するように傾斜していった。

次に、占考をめぐる争論を土御門家は、幕府寺社奉行や大坂町奉行に訴え、その解決をはかろうとしたが、もはや幕府からは、土御門家の家職を保証する主旨の裁許はなされぬまま、文化七（一八一〇）年、自らの家職と配下陰陽師の家職とを保証するために、公家の広橋家を仲介に、聖護院門跡と懸合をくり返し、和談を成立させたのであった。かつての天和三（一六八三）年の綸旨だけでは編成が不十分であったため、再三の要請の後、やっと寛政三（一七九一）年に全国触れを出して、土御門家の地位を保証した幕府の権威は、文化年間にはかげりを見せ、これとは逆に朝廷の機能に依存する傾向が見えはじめた。

あるいはまた、神社支配をめぐり、吉田家は、寛文五（一六六五）年の諸社禰宜神主法度を、再び幕府から全国に触れてもらうよう再三要請し、天明二（一七八二）年幕府は触れた。吉田家の神職組織深化拡大の企図から発した要請であったが、それは白川家が神祇伯家として、全国神社統轄の気運を高め、積極的に吉田家に対抗し、組織化に向かったことを背景にしていた。現に白川家所管神社は、宝暦期に六四社であったものが、文化期には二九二社に増加している。両家は各地で末端神職の争奪戦をくり広げた。この神社支配の場合にも、我々は、権威としての律令官職（神祇伯）の浮上に突き当らざるをえないのである。

このように見てくると、寛政期と文化期の間で、権威をめぐる一つの変化を見出すことが可能なようである。丁度そこには、幕府の朝廷統制策の一大転換となった寛政期の「尊号一件」が谷間となって横たわっている。「尊号一件」では、議奏を中心にした多数の公家たち——それまで摂関・三公・武家伝奏・議奏以外の公家は朝議に加わることがなかった――が、幕府の朝廷統制の枠組を逸脱して、群議を行ない、多数の力で幕府に圧力を加えたものであった。これに対して幕府は、幕初以来久々に露骨な力による処罰を断行した。力による処罰は、綱吉政権以来、約百年間続いてきた、幕府の主導権の下で朝廷を包み込む協調の時代の終わりを意味した[43]。

文化年間とは、「尊号一件」をきっかけにした、かかる朝幕関係の変容の中で、権威が、幕府・将軍から朝廷・天皇に移行しはじめた時期として捉えることができよう。それは、権威の頂点が一気に逆転したというのではなく、幕末や明治維新以降の絶対的な天皇の権威につながるところの、権威を天皇・朝廷に求めはじめたターニングポイントとして位置づけうるものなのである。

註

(1) 東京大学史料編纂所『大日本近世史料　細川家史料三』(東京大学出版会、一九七二年)七九九、三月十七日書状。

(2) 高柳真三・石井良助編『御触書寛保集成』(岩波書店、一九七六年版)二八八三。以下、触れについては本文中に「(寛保二八八三)」のごとく略記する。『御触書天明集成』『御触書天保集成　上下』についても同様。

(3) 加賀藩の例は『稿本　金沢市史』(石川県金沢市役所、一九二九年)風俗編第二、第一九章、第一節。盛岡藩の例は『藩法集9 盛岡藩上』（創文社、一九七〇年）「御家被仰出」巻八、八五一・八五二。
（4）『泉州史料 第四巻』（岸和田実業新聞社、一九一七年）「御手鑑」坤五三、堺勘進相撲幷地取。
（5）内閣文庫本を影印出版した『内閣文庫所蔵史籍叢刊 13 祠部職掌類聚』（汲古書院、一九八二年）による。以下の本文引用史料も右による。
（6）大岡家文書刊行会編纂『大岡越前守忠相日記 中巻』（三一書房、一九七二年）。
（7）『御触書宝暦集成』九四〇（寛延三午年四月）に

寺社奉行え

近年寺社建立又ハ為修復、御免勧化之儀、数多願出候、公儀御建立地、且至て訳も有之候ハ、格別、左も無之分向後取上ニ不及、願出候ハ、、難成段申聞、可被相返候、

とあるのはよく状況を伝えている。
（8）相撲博物館（公益財団法人日本相撲協会）所蔵京都相撲番附。同館所蔵史料閲覧についての、故市川国一館長をはじめ、館員諸氏の御好意に、記して謝意を表します。
（9）斎藤月岑『東都歳事記』（朝倉治彦校注、平凡社東洋文庫版、一九七〇年）に依った。
（10）中英夫『武州の力士』（埼玉新聞社、一九七六年）所収、比企郡吉見村関根家所蔵文書資料、三―七。

(11)『東松山市史 資料編 第三巻 近世編』(一九八三年)所収の三五三「野本村八幡宮祭礼相撲入用帳」、三五四「野本村八幡宮祭礼相撲契約証文」による。

(12) 相撲博物館所蔵南部相撲文書、五九号。「秘書」の表書があり、相撲側に代々受け継がれた史料と考えられる。

(13) 相撲側の立場から残された史料に依拠したため、弾左衛門側の主張は一切触れられなかった。原田伴彦「近世の賤民と雑芸能」(『歴史における芸術と社会』みすず書房、一九六〇年)や藤本清二郎「江戸中期、紀州日高平野における「芝場」争論」(『和歌山大学紀州経済史文化史研究所紀要』三号、一九八三年)などを参考にすれば、元禄―正徳期の京都の勧進相撲では、相撲側は櫓銭を「えた」側に納めていたが、やがて享保期から相撲側が櫓銭納入を拒絶して争論となったもので、同様の興行権・「芝場」権をめぐる争論は、享保期以降、各地で生じた模様である。これが、やがて宝暦期には、「えた」側の興行場への入場が拒まれるほどに、「えた」側の権利は喪失させられたと考えることができよう。

(14)『徳川時代商業叢書 第一』(国書刊行会、一九一三年)「町方書上」。

(15)「相撲式」力士目録(『古事類苑』44武技部、相撲上、吉川弘文館、一九六九年)。

(16)「大江俊光記」(『古事類苑』44武技部、相撲上)。

(17) 相撲博物館所蔵南部相撲文書、六九号。

(18)『兼香公記』一二二巻(東京大学史料編纂所所蔵謄写本)。

(19) 註(17)に同じ。

(20)『祠曹雜識』四九巻(内閣文庫所蔵)。
(21)『嬉遊笑覧2』(『日本随筆大成 別巻』吉川弘文館、一九七九年)。
(22)「相撲隠雲解」上覧之一式(『古事類苑』44武技部、相撲下)。
(23)『兼香公記』一二二巻(東京大学史料編纂所所蔵)。
(24)相撲博物館所蔵南部相撲文書、六九号。
(25)『藩法集9 盛岡藩下』「御家被仰出」巻二三、二一八七。
(26)拙稿「近世陰陽道の編成と組織」(尾藤正英先生還暦記念会編『日本近世史論叢 下』、吉川弘文館、一九八四年、本書第九章)。
(27)『祠曹雜識』三六巻(内閣文庫所蔵)。
(28)「修験方相手取及公訴候書上幷御吟味御尋ニ付書上控」(京都府立京都学・歴彩館所蔵、若杉家文書五八七)。
(29)「若王子配下修験人別帳」(東北大学附属図書館所蔵、狩野文庫)。
(30)『新潟県史 資料編6 近世一』(一九八一年)、第四章、六四「袖乞・帳外無宿人室野村へ帰住願」。
(31)拙稿「江戸触頭についての一考察——修験本山派を中心に」(『学習院史学』二〇号、一九八二年、本書第七章)。
(32)『壬生町史 資料編 近世』(一九八六年)、第四章、一一三。
(33)『徳川禁令考 前集第五』(創文社、一九八一年)、三三一五。

(34) 「聖護院宮様 土御門占考争論和談之書」(京都府立京都学・歴彩館所蔵、若杉家文書九三一)。
(35) 「神子一件達書」(山梨県大月市賑岡町岩殿、旧常楽院北条熱実氏所蔵史料)。
(36) 『東松山市史 資料編 第三巻 近世編』二〇七。
(37) 註(35)に同じ。
(38) 拙稿「幕藩制国家と本末体制」(『歴史学研究別冊(一九七九年度)』、本書第四章)。
(39) 拙稿「江戸幕府と寺社」(『講座日本歴史5 近世1』東京大学出版会、一九八五年、本書第三章)。
(40) 『祠曹雑識』三六巻(内閣文庫所蔵)。間瀬久美子「幕藩体制下における「河原巻物」の成立と変遷」(『部落問題研究』六四輯、一九八〇年)。伊東多三郎「近世に於ける政治権力と宗教的権威」(『近世史の研究』第一冊、吉川弘文館、一九八一年)。
(41) 『徳川禁令考 前集第五』三二二六「相撲取身分之儀ニ付松平周防殿より問合」。
(42) 引用史料は前掲註(10)、中英夫『武州の力士』所収史料。その他に、天保六年七月付の「相撲行司弟子入り免許状」(信濃国佐久郡八幡宿桑山村松沢家文書)にも同様の肩書を木村庄之助は用いている。後者の史料は、斎藤洋一・保坂裕興・山口和夫三氏の御教示による。
(43) 拙稿「近世中・後期の朝幕関係」(『日本歴史大系3 近世』山川出版社、一九八八年)。

第二章　近世奉幣使考

はじめに

古代・中世において、天皇の即位報告や国家異変に対する安全祈願のために発遣された、七社奉幣使と宇佐宮・香椎宮奉幣使は、延享元（一七四四）年甲子の年に再興された。七社奉幣使は約三百年ぶり、宇佐宮・香椎宮奉幣使は約四百年ぶりのことであった。延享元年のあと、文化元（一八〇四）年と元治元（一八六四）年の甲子の年にも、それぞれ両方の奉幣使は発遣されたが、本章では、この三回の奉幣使に関する再興決定過程・奉幣使発遣費用・奉幣使の実行とその影響などの諸点の具体的な事実経過を明らかにすることで、以下の二つの課題を検討するための素材を提供したいと考える。

一つは、幕藩制国家権力の特質を、とくに幕府と朝廷との関係についてどのように捉えるか、という課題である。朝尾直弘氏は、幕末維新期に、「尊攘討幕の志士の間に天皇が『玉』として復活し、王権の役割を果たしていった」とする遠山茂樹氏の指摘に対して、

「なぜそのようなことが可能になったかを近世の政治権力や社会体制に内在する問題として追求されることはなかった」として、幕末維新期に至る幕藩制と天皇・朝廷との関わりを明らかにする必要を説き、近世初頭について、この問題に取り組んでいる[1]。

また、宮地正人氏は幕末維新期を、幕末過渡期国家論として問題を設定し、過渡期国家の形成期において、朝廷が「新しい国家形態を確立する」上で必要なこととして、「自らの国家的権威の正当性を明らかにしていく作業」と「幕府の掣肘を取りはらった勅命主義の法制度的確立」とをあげ、とくに前者では「文久度の陵墓修復」をあげている[2]。この宮地氏の提起に対して、それでは幕末に先行する幕藩制国家において、天皇・朝廷の意思決定はどのように、どの程度なされていたのか、あるいは朝廷による国家的権威の正当性を明らかにしていく作業は、この時期以前にはどのような状態におかれていたのか、という点について幕藩制国家論研究はいまなお答えられていないというべきであろう[3]。

このような昨今の研究状況の中で、幕藩制国家権力内において、幕府の政治的・経済的ヘゲモニーのもとにあった朝廷が[4]、いかにして幕府のもとから自立し、やがて文久三年の「政務委任」に象徴される朝・幕間の政治的な逆転に向かったのか。本章では、その自立化過程を明らかにするという課題について、朝廷から見た場合の検討素材を提供する。

もう一つの課題は、幕末維新期、とりわけ明治初年にあらわれた神仏分離・排仏思想について、これも突如、明治初年に昂揚したものではなく、おそらくそれに先行する幕藩制社会に胚胎・形成されていたものと考えられることに関してである。本章では、奉幣使の再興・発遣が社家や民衆にどのような影響を及ぼし、神仏分離・排仏思想を育くんだか、という問題についても考察を加えることにする。

一　延享元年の奉幣使

1　奉幣使再興

延享元（一七四四）年五月二十二日、上七社（伊勢・石清水・賀茂・松尾・平野・稲荷・春日）奉幣使が発遣された。嘉吉二（一四四二）年十月に、最後の七社奉幣使発遣以来、三〇三年ぶりのことであった。さらに、延享元年九月二十五日には、宇佐宮・香椎宮奉幣使が発遣された。こちらは、正安三（一三〇一）年に発遣されたあと、元応元（一三一九）年には僉議されて中止され[5]、それ以来からでも四二六年ぶりのことであった。天皇が即位した時や、あるいは国家に異変がある時などに、祈願のため幣物を奉る奉幣使が古代・中世に遣わされ、その後中絶したのち、近世中期の延享元年にどのような経緯をもって再興されることになったのか。まず、朝廷内部の動向を、当時の関白一条兼香の記録『兼香公記』[6]を中心にして、奉幣使再興に至る経過を具体的に追ってみたい。

寛保三（一七四三）年八月二十七日、関白・左大臣一条兼香と右大臣一条道香の父子は、

参内して桜町天皇の御前に参り、来年が甲子の年に当ることから、甲子御祈奉幣の先例を天皇に見せた。先例を見たあと、天皇は「来年甲子故、准祈年穀奉幣、上七社へ幣被発遣、自来秋年中両度伊勢計へ一社奉幣之事」と関白父子に命じた。つまり、古代・中世において二十二社に、例年二回、年穀の豊穣を祈願するために奉幣した祈年穀奉幣に准じて、来年が甲子年に当ることから、上七社に奉幣使を発遣すること。ならびに来秋より年二回の祈年穀奉幣を伊勢神宮一社に遣すこと、という内容が天皇の指示であった。これを受けて、関白一条兼香は御前に両武家伝奏（久我通兄・葉室頼胤）を招いて「一、上七社へ准祈年穀御代之中被発遣度由、旁甲子之御祈ニ而来春被立、来秋ヨリ年中両度伊勢計へ一社奉幣之事」を天皇が仰せである、と伝えている。先の天皇の仰せと、あとの関白の口から武家伝奏に伝えたものとでは、「来年甲子故」なのか、「旁甲子」だからなのか、ニュアンスの違いがある。ところで七社奉幣が天皇の仰せとして史料にあらわれたのは、この寛保三年八月二十七日が最初であるが、それより以前、八月十三日には関白は中山中納言より甲子・辛酉の奉幣使先例の書付を入手しているし、その他の先例をすでに調べ上げている。関白は、八月二十七日以前より、来年が甲子にあたることから、奉幣使発遣を一つの課題としていたものであろう。『兼香公記 別記一・二』は、関白と天皇（多くは長橋局奉書）との往復書簡を留めているが、寛保三年中に、一度も奉幣使に関するやりとりはなく、おそらく、天皇の発意によって奉幣使再興案が出てきたものではないと思われる。

八月二十八日、両伝奏は京都所司代牧野備後守のもとに赴いて、前日、関白より伝えられた天皇の仰せを、所司代に伝え、所司代から諸先例が問われた様子である[7]。翌二十九日に参内した伝奏は、関白に「所司代へ御祈之事被談書付」を示し、また「一社奉幣ニ而も、伊勢之外之近例」を尋ねている。そして九月一日には、両伝奏は京都所司代に諸社奉幣の先例を届けている。

ついで九月三日、関白と右大臣の父子は両伝奏にまみえ、密談をかわして、京都所司代に伝奏より伝える内容を決めた。すなわち、

往古者年中二ケ度、廿二社江祈年穀奉幣使を被立候得共、当時之儀故難被遊事と被思召候、依之伊勢石清水賀茂下上江各祈年穀ニ被准、春秋へ一ケ度宛年中両度奉幣使を被立度被思召候事

別帋

御代之中一ケ度、上七社へ奉幣使を被立度被思召候、然処来年甲子ニ相当り候故、此御祈被相兼、右上七社之奉幣使を来年被立度被思召候事

というものであり、さらに右府道香は伝奏久我通兄に次の先例書付を渡した。

嘉吉二年十月十九日　七社奉幣

石清水　賀茂　松尾　平野　稲荷　春日　北野

至今年三百二年間　中絶

文明七年三月十日　　北野社一社奉幣
至今年二百六十九年間　中絶

以上の九月三日の段階での朝廷の意思（厳密には関白の意思が反映されている）は、①往古は二十二社へ祈年穀奉幣使が年二回ずつ立てられていた、②現在はそれは難かしいので、伊勢・石清水・賀茂下上へ祈年穀に准じて年二回ずつ奉幣使を立てたい、③以上の①②とは別に、天皇在位中一度は上七社へ奉幣使を立てたい、④来年は甲子に当るから、この御祈を兼ねて来年七社奉幣使を立てたい、というものであった。

武家伝奏は、九月十六日に所司代のもとに赴き、九月三日に関白父子と談合した内容をもとに作成した書付を渡した。いわば朝廷より正式に幕府（京都所司代）に伝えられた、形式的には天皇の意向を体した書付であった。すなわち、

御代之中一ケ度奉幣使を被立度被思食候社々有之候、然処来年甲子ニ相当り候故此御祈を被相兼右之社々江奉幣使を来年被立度被思食候、尤七八社ニ不可過候、此中ニ宇佐江之奉幣使も有之候事

添切帋

往古者年中二ケ度廿二社江祈年穀奉幣使を被立候得共当時之儀故難被遊事と被思食候、依之伊勢石清水賀茂下上江右祈年穀奉幣ニ被准春秋一ケ度宛年中ニ両度奉幣使を被立度被　思食候事

というものであった。

八月二十七日・九月三日・九月十六日の三回の朝廷の意向の変遷を比較検討すると、およそ次のことが言えそうである。すなわち、八月二十七日の段階では来年が甲子の年にあたり、先例を調査していくうちに、七社奉幣使が、天皇一代中に必ずや行なわれるものであり、しかも、かつては祈年穀奉幣が年二回、二十二社に行なわれていたことから、甲子の年に七社奉幣を、そして伊勢一社に奉幣使を年二回にするという、おそらく幕府との力関係を配慮した現実的な、いわば本音の要求が考えられていたと思われる。それが、九月三日の段階では、本来二十二社へ年二回の祈年穀奉幣が行なわれていたことを前面に出して、伊勢のみならず石清水・賀茂下上へも二回ずつの奉幣を要求し、これとは別立てで、天皇在位中一度の上七社奉幣使の要求に、来年がたまたま甲子年にあたることを併せるという要求にまとめあげられている。希望する以上の要求を出して、狙い通りの要求を通そうとする駆引があったのかもしれないが、それよりも、まとめあげられた要求が、現実的な力関係から低い姑息な要求を出すのではなく、古代・中世の天皇・朝廷の慣例を、本来のあるべき姿として前面に打ち出した点に注目する必要があろう。しかし、九月十六日の最終的に京都所司代に伝達されたものでは、九月三日案とほとんど変わらないものの、冒頭にあった、往古は二十二社へ祈年穀奉幣が年二回ずつ立てられていた、という強い調子が、別紙にまわされ、後退させられている。所司代と直接の折衝をする武家伝奏の配慮が働いたものであろうか。また、御代中一ケ度の奉幣使を七八社として、その中に宇佐への奉幣使を入れている。この間の動きは不詳だが、九月三日から九月十六日の間に、上七社のみならず宇佐奉幣も要求する動きが朝廷内にあったのであろう。

九月十六日に武家伝奏より書付を示された京都所司代は、奉幣二カ条について「有無とも返答不申」であったと、伝奏は関白に伝えている。所司代は、朝廷の要求に対して即答は避けたものと見られ、その後、九月二十二日・十月二日・十三日と両伝奏と会談していながら、奉幣使問題はいっさい触れられなかった模様で、おそらく、幕府老中へ伺いを立て、その回答を待ったのであろう。

十月二十一日になって、武家伝奏と会った京都所司代は、回答を示した。すなわち、「七八社程、御代之中一ケ度奉幣使被立事」は宜しかるべし、「祈年穀奉幣ニ被准三社奉幣」これは御見合わせ宜しかるべし、というものであった。この回答は、最も現実的だと見られた八月二十七日案よりも、さらに後退させられたものであったとはいえ、翌二十二日に、武家伝奏によって、天皇・関白・右大臣に伝えられ、そのまま了承された。

この当時、祈年穀奉幣を発遣することも、あるいは、「山陵依甲子御祈来年計十月比被立度事」（十月二十八日付、右大臣発言）も、幕府に要求することは困難な立場にあったことを、朝廷上層部は認識していたのであろう。

2　奉幣使発遣費用

七・八社奉幣使（宇佐使も含む）が発遣されることが決まったところで、次に、その発遣費用に関して、朝幕間の交渉が行なわれた。

寛保四（一七四四）年正月八日、関白一条兼香父子は参内して両伝奏にまみえ、伝奏から次の書付を見せられた。

毎年五百俵宛　五ケ年分二千五百俵　右千石程也

此内五百石

上七社奉幣陣儀社々江参向之輩御幣以下一式之用途

又五百石

宇佐奉幣参向之輩陣儀御幣神宝以下一式之用途

この書付は、京都所司代より呈示されたもので、幕府が臨時御神事料として、毎年五〇〇俵を五ケ年分＝二五〇〇俵＝一〇〇〇石を与え、それを上七社奉幣と宇佐奉幣の用途に五〇〇石ずつ宛てること。参考例として、これまで幕府が伊勢・石清水・賀茂下上社へ与えてきた神宝料と御幣料を例示している。(8)

この所司代よりの呈示を、伝奏から示された天皇は、「臨時御神事料として毎年五百俵被進上義、無用由彼是仰、明日議奏へも可被仰由」を命じた。すなわち、天皇は幕府からの神事料を拒絶する意思を示した。翌正月九日、関白と右大臣・両伝奏・五人の議奏が御前に参り、臨時御神事料として五〇〇俵宛、毎年幕府より進上されるという呈示についての各人の考えを、天皇から問われた。議奏高倉永房は、「先被請可然、若ハ五年過候而以後不及進上由可被仰遣哉」と答えた。つまり、まず受納してしかるべきであり、五年以後は進上に及ばない由を、幕府に仰せ遣されるべきではないか、と答えている。次いで、議奏庭田重熙は、「御請可然、不被詣所ハ只今不及進上と被仰遣哉、又ハ五年過て被仰遣哉、又ハ其御再興之節計被仰遣哉之処難一決」と答えた。すなわち、受け取ってしかるべきである。ただ、奉幣のない所へは進上に及ばないと幕府に言うか、あるいは、五年過ては進上に及ばないと言うか、あるいはまた、御再興の節だけでよいと幕府に言うか、一決しがたい、と答えている。さらに残りの三人の議奏は「兎角御請可然」と、とにかく請けてしかるべきであると答えている。

役職がら比較的幕府に近いと考えられる五人の議奏全員が、今回の神事料は請けるべきであると答えているのに対して、天皇はこの日も「無用之由思召」している。また、関白は「不得心」であると答え、これらの旨を含めて、両伝奏に所司代に対する回答案を作成するよう命じている。両伝奏の作成した案は、以下のごとくである。

臨時御神事料として毎年五百俵被進、当年社々江奉幣使被立候御用途も、右御神事料を以、相調候様之儀、委細関白殿被承知候、右五百俵被進候儀者御機嫌にも可被思召事ニ候、併臨時之御神事別帋(9)之通ニ而此後度々も無之儀ニ候へハ、当年奉幣使之御

用途計被進之、其以後ハ毎年被進ニ及間敷事ニ候、此已後臨時御神事被行候節、其御神事之御用途其時ニ臨ミ被進候様ニ被有之度　関白殿被命候

すなわち、その内容は、①先の所司代の呈示の委細を、関白はうけたまわった。②天皇は御機嫌に思召している。③臨時の御神事は、別紙の通り度々は無いのだから、当年の奉幣使の用途のみを進上して、毎年神事料として進上するには及ばない。④今後、臨時御神事が行なわれる場合には、その時に臨んで、神事用途を進上してくれればよい、というものである。

朝廷内部の神事料に関する意見は、およそ二種類に分けられ、一つは天皇のごとく、今回も含めて全否定というものである。奉幣使や神事は、本来、朝廷が独自に行なうべきものであって、幕府の費用で行なわれることを潔しとしない考え方、もう一つは、部分否定であり、めったにない奉幣使であるから、その場限りで幕府が用途を進上するのは受けるが、恒常的に朝廷の神事料を幕府から与え続けられるのには不満である、との考え方である。このように、未だ一決しなかったので、再び正月十二日に参内するよう、天皇は命じた。

正月十二日、右大臣・両伝奏・議奏五人は参内して、御前にて、神事料のことを評議した。そのあとで関白は、所司代に回答すべき内容を、自ら両伝奏に伝えている。

臨時御神事料として毎年五百俵被進、当年社々江奉幣使被立候御用途も右御神事料を

以相調候様之儀、委細関白殿被承知候、右五百俵五ケ年分被進当年之奉幣使之御用途者相済候、此已後臨時之御神事、度々も有間敷候得者、右五百俵を毎年ハ不被進候而、此後臨時御神事被行候節、右五百俵被除置候積りニ而、右臨時御神事之御用途ニ被進候様ニハ成間敷哉、内談申候様ニ関白殿被仰候事

この回答案は、正月九日の伝奏の案の内容①〜④と比較して、①はまったく同文が再録。②の天皇が御機嫌に思召している、という内容は削除。③・④については、その内容を合わせて、次のようにした。当年の奉幣使の用途を、五ケ年分の進上合計で済ませたあとは、臨時の神事は度々もないので、五〇〇俵は進上せず、これを除き置いた積り（合計）で、今後の臨時御神事の際に用途として進上してもらいたい、という内容を示している。正月九日案の③に見られた、毎年神事料として進上するには及ばない、という強い拒絶の内容は避けられている。

正月十四日にも、関白父子と両伝奏は、所司代への回答案をめぐって相談している。十六日に、両伝奏が所司代に会うことになっていたので、朝廷の意思の最後の調整を行なったものである。両伝奏が、関白父子に示した内容は、①「何事もなく請け候哉」、②「臨時御神事外之用途ニ茂用候而不苦候哉」、③「五年分進上以後、其後ハ毎年不及進上武辺ニ預置候而臨時御神事之節積置候用途進上ハ不成哉」というもので、天皇の御前で表向き取り決めた③の内容以外に、相手（所司代）の出方によっては①・②もありうるという幅を

もたせた内容になっている。これに対して関白は、「近年、度々御再興有之候へハ、此後度々臨時御神事者有間敷も候ん、然者毎年進上ニ不及候、此已後御神事被行候節モ御用途程《是処も不申武家》被遂候様ニハ相成間敷哉、此後臨時御神事者伊勢一社奉幣《是ヨリ下ハ武辺へ不申也》など計ニ而可有之哉、夫共ニ度々之儀ニ而者有之間敷哉ニ候」と述べている。関白の思惑では、今回の奉幣使の後は、もう度々は神事は行なわれないだろうから、神事料は毎年進上に及ばない。行なわれたとしても、伊勢一社のみに、しかも度々ではないのだから、用途を出してもらうことはなかろう、と本音をもらしている。本音の部分は、所司代に伝えさせないようにしている。

かくして、正月十六日、京都所司代のもとに赴いた両伝奏は、朝廷の意向を伝えたあと、所司代からの返答を受け、この返答の趣を、翌日十七日に御前において関白父子に伝えている。所司代の返答は、

一臨時御神事料御理之叓、只今とやかくと有之候而ハ、今度之奉幣にも若差支可有之哉

一臨時御神事料被進候事御理被仰遣、一社奉幣なとの節計、御用途被進候様ニ被仰遣被置候而も、其一社奉幣なと被仰遣之節、若彼是と事六ケ敷儀も可有之哉、然者御神事料御請被遊置候方、乍憚可然哉と存候

一臨時御神事料被進候儀、五年已後ニ御理之方ハ苦間敷哉、左候者五年過候て此後臨時御神事被行候義有間敷と被仰遣御理被遊候而ハ何之六ケ敷事も有之間敷哉と存候

というものである。つまり所司代の意見は、①神事料でとやかくすると、今回の奉幣使そのものが危うくなる、②一社奉幣の時になったら神事料を進上せよと言っても、一社奉幣が難しいかもしれぬから、神事料だけは請けておけばよかろう、③五年間だけは神事料を受けて、それ以後は臨時御神事がないといって断われば、これは難しくない、というどれもこれも現実的・説得的な考え方であったようで、天皇も同意し、関白からは臨時御神事料毎年五〇〇俵を受け取ることが、両伝奏に伝えられ、翌日、正月十八日朝、両伝奏は承諾の書付を京都所司代へ遣わしている。

この承諾の書付は、結局のところ、最初に京都所司代が呈示した案と大差のない内容に落ち着いたのだが、しかし、この間の過程において、いくつかの注目すべき点を確認しておく必要があろう。それは、当初の所司代の呈示に対する朝廷の反発として、幕府による神事料進上そのものを全否定しようとした天皇の考え方と、今回の奉幣使用途は受けるものの、恒常的な神事料進上は拒む、という議奏などの部分否定案が存在していたこと。この二つの意見のうち、天皇の主張は、所司代への第一次回答案（正月九日案）では反映されていたものの、関白・伝奏による第二次回答案（正月十二日案）では天皇の主張は削除され、部分否定案が反映されている。しかし、所司代の返答（正月十六日）によって、部分否定（恒常的神事料を拒む）も、否定されることになった。朝廷には、とりわけ天皇には、幕府によって神事料がまかなわれることへの反発があり、それは換言すれば、奉幣使等の神事は、本来朝廷が独自の力で行なうべきであるとの原則的な考え方が強く存在するにもかかわらず、現実の経済力や政治力において、朝廷が幕府の神事料を拒み、独自に奉幣使等の神事を行なう力量をそなえていないことを示していると言える。

3　宇佐宮・香椎宮奉幣使

寛保三（一七四三）年十月二十二日に、七社奉幣使と宇佐奉幣使との再興が決められた、その同じ日に、宇佐使のついでに香椎宮への奉幣をするかどうかを吟味すべき旨が、天皇によって命ぜられた。その日以降、宇佐使の和気使以外の参向例や、社頭の作法などの先例と同様に、香椎宮への奉幣使の諸先例が、朝廷において調査された。十一月中には、和気使に非ざる宇佐使の例として一七例が調べ上げられ、また、和気使の例は四四例が書き上げられている。

寛保四年正月二十二日には、京都所司代が尋ね越した趣を、関白・両伝奏は検討し、返答案を作成している。所司代の尋ねた趣は、①宇佐奉幣使の発遣が決定したが、宇佐宮における社頭の作法や社中の旧記を尋ねたり、申し付けることもあるので、宇佐宮の祠官を宇佐伝奏（烏丸家）を通して召呼んでほしい、②伊勢・日光奉幣使より重くならないよう取り計いたいが、作法の省略など、寺社奉行にて吟味を行ない、申し付けても差支えないか、という内容である。これに対して、朝廷は、①も②も了承している。さらに正月二十七日には、②の内容に関して、具体的に、宇佐宮への宝物・幣物と伊勢・日光との比較が問題にされている。朝廷は、宇佐使に神宝として剣一腰・鏡一面を奉納するが、これは宇佐使の往古よりの慣いであって、伊勢・日光が幣物のみを奉納する慣例であるからといって、決して、宇佐使の格を重んずるものではなく、同様に、宇佐宮に公卿勅使のほかに参向の堂上がある点も、往古よりの慣例によるものであって、これも、伊勢・日光の格より重んじさせるためのものではないことを説明し、所司代の了承を得ている。

次いで、二月十九日には、所司代は武家伝奏に対して「旧例之通宇佐使、香椎宮江之使も相兼候様」を了承して、香椎宮へも宝物を奉納するのか、さらに、香椎宮への用途は先日の用途で相済すように取り計うのか、あるいは、香椎宮への参向人数などが問われた。これに対して伝奏は、関白の回答であるところの、香椎宮は幣物のみの奉納であり、用途も先日の予算内でまかなうこと、を所司代に伝えている。この回答を作成する過程で、関白は両伝奏に対して、「宇佐宮参向之役人ハ東照宮之様子可有吟味之由」を命じている。

以上、京都における、所司代（を通した幕府の意向）と朝廷との対応を通して、宇佐使が伊勢・日光奉幣使を越えないようにとの、格の問題を争点にして、しかもすでに決定済みの用途の枠内で宇佐使が香椎宮奉幣使を兼ねることが決定された事実経過を述べてきた。これに対して、江戸の幕府の立場はいかなるものであったろうか。次に、当時の幕府評定所内の対応を『大岡越前守忠相日記』[10]を素材にして、宇佐奉幣使について評議がなされた三点について検討を加えることにする。

まず第一の点は、寛保四年二月七日、老中土岐丹後守が寺社奉行に次の触れ案を示したところから始まる。

当夏秋之内宇佐江奉幣使可被遣候、中絶之儀付宇佐祠官等京都江被召呼御尋之儀も可有之候、右之義ニ付於彼地取計之儀、諸事伊勢日光例幣使之格ニ准し候之様何もゟ右祠官江可被申付候、於彼地彼是取扱重くれ候之義も可有之候間、諸事伊勢日光之通聞合手軽ク相済候様ニ可被申付候、右奉幣使者四位五位之内一人堂上方被遣ニても可有之候、尤御奉納物者二品程可有之候[11]

以上の示された触れ案に対し、翌二月八日、寺社奉行たちは評議をしている。その際、触れ案とともに示された老中よりの口上の趣が伝えられた。老中の口上は、「豊前国宇佐八幡江従京都奉幣使中絶候処、今度夏秋之内奉幣使被遣候、仍而伊勢日光例幣使之通与八幡祠官京都江被召呼被仰付候、右ニ付若重くれ可申哉、兎角重くれ不申様八幡祠官御当地江も呼寄此方共可申渡候、心得違ニ而伊勢日光之通と計存、態と奉幣使請候場所修覆致し候ニ不及候、請候場所無之候ハヽ、拝殿ニ而可受候、随分重くれ不申手軽ク済候之様ニ可致候、右ニ付窺之義候ハヽ、同役申談可伺候」というものであった。すなわち、老中は京都のみならず、宇佐祠官を江戸にまで呼び寄せて、決して伊勢・日光より重くならないように直接申し渡すべきであるという考え方を示した。

これに対して大岡越前守は、昨日の触れ案については同意であるが、御口上の件については異論がある、として、老中土岐丹後守に面談の上、「奉幣使之義ニ付、昨日被仰聞候通承知仕候、宇佐之神主共はる々々呼下候義大造成ニ候之間、京都江ハとかく被召呼候間、京都ニ而委細被仰渡可然哉と存候」と、宇佐祠官を江戸に呼び寄せるまでもない旨を語っている。これに対して、さらに老中は、「若間違も有之候而ハ如何ニ候間、呼下とくと申含可然候」と、あくまでも江戸に呼び寄せて、とくと申し含めることを主張している。大岡は、それならばと呼び寄せることに同意するが、「往来四十日計も懸」るから、豊前国四日市の代官岡田庄太夫方まで書状を差遣して、奉幣使の件について宇佐祠官を呼び寄せるようにすればよいと、老中に申し上げた。老中は、これを可として、実際に、宇佐祠官は四月五日に江戸に到着し、伊勢・日光に准じるように命ぜられている。

幕府評定所で評議された第二点は、宇佐使実行に伴う伝達ルートの問題に関してである。二月二十二日、老中松平左近将監乗邑は、次の触れ案書付を示した。

当夏秋之内豊前国宇佐宮江奉幣使被遣之陸路通行之事ニ候間、旅宿道橋舟川渡等之義諸事東海道木曾路日光例幣使旅行之格被承合其趣可被申付候、右之趣大坂ゟ中国通宇佐迄寺社江可被相触候、右之義ニ付被相伺候儀も候ハ、丹後守可被伺(12)

この触れは、寺社奉行のほかに、勘定奉行・「大坂より中国通宇佐迄領分有之面々」と御料所代官へ宛て示されている。二月二十四日、大岡越前守は、一昨日の寺社へ触れる儀を勘定奉行に承合ったところ、勘定奉行からも中国・西国御代官へ申し触れるということなので、それでは触れが、こちらと二重になる。しかも神社への触れは、寺社奉行から触れ届けにくいので、奉幣使通行之道中にある寺社の儀は、御代官より通達してほしい、と老中に申し上げている。老中は寺社奉行の上申を容認している。

第三の点は、香椎宮へも奉幣使が遣わされることになったことに伴う評議である。寛保四年二月二十八日、老中土岐丹後守が「宇佐江奉幣使筑前国香椎宮江も相兼、御幣物等可有之間、香椎宮神職之者召呼諸事准宇佐相心得候様ニ可申付」と、宇佐祠官同様に香椎宮神職を江戸に呼び寄せ、直接申し付ける旨の書付を大岡越前守に示した。これに対して大岡は、「香椎宮筑前之内ニ候之（ママ）ハ、松平筑前守領内と被存候、左候得ハ筑前守方承合、領国之内ニ有之（候脱カ）ハ、筑前守家来江申達神職呼寄候様ニ可仕候、但呼寄候ニも不及、おもくれ不申様ニ諸事伊勢日光之通可心得之旨書付を以申遣候而も済可申哉とも被存候」と、黒田筑前守家来を通して香椎宮神職を呼び寄せればよいが、それよりも、重々しくならないように書付を申し遣せば済むのではないか、と上申している。老中は「成ほと其通ニ而も済可申」と答えている。

以上、江戸幕府の老中と寺社奉行の評議内容を整理したのだが、これらのことと、先述した京都所司代の朝廷に対する施策とを併せて、この間の経過から窺える特徴点を検討しておきたい。

一つは、上七社奉幣使については、その用途は幕府が進上するというほか、ほとんど幕府は干与せず、朝廷による独自の執行を容認している。これに対して、宇佐・香椎奉幣使については、幕府寺社奉行の申付けを受けるよう、すなわち、幕府の行政下に従うことを所司代より要請され、朝廷はこれを了承した。したがって、宇佐・香椎奉幣使は伊勢・日光例幣使同様、奉幣使発遣主体は朝廷ではあっても、その行程など、実行に伴う事柄は幕府の行政下において準備がなされることになった。

二つ目の特徴点は、幕府にとっての宇佐・香椎奉幣使は、決して、伊勢・日光奉幣使の格を越えるものであってはならず、そのための万全の配慮を行なおうとした。例えば、宇佐神宝と幣物の比較の問題であるとか、わざわざ宇佐祠官を江戸に下向させて伊勢・日光に準ずることを命じたり、香椎宮神職をも江戸に呼び寄せようとしたことなどである。これに対して朝廷でも、東照宮の格を越えないように注意を払っている。例えば、関白は伝奏に「宇佐宮参向ノ役人ハ東照宮之様子可有吟味」ことを命じている。天皇一代中に一度の、即位報告も兼ねた天皇のための宇佐奉幣使が、幕府の支配イデオロギーの根幹である東照大権現思想をより高めるための日光例幣使の格を越えることは、幕府にとって決して容認せざることであった。そこに、過敏なまでの格をめぐる幕府の施策があったことが理解できる。

三つ目の点は、神社への伝達ルートの問題である。宇佐宮・香椎宮の神職を呼び寄せるにあたって、京都所司代は宇佐伝奏（烏丸家）を通して宇佐祠官を京都に召し寄せるよう、朝廷に依頼した。一方、幕府は豊前国四日市代官に手紙を出して、宇佐祠官を呼び寄せようとした。また、香椎宮神職に対しては、黒田筑前守に照会の上黒田家家来を通じて香椎宮への伝達を依頼した。これらのことは、寺社奉行が、神社・社家への直接の伝達ルートをもっていないことを意味している。大岡越前守は、「御触書之内寺社江可触旨御座候、寺院ハ触相届可申候得共宮社ハ此方ニ触頭と申者無之付、宮社江之触ハ行届申間敷間」（延享元年三月二十九日付）と記している。江戸触頭を通して、各宗派の末端寺院に至るまでの伝達ルートを確立させていた仏教諸宗派・修験宗に対比すると、神社・神職への直接的な伝達ルートを、この時期まで幕府はなお確立させてはおらず、香椎・宇佐両社への伝達は福岡藩の領国支配や幕府の代官支配のルートを経由して行なわざるをえなかった(13)。

4 奉幣使発遣とその影響

延享元（一七四四）年五月二十二日、七社奉幣使が発遣された。禁裏において、上卿右大臣一条道香から各社幣使は各々宣命を賜い、七社に向かった。七社に着いた幣使は、宣命を読み上げ、幣物を神前に供える。その後、各社を出て再び参内して報告する。伊勢宮においては、遅れて二十七日に奉幣が行なわれた。

この七社奉幣に伴う武家警固は、五月十三日、関白より武家伝奏に「備後守へ通達致置候」が命ぜられ、これを受けて伝奏は、牧野備後守にこの旨を申達したのに対して、所司代はこれを承知している。また、春日社奉幣使については、牧野備後守より伝奏久我大納言へ「春日奉幣使参向之節社頭警固之義、南都奉行江社中ゟ願出候様可被仰渡候之事」が伝えられ、その通り社司に伝達されている。七社奉幣使は、用途の他に警固も、幕府の力に依存している。

ところで、甲子の年に当ることが一つの再興理由となった七社奉幣において、幣物とともに重要な宣命にはどのような内容が記されていたのであろうか。五月十九日、天皇は七社への宣命の内容について、自分の考えを右大臣に示している。すなわち、

伊勢

一朕以薄徳受伝天津日嗣天下知食及十箇年

一天下太平近年有再興事

一今年甲子之事

諸社

一去享保廿年即位之事

一天下太平近年有再興事

一辞別ニ被載甲子事

というものである。これに対して右大臣は、石清水・賀茂は三社奉幣の節（元文三〔一七

三八〕年の大嘗会〕に即位の事を付けられているので、今回はどうか、と天皇に伺ったところ、それは右大臣の考える通りでよいとの天皇の答を受けて、右大臣は宣命を作成した。

ところで七社奉幣使の前、三月二十七日にはこの年の東照宮奉幣使発遣の日時が定められているが、それより前三月二十三日、今年が甲子の年にあたることから、東照宮への宣命に甲子の辞別を載せる、との天皇の発言に対して、右大臣は、まず無用の段を返答したところ、三月二十六日には、天皇ははっきりと「東照宮宣命辞別先被止旨」を仰せた。

七社・宇佐奉幣使には、宣命の文言や天皇の意思に見られるように、天皇一代中一度の、しかも甲子年に伴う奉幣使であるとの意識が強く反映されているのに対し、一方の東照宮の宣命には、甲子の辞別を加えることは無用であると、右大臣が言上して、天皇は同意している。幕府のための東照宮例幣使と朝廷の神事とは別個のものであるとの意識が存在していたものと言えよう。

宇佐・香椎宮奉幣使は、上七社奉幣使より遅れ、九月二十五日に発遣されている。発遣に先立つ準備では、六月初旬に宇佐宮に奉納される神宝（剣・鏡）の制作見積りがなされ、石清水宮と同格で、用途に八〇石余、制作に二カ月かけられることが決められている。一方、香椎宮に関しては、宇佐伝奏が烏丸家であることがはっきりしていたのに対し、当時の朝廷では香椎宮の支配関係を必ずしも明確に把握してはいなかった様子である。

香椎宮には社僧護国寺（天台宗山門派）が座主として存在していた。元和九（一六二三）

年五月には護国寺園凋が、焼失していた本宮を造営して、遷宮をしている。また、元禄二（一六八九）年十一月二十五日、護国寺光海と秀海は巨鐘と鐘楼を築造したし、これより先、秀海は大日堂を中興している。宝永五（一七〇八）年には、護国寺を観音堂の故址に再建し、降魔堂・客殿等も建造している。(14)

香椎宮には一方、社家として大宮司が存在し、享保五（一七二〇）年夏、武内宿禰栄氏が大宮司に任ぜられている。香椎宮の支配は、社僧護国寺が行なっていたのか、大宮司武内氏が行なっていたのかが、この当時、朝廷においては掌握しきれていなかった。

吉田家は二月二十七日付で、久我・葉室の両伝奏にあてて次の書状を遣している。

筑前国香椎宮大宮司武内丹後其外権大宮司政所下社人等有之、吉田家支配ニ御座候、是迄右之輩官位申上候儀者無之候、右之社へ通達之義者遠方故常々無其儀候、用事之節ハ彼領主役人迄相通し候ハ、夫〻通し可申義与存候、尤粕屋郡香椎村に御鎮座御座候、以上

これは、両伝奏からの香椎宮支配と伝達のルートに関する問いを受け、これに対する吉田家の返答書であろう。この内容は、大宮司以下の社家支配は吉田家が行なっており、通達は領主を通して行なうというものであった。注意を要するのは、決して香椎宮の支配については触れていないことである。

四月四日、関白と右大臣の父子は、両伝奏から吉田家の書付を見せられ、「仍而吉田へ、

先日烏丸へ被仰渡之通可申付」を命じている。四月十二日には、「香椎宮之事ハ吉田へ可申旨」の天皇の仰せがあった。これを受けて、四月十七日には、吉田家は大宮司以下の官位申請の口上書を差し出している。

口上書

筑前国香椎宮之大宮司以下是迄官位申上候輩者無之候、此度　官幣被納候ニ付右御大切之官幣宣命等、無位無官之社家奉請取候而も苦間敷儀ニ御座候哉、思召之程承度被存御内慮御尋被申候

それに対し、天皇は四月二十一日、無位無官であった大宮司に、位階のみ与えるよう命じた。八月二十七日、大宮司武内宿禰公政は、上洛して、従五位下に叙せられた。

かくして、九月二十五日、宇佐宮・香椎宮に向けて奉幣使が発遣された。七社奉幣使発遣の時と同様、両宮への宣命・幣物・神宝が上卿右大将二条宗基から幣使飛鳥井雅重に渡された。とくに七社奉幣と違うところは、宇佐奉幣の旧例にならい、同時に太政官符が与えられたことである。太政官符は九月二十五日付で二通ある(15)。一通は、大宰府山陽道諸国司にあてられたもので、その内容は、宇佐宮香椎宮に奉幣使を発遣したので、大宰府・諸国は承知して、「須路次之国役潔斎人祗候、逓送不得疎略」ことを命じている。もう一通は、大宰府にあてられたもので、「府庫の綿参佰屯」を奉幣使の禄料として給するように命じたものである。この時期、携行した（事前に発布されたものでもない）太政官符が実際

の効力を発揮したとは考えられず、旧例にのっとった形式的なものにすぎなかろう。それよりも、宇佐・香椎奉幣使の発遣にとって、実質的な効力を発揮したのは幕府による触れであった。先述した、寛保四年二月付寺社奉行宛て触れ（『御触書宝暦集成』八七七）、寛保四年二月付大目付、寺社奉行、勘定奉行宛て触れ（同前、八七八）の二通と次の一通（同前、八七九）である。

当秋冬之内、宇佐宮え　奉幣使通行之節旅館之儀、寺院は泊休ニ難相成候、其内社僧ハ不苦候、其趣可被相心得候

右之趣、大坂より中国通宇佐迄、領分有之面々え可被達候

三月

右之通、可被相触候

これは、寺社奉行・勘定奉行にも同文言で触れるよう達されている。幕藩制国家の執行権力である幕府が、その行政力をもって通達したこの触れは、実際に各藩領主等を通して地域の末端にまで貫徹されたと考えられる。例えば、広島藩賀茂郡役所は、幕府の触れを受けて、次のごとく支配領域に達している。

態申遣ス

一奉幣使京都御出之程も来ル十三日比与粗相聞へ候、就夫往還道橋損しも所々積り之通繕等之儀、兼而申付置候事ニ候得共、尚又右之訳ニ候間、当郡御通行も間も在之

間敷候条、道橋繕候儀者勿論、其外諸事仕構等間違差閊等無之様ニ心ヲ付取計可申候、尤道橋破損之儀隣郡之趣を以急キ取付繕せ候様ニ可仕者也

九月七日

〔賀茂郡代官〕小池文左衛門
〔賀茂郡代官〕藤川次右衛門(16)
割庄屋共

このように、往還道橋が領主の指示によって修繕された中国筋道筋を通り、奉幣使は、十月十四日に豊前国大里浦に渡海し、十七日に宇佐宮に奉幣、その後、筑前国香椎宮に奉幣あって、二十二日に帰路、二十四日に長州赤間関に渡海して、再び中国筋を京都に向かった。豊前国小倉藩では、「兼て公義奉幣使下向の事被仰出に付、本船新造大晴丸を始め船数艘を被差出善美を尽し其外馳走道路の清掃迄丁寧の取計ひ(17)」を行なっている。

帰路、中国筋を京都に向かう一行は、十月二十九日・三十日両日のうちに広島藩賀茂郡四日市に宿泊のはずであるということで賀茂郡役所は、十月二十七日、再び支配地域に触れて注意を喚起している(18)。その触れの内容は、①二十九日より三日間、寺方釣鐘・半鐘は勿論、打鳴らしの類の鳴物停止、勿論、御通り筋にての勤行等も遠慮するように、②僧尼之類はたとえ隠居であっても物見に出てはならない、男女とも往還途中で拝見することは停止、但し、人家敷居より内にて拝見するのは苦しからず、③人に悪敷犬は繋置くこと、④牛馬等も繋置くこと、⑤二十九日より三日間、往還筋の人留を行なう、⑥往還筋に見え

る家では火煙を立てぬよう、⑦往還筋村々では、村限り掃除を行なわせるが、諸事、先日下向の通りである、という内容である。かかる藩の細心の注意の下で奉幣使一行は京都に向かい、十一月十日に帰京している。

ところで、先述の幕府の触れに「奉幣使御通行之節旅館之儀、寺院は泊休ニ難相成候、其内社僧ハ不苦候……」とあって、社僧は容認されるものの寺院は忌避されていたり、あるいはまた、賀茂郡役所の十月二十七日の触れに、①・②のごとく、僧尼の拝見を禁じ、釣鐘・半鐘等の鳴物や、読経などの勤行もこれを行なわせないようにしている点など、そこに排仏思想が見られることで注目される。

さて、宇佐・香椎奉幣使が帰京したのち、翌延享二（一七四五）年、香椎宮の支配をめぐって争論がもちあがった。「筑前国香椎宮護国寺儀ハ往古ゟ比叡山末寺ニ而香椎宮社家共者護国寺支配仕来候、右之通護国寺比叡山末寺故護国寺幷社家共ニ一円ニ、輪御門主御支配之御事ニ候」と、輪王寺門跡・護国寺が主張し出したのである。これに対して、吉田家側は「護国寺儀ハ御門主御支配、社家共之儀者吉田家支配と其筋相立来候」と、両支配に分かれており、国主（福岡藩）もそれを認め、享保五（一七二〇）年からは吉田家の社家支配は明白であると主張している。[19] 自ら主張するように、吉田家がはじめて社家に対して支配力を及ぼしたのは、わずか二五年前のことであり、それ以前には、『香椎宮編年記』によっても吉田家との関係は見られないし、あるいはまた延享元（一七四四）年まで、大宮司が無位無官であったことも、吉田家支配の浅さを示していよう。かかる状況の下に奉幣使が派遣されたのである。奉幣使発遣の、香椎宮支配に与えた影響が大きかったがゆえに、翌年、社僧護国寺からの訴えが起こったのでもあろう。つまり、それ以前は、香椎宮の別当護国寺による支配は、明白なものであったと言えよう。

争論は、その後も続き、寛延元〜二（一七四八〜四九）年には、輪王寺・護国寺による香椎宮一元支配はもちろんのこと、したがって大宮司の官位執奏も、門跡の許諾をまって護国寺の添状が必要であると、輪王寺側は主張している。これに対し、吉田家側は、大宮司の官位執奏に当っては、輪王寺門跡の許諾を待つまでもなく、護国寺への届出のみで上京できるように希望している。この問題を取り扱った武家伝奏久我通兄の雑掌小嶋一学は、輪王寺側の主張通りで吉田家は満足すべきであって、「彼是六ケ敷漸此趣ニ相成候得ハ、此上いかが可有之候哉、宮様御権威之事ニ候得ハ、此上彼是被仰候而ハ両伝奏ニも取計難成、表立候而ハ却而いかがに成行可申哉」と、これ以上の伝奏の取計いは無理であると、答えている[20]。寛延元〜二年のころは香椎宮の護国寺・輪王寺支配を、吉田家も認めざるをえなかった様子である。

その後、香椎宮の支配をめぐる問題が、いかなる経過をたどっていったのか、詳らかにはなしえない。ただ、おそらく天保十五（一八四四）年ないしは弘化二（一八四五）年に記された『各国神社宮司神主氏名控』[21]の筑前国の箇所には、

筑前　福岡領

桜井与止姫社　触頭　大宮司　浦　下総守

（中略）

香椎宮　延享元座主支配被除之　大宮司　武内遠江守

（後略）

と記されており、これが記された当時、例えば大宰府天満宮は座主延寿王院の支配であり、筥崎宮は座主支配から文政年中に除かれ、同じく宇美宮・住吉社は文化十三（一八一六）年に除かれたのに対して、香椎宮は、延享元年に座主支配から除かれたと、吉田家側は認識していることに注目される。「座主支配被除之」の実態がいかなるものを指すのか（大宮司による香椎宮支配か社家支配か）不明であるが、いずれにしても、延享元年を画期に、それ以前の状態から脱却したという認識を、吉田家側がもっていたことは確かである。延享元年の奉幣使発遣が、この機会に無位無官の大宮司に叙任がなされ、また京都より奉幣使一行を迎え、しかも、奉幣使を迎えるにあたっては後述するように筑前国の総社家が触頭浦氏の指揮のもと香椎宮に参集したことなどで、それまで神仏習合の社僧支配が行なわれていた香椎宮から、「座主支配被除之」のに絶好の機会となったことは否めまい。

二　文化元年の奉幣使

1　宇佐・香椎奉幣使と道中

中世以来、約三百年および約四百年の中絶後、延享元（一七四四）年に再興された七社奉幣使および宇佐宮・香椎宮奉幣使は、六〇年経った享和四＝文化元（一八〇四）年甲子の年にも同様に発遣された。七社奉幣使は二月二十四日に発遣され、また、宇佐・香椎奉幣使は三月十四日に発遣されて五月二日に帰京している。この二つの奉幣使とも、前回の延享元年の際と同様な、朝廷の神事・儀式として実行がなされている。同様であるのは、いわば当然で、例えば七社奉幣の上卿である右大臣一条忠良の日記『忠良公記』(22)によれば、ことごとく、前回の奉幣使発遣記録である『七社奉幣発遣次第』に依拠して、前例通り執り行なうことにつとめているからである。

宇佐・香椎奉幣使についても前回とほとんど同様ではあるが、こちらは前節で述べた性格ゆえ、幕府への配慮から、京都所司代との連絡をとりつつ発遣された様子である。武家伝奏広橋伊光は、享和四年正月三日、前回、日光奉幣使の格に准ずるようにとの幕府の強い意向から問題にされた神宝について、「宇佐奉幣神宝増減下行有之候、聊加増雖有之不差支哉」という関白鷹司政熙より武家伝奏へ伝えられた内容を、京都所司代に伝え、所司代の承諾を受けている。同じく正月十四日には、宇佐・香椎両社奉幣使発遣日・奉物日が示された際、「尤香椎之方輪門可申入」ことが示され、さらに正月十六日には、香椎宮社僧護国寺が、社家のごとく、関白殿下以下に拝礼することを「輪門留守居申出旨、殿下へ申入候処」関白は「可為其通被命」たので、武家伝奏から輪門留守居へ申し渡したことを記している。[23]前回の延享元年には、吉田家支配としてすませ、まったく無視していた香椎宮社僧護国寺と輪王寺門跡に対する朝廷の配慮が、ここで行なわれているのは、前回との違いであろう。

宇佐・香椎奉幣使発遣の前日には、関白よりの長札「今月十四日御神事也制止僧尼及汚穢之輩入神境矣」が九カ所に建てられ、また、所司代稲葉丹後守よりも同様の制札が出され、京都九カ所に建てられた。このほか、豊後国日田代官所からは次の高札が出された。

奉幣使之節僧尼重服之輩其外不清之者一切徘徊停止之事

文化元年甲子二月　　羽倉権九郎　判

駅々問屋年寄江

以上のような排仏・潔斎が指示される中で、三月十四日、奉幣使四辻公説以下、供奉の人数一二九名の一行は京都を出発して、**表1**の旅程を一路、宇佐・香椎へと向かっていった。この旅程は事前に、幕府触書の伝達ルートによって沿道筋の各地に知らされた。

さて、奉幣使一行の旅はいかなるものであったろうか。『香椎宮勅使之事』[24]を編んだ原田種美によれば、奉幣使一行の通る道中筋は次のように描写されている。すなわち、道筋は延享の格なので、国主・領主より道橋の普請・掃除が念入りに行なわれ、非常のことがいましめられている。一行の送り迎えは、役夫・伝馬による。夕べには松明を燈し、広き野原といえども昼のごとしである。御休泊の館は新たに造り、門を清める。山の奥野の末、海の浜までも老若男女が所せましと出て、勅使を拝す。僧尼の類は徘徊を止められ、寺塔・墳墓・辻地蔵・そのほか仏事めいた物は菰で隠し、垣などをめぐらし、道筋から遥に見える寺院までも、見えないように囲いをした。これらは幕府の御触れであるから、国々の指示は細心である。諸人は、六〇年前の話を聞いているが、今、眼前にして、驚くばかりである。さて、諸国の諸社の禰宜・神主はかねてから下知があった通り、奉幣拝見、勅使御安否伺いのため、宿々駅々の御旅館にその官録にしたがった装束で、乗物あるいは騎馬で群参して、おもいおもいの進物を捧げた、という。

　道中筋の様子は、このようなものであったと考えられるが、それを現実化させる前提には、幕藩領主による細心の指示がなされていたのである。広島藩では、三月、領内にむけて奉幣使通行について、沿道筋心得の触れ[25]を出している。その中で、とくに注目されるのは、①「御通り筋家々之者ニ而茂拝見いたし候ハ、作法宜土間ニ平伏仕致拝見候様」、②「出家者勿論髪切剃髪之ものハ決而拝見不相成、其内十徳を着候もの者不苦候」、③「在方ニ而者末々之ものケ様之節、珠数なと持出之儀茂有之、此等之筋決而用捨いたし候様可被申付事」、④「一、御通之節男女為拝見罷出候儀一切無用之事」、という内容である。さらに、三月十四日付で三人の割庄屋から[26]末々の民衆に対して「奉幣使様来ル廿二日尾道町御止宿ニ御座候間」申し付けられた五カ条の中で、注目されるのは、⑤「一、開張有之寺院幟幡其外目ニ立候もの廿一日ゟ取除并仏事鳴物用捨之事」、⑥「一、尾道町におゐて干鰯類并肥もの買取候儀十八日限りニ廿三日迄不相成候事」、⑦「一、死人有之節之義者先達而被為仰付候通り無間違御取計可被成候事」という箇条である。

宿泊地の尾道町に対しては、子二月付でさらに細心な心得が町奉行所より町年寄にあて

表1 文化元年宇佐・香椎宮奉幣使旅程

月 日	休	泊
3月14日	京 出発	伏 見
〃 15日	枚 方	大 坂
〃 16日	西 宮	兵 庫
〃 17日	大 蔵 谷	加古川
〃 18日	姫 路	片 島
〃 19日	有 年	片 上
〃 20日	藤 井	宮 内
〃 21日	川 辺	今 市
〃 22日	神 辺	尾 道
〃 23日	奴田本郷	西 條
〃 24日	海 田	廿日市
〃 25日	玖 波	高 森
〃 26日	花 園	福 川
〃 27日	宮 市	小 郡
〃 28日	舟 木	吉 田
〃 29日		赤間関
〃 30日	渡海三里	大 里
4月1日	苅 田	椎 田
〃 2日	大 貞	四日市
〃 3日		宇 佐 4日～7日
〃 8日	大 貞	椎 田
〃 9日	苅 田	黒 崎
〃 10日	木 屋 瀬	青 柳
〃 11日	香 椎	

〔註〕『公明卿記 廿二』(東京大学史料編纂所所蔵謄写本) 所載記録により作成。

て達せられている。[27] その中で、一般的な宿としての任務に関する箇条は省略して、奉幣使ゆえの箇条を抜き出しておく。すなわち、⑧「一、奉幣使御通行之節男女為拝見罷出候儀一切無用之儀申附候事　但し御通り筋家之者に而も出家者勿論髪切剃髪之者決而相成〔不脱カ〕其内十徳を着る者は不苦候事」、⑨「一、御通り筋寺之門を打尤大手ゟ見越候様成る石塔卒都婆類包せ置候事　但御泊所御休所者勿論御通り筋近所寺方撞鐘者不及申都而仏□〔事カ〕之鳴物勤行用捨之事」、⑩「一、往還筋御見掛り之墓所石塔石仏幷辻堂類取除させ候事　但辻堂類難取除分は仏計取除け置候事」、⑪「一、御通筋神社鳥居之額おろし置候事　但此額おろし候事上筋之趣を以取計候事」、⑫「一、御通筋家々に張附有之祈禱札を取除させ候事」というものである。

文化元年の奉幣使通行に伴い、広島藩領内の町在に対して、以上の注意事項が達せられた。その内容①～⑫は、大きく二つの観点を導入することでくくり分けられると思う。一つは「清」に対立する「穢」を排除する観点で、⑥⑦がそれにあたる。先述の日田代官高札では「重服之輩其外不清之者」がこれにあたる。もう一つは、「神」に対立する「仏」を排除する観点で②③⑤⑧⑨⑩がこれにあたる。⑫の祈禱札は、神仏習合を意味していると解すれば、「仏」の中に神仏習合も含めて、排除しようとするものであろう。残りの①④⑪のうち、①④は、勅使に対して非礼があってはならないというもので、いわば「尊王」につながろう。⑪は後考を俟ちたい。

延享元年の奉幣使の際に、同じ広島藩によって出された触れと比較した時、今回の文化元年において、寺塔・辻堂等を菰・垣で囲うというほどに排仏観が増長され、新たに排穢観が登場していることは特筆されねばなるまい。ところで、領主から排仏・排穢観にもとづく細心の注意を受けた民衆は、さらには、自分たちが日常的に信仰の対象としてきた寺院・仏像を、まして先祖の墳墓まで菰で隠されるのを目のあたりにした時、それが非日常的な行為であり、これまで生きてきた社会とは異質なものであることを強く感じたであろう。

2 香椎宮と筑前国社家

宇佐宮奉幣を済ませた一行が香椎宮に向かい、筑前国に入ったのは、文化元（一八〇四）年四月九日のことであった。一四〇名を越える奉幣使の行列には、周防国山口大宮司松田上野介のような中国筋より随従してきた者も含まれていた。筑前国の最初の宿泊地、黒崎には、延享元年の先例同様、筑前国の社家触頭である桜井与止姫社の大宮司浦常陸介が奉幣使を迎え、それ以降の先導を勤めた。一行は翌日、最後の宿泊地青柳に到着した。いよいよ明朝、六ツ時に出輿して、最終目標の香椎宮に参着することになる。

一方、奉幣使が青柳宿に到着したその日、筑前国中の大小の社家四百余人（位階ある者三四人、無位三六七人）は、一同香椎に集まり、そこから夜中の八ツ時より二里の道のりを青柳宿に奉幣使を迎えに行く。青柳より東部の社家も、いったん、青柳宿を越して香椎まで行き、それから引き返すことになる。これは、延享元年も同様であった。四百余人の社家たちは、各々、高提燈をともしつらねて青柳宿はずれに待機し、朝六ツ時、青柳宿を出輿する奉幣使一行を待つ。国中の社家四百余人（元治元〔一八六四〕年では三五六人）は、「官階社録に応し、官服を正し」て奉幣使が通輿の節、平伏して迎え、それより四百余人は奉幣使一行百四十数名のあとに随従して香椎宮に向かう。

香椎宮一の鳥居前に、京都から来ていた吉田家の家老鈴鹿播磨守と大宮司・権大宮司や其外宮付の社中が残らず迎え、勅使をひとまず休泊の館に案内したあと、ややあって神事が始まった。社家中は神事が行なわれる拝殿の左右の大庭に官位先進高下を正して拝見する。やがて奉幣、宣命が読まれ神事が終わると、勅使は旅館《やかた》に戻り、社家中や福岡藩より香椎に出方の諸役人に面会した。翌朝四月十二日、奉幣使一行は出発して香椎大宮司や本藩よりの役人の黒崎までの見送りを受け、帰路を急ぎ五月二日に帰京している。奉幣の神事は、結局のところは恙無く終了したものの、じつは、奉幣使到着以前に香椎宮支配をめぐる社僧護国寺と社家との争いは、かなり緊迫したものであった。

筑前国触頭浦信濃守より京都の鈴鹿播磨守宛ての「奉願口上之覚」(28)（文化三年七月付）によると、

去文化元年四月、当国香椎宮之奉幣使御下向ニ付、先例之通私幷国中惣社家一統御奉幣為拝礼社頭え参集、幣使為拝謁青柳宿迄罷出候儀、香椎宮別当護国寺且松源院申合、寛延年中以来礼社之儀、輪王寺宮様御支配之由申立、今度惣社家罷出候儀相拒候哉之趣ニ候、左候而ハ一統面目も無御座、誠以神祇道之瑕瑾、御本所様御威光ニも相拘候歟之事ニ付、甚以歎ケ敷無骨之者共如何様之変事も可致哉、於私心痛仕国中社家共日夜集会、無他事評議仕候ニ付、度々飛脚を以奉愁訴候……

と伝えている。すなわち、延享元年と同様に国中惣社家が香椎宮に参集することに対して、別当護国寺が輪王寺支配をたてにとり、惣社家参集を拒絶する動きに出た。そうなっては面目もなく、無骨の者がどのような変事を致すかもわからない、という緊張した状態にあった様子である。この筑前国の対立は、京都に持ち込まれた。

　京都における吉田家と輪王寺門跡側との交渉がいかなるものであったのかは不詳だが、結果として、「一、筑前京都御蔵屋敷迄、吉田表ゟ鈴鹿一学、日光ゟ岩井右兵衛使者ニ而、先延享元年御作法之通此度御取計被成候」[29]と鈴鹿家より筑前国触頭に文化元年正月に伝えられている。鈴鹿家は福岡藩家老にも伝え、家老からも触頭にその旨が達せられている。おそらく、福岡藩が両者の仲介を行なったであろうことは想像に難くない。

　このような社僧と社家との対立関係が、ひとまず先例通りということでおさまっていたが、奉幣使がいよいよ明朝参宮するという前日の夕方から、護国寺が菰で囲われるという騒ぎになった。

　四月十日暮比より俄に菰固の沙汰に相成り、役人立わたり下知して五十人の公役のよし、夜に入提灯明松にて、さしもの仏場四方みへぬやうに囲ひなしける、初めの程ハ五六十人と見へしも諸方より拝見のため入込の諸人や入乱れけん、手々に手伝いしけるか、追々人増りて後には弐百人の余ともなりぬ、同寺ハ申ニ及ハす、薬師観世音・地蔵等八所の堂塔不残暫時の内に覆ひ隠せし……同院へ昼之内より一派の僧侶百余り入込居たりしか、右の有様にや初夜辺より追々帰り浜男浦より船に乗りて帰りしもあり、又は山道をはしるもあり……(30)

福岡藩より香椎宮に出向していた役人の下知によって、にわかに、奉幣神事の前夜から菰囲いが行なわれた。香椎宮には「輪王寺宮様ゟも役人被指下候間、双方立合及取計候」ことになっており、奉幣使到着の目前まで、藩役人を交えて折衝がもたれ、最後に菰囲いの決定をみたものであろう。護国寺へ「一派の僧侶百余り」参集していたところに、もしも役人の下知がなければ、菰囲みを強行することはできなかったであろう。菰はその後、大宮司の参籠祈禱が明けた四月二十九日になって二〇日ぶりに取りはらわれた。

延享元(一七四四)年の場合には、護国寺の香椎宮支配はより強いものであったろうし、そもそも延享度に、社僧の寺院・塔までを菰で囲うほど、排仏観が増長されてなかったことは幕府触書や広島藩法からもわかることや、あるいは、前夜ぎりぎりになって決定され、先例通りの予定行為とも思えないことから、護国寺の菰囲いは、文化元年に初めて行なわれたものであると推測される。この排仏観を示す象徴的な出来事のほか、香椎宮に参集した筑前国総社家四百余人の圧力などは、香椎宮における大宮司の位置を高めることに有効に作用したであろう。そのことは、奉幣使が香椎宮における神仏分離に大きな推進力となった、と換言することもできる。

吉田家にとっては、奉幣使が香椎宮の大宮司支配強化に寄与したことのほかに、筑前国の社家支配・組織化にも有効なものとなった。天保十五年ないし弘化二年に成ったと思われる『各国神社宮司神主氏名控』には、四国・九州等の国々に、吉田家による社家組織化の一つのメルクマールとなる触頭や組頭取の社名・神主氏名が記されている。紀伊・淡路・讃岐・伊予・豊前・(長崎)・壱岐の国々には触頭も組頭取(組頭)も存在しない。触頭ないしは組頭取名の記載されている国には、土佐・筑前・筑後・豊後・肥前・肥後・薩摩・対馬があり、筑前国は吉田家による組織化が進んでいた国の一つであることがわかる。しかし、組織化の時期・程度はいかなるものであったのか、これは大きな課題である。

筑前国遠賀郡尾倉村豊山八幡宮の社家波多野氏の場合、中世期には領主麻生氏の氏神(小倉八幡宮)の大宮司をつとめ、近世に入り黒田氏入封後は、黒崎城主井上道伯家の氏神として信仰され、寛永十五(一六三八)年、黒崎城取りこわしのあと黒崎代官が置かれると、在地給人の氏神となってきた。この波多野氏の場合、慶安二(一六四九)年当時には、まだ両部神道による神道相伝を受けており、万治四(一六六一)年二月に初めて神道長上兼連より六根清浄大祓が与えられている。吉田家の波多野氏への接触はこのころ(寛文元

（一六六一）年）からであろう。両部神道は、筑前国の他地域においても見られ、元禄十七（一七〇四）年、筑前国早良郡飯盛三所大権現大宮司青柳主計頭種昌に対して、神祇伯雅冬王より両部神道執行の達しが与えられている[31]。

筑前国で社家触頭となっていた志摩郡桜井与止姫社の大宮司浦氏は、二代藩主黒田忠之によって「御国中社家惣司役」に命ぜられ、「何れの神社も衰微におよひ神職も其伝を失ひ候」を正保年間以降、唯一神道に取立てまとめあげていったと見られる[32]。それでも、浦多門が宝永二（一七〇五）年の段階で、「御国中拙者支配之社人・懸社、吉田殿御許状戴候社、其外前々ゟ勤来候懸之小社迄不残書出可申事」と国内社家へ書上げを命じた時に、「一、吉田殿御許状ニ不載社ハ其旨書付可申事[33]」と、吉田家支配を受けていない者の存在を物語っている。文化元年の奉幣使の節でさえ、延享元年同様に浦常陸介「支配ニ無之社家中一統ニ拝礼之指揮被仰付候[34]」と記されており、奉幣使の際の国中総社家参集には、吉田家支配以外の社家ももちろん含まれており、これらもともに、触頭浦氏の指揮下に入って、神事に参加するよう行なわせたものである。

両部神道や出雲国造家との関係も見られた筑前国において、徐々に吉田家による組織化の進む過程で、香椎宮への一国総社家参集が行なわれたことは、吉田家による組織化に有効であったことは否定の余地がない。その上に、位階に順った社家装束や席順等を堅く守るように鈴鹿家は強く命じ、吉田家支配の制度貫徹を図っている。

これに対して、社家は奉幣使がある度に装束を調えたり、あるいは奉幣神事参列の費用等、多大の出費を強制された[35]。前述の波多野氏の場合、「私方京都表装束注文之義、銀高委敷ハ相知不申候得共、大凡銀弐百目内外と存候、……手附銀として丁銭四貫文登方へ相渡申候、残リ銀ハ装束下リ之上、引替ニ可相渡趣」であったのが、残金をすぐに支払えと言われた。しかし残金はすぐには調達できないので、利子をつけて延納したいと、波多野氏は願っている[36]。この他、波多野氏の「奉幣使ニ付出銭之覚[37]」によれば、文化元年の香椎宮奉幣使の機会に、あわせて銀五一四匁余の出費が細かくあげられている。

延享元年の際には「御本所之被窺御機嫌候様……今度為祝儀各壱家ゟ壱匁六歩宛出銀、香椎へ持参可有候」と鈴鹿家は献上銀一匁六歩宛、各社家より徴集することを命じている。文化元年の際にも、同様に鈴鹿家より献上金が命じられているが、とくに、今回は輪王寺門跡側との対立のために「無益之雑費等も相兼り」、しかも鈴鹿家には「国元えも御出役被下候間」、惣社家一統で寸志のお礼を申し上げるべきところである。しかるに「右一件ニ付而ハ内外莫大之雑費相掛、其上四辻御家え余分之銀子指上」げたので、社家一統としては何とか金を取り集めたいところであるが「国主表之儀も右　奉幣使一件用途出役等相掛候ニ付、厳敷倹約ニ付、此節金銀取集候義一向難致」い、このような事情なので吉田家への「御礼銀弐拾枚、御家老中江銀壱枚宛等」を此節すぐに上納することができないので、三年間で延納させてほしいと、触頭浦信濃守は鈴鹿播磨守に嘆願している[38]。

奉幣使発遣に起因する社家の困窮ぶりがうかがえるが、これらの社家の費用を負担するのは、結局のところ、多くは氏子・産子である農民たちであった。農民たちは、一般的には、産神社の神職の再生産を、初穂や神事料名目で、村落を通して村入用などで支えるが、それ以外に、神職の継目や官位取得のための上京奉加金を負担したり、あるいは神社の普請金を担ったりしてきた。今回の奉幣使に伴う社家の多大な出費も、農民に割り付けられることになり、触頭浦常陸介は、郡々頭取中に、費用を取り立てるにあたっては「産子中談指問不申様ニ其用意可有之候」と、農民と相談して指問《つか》えないように命じている。触頭浦常陸介としても、当時の農民が困窮しているのを認識した上で、奉幣使費用の捻出を図ったもので、「夫々産子中申合困窮時節たり共、是非相応ニ出精有之候様」と付け加えている[39]。

　福岡藩では、享保の飢饉による被害が克服された後、宝暦期より五郡奉行制となり、文化期まで、定免制が取り続けられたために、農村疲弊は激しく、ついに文化期には連続して一揆・打ちこわしが起こっている[40]。このような状況下の村落において、筑前国総社家四百余人のうち、おそらく安定した氏子圏をもっていたであろう位階ある三四人は相応の出費を農民に依頼しえたであろう。これに対して「産子も無之社人在之、致廻村取続」けることを余儀なくされていた氏子圏をもたずに廻村していた神職の存在状況はいかなるものであったろうか。そして、彼らにとって、奉幣使や一国総動員は、いかなる意味をもっていたのであろうか、ともに後考を俟たざるをえない。

三　元治元年の奉幣使——結びにかえて——

元治元（一八六四）年、甲子の年、四月二十四日に七社奉幣使が、ついで五月二十一日に宇佐・香椎奉幣使が、ともに文化元年の先例通りに発遣された。宇佐・香椎奉幣使は勅使梅渓通善のほかに、供奉人数二百人の一行であった。先例通りとはいえ、途中、中国路については予定を変えて、岩国より船路を用いた。奉幣使下向の先触れがあったところ、長州藩から「攘夷以来宿々人馬御宿彼是差湊、且所々屯所多人数出張仕居候事ニ付、混雑之中、如何様之御無礼出来も難計、甚苦心仕居候間、何卒領分御通路之節ハ、防州玖珂郡新湊ゟ御乗船ニテ海上御通行相成候様御願[41]」がなされ、それが聞き届けられたからである。徳山藩では、そのため航路にあたる上ノ関に奉幣使一行への使者を差し出したという。

筑前国では、前回同様に一国総社家が香椎宮に参集して、奉幣使を迎えている。今回も、社家の負担として、幣使や鈴鹿家への献上金のほかに、装束代がかかっている。吉田家御用の京都装束師西村八次郎から遠賀郡黒崎宮の神職波多野河内守に、装束代として金一三両計が見積もられている[42]。それらの諸費用は、前述の通り産子の負担につながるのだが、産子である農民たちには、この上に、道筋手入れのための夫役が領主により命じられている。「御奉幣使御順年還道筋御手入出夫役百五拾人余泊り込」（波多野河内守『文久四年日誌』[43]正月二十四日の条）とあり、その翌日には、藩役人が出て指揮をとっている。元治元年以外の前二回は、史料を検出していないが、おそらく、道橋普請・掃除などのために、各地で農民が夫役にかりたてられたであろうことは、想像に難くない。

元治元年、香椎宮に参集した筑前国の総社家は三五六人であったが、このうち位階ある者は一二六人居り、文化元年の三四人から大幅に増加している。吉田家による組織化の拡大・深化と無関係ではあるまい。

社家や民衆に及ぼした宇佐・香椎奉幣使の影響は、先回の文化元年の時と、そう大きな違いがなかったとしても、一方、元治元年の奉幣使発遣に際しての幕府や朝廷のおかれた政治的状況は、前二回とはあまりにも大きく異なったものであった。

七社奉幣使発遣の五日後、元治元年四月二十九日には、朝廷より上洛中の将軍家茂に攘夷之事が委任されている。これは、前年文久三年三月の政務委任にもとづくもので、これに対して将軍家茂は、臣として①横浜鎖港、②海岸防禦、③長州所置、④物価引下げの施策を請約している。[44]このように、元治元年当時の幕府と朝廷との関係は、朝廷が幕府に政務を委任するという関係になっていた。これはかつて、延享元年の七社・宇佐奉幣使再興の際に、朝廷が願った伊勢・石清水・賀茂への年二回の祈年穀奉幣は幕府によって否定され、かろうじて天皇一代中一度の七社・宇佐奉幣のみ認められた例に見たように、あるいはまた、その奉幣使発遣用途も幕府（京都所司代）の指示通りにせざるをえなかったように、さらには宇佐・香椎奉幣使の実行は幕藩領主の行政力によって徹底されたように、幕藩制国家の執行権力である幕府のヘゲモニーの下に朝廷が存在するという延享元年当時の幕府と朝廷との関係に比べると、元治元年当時は、まったく逆転した関係になっていた。

ウェスタンインパクトとこれに対する攘夷論の昂揚の中で、朝廷が幕府に政務を委任するという関係を確立する過程において、朝廷は、多くの奉幣使・祈願・天皇行幸を行なった[45]。例えば、攘夷祈願は、七寺・七社のほかに二十二社に数多く行なわせたが、とくに、文久三（一八六三）年三月十一日の、天皇の賀茂下上社行幸と攘夷祈願には、将軍家茂以下諸大名を供奉させたことで、朝廷・幕府の関係の逆転を明示するデモンストレーションの効果を果した。

また奉幣使について見ると、安政五（一八五八）年・文久三（一八六三）年の三社（伊勢・石清水・賀茂下上）奉幣や元治元年の七社奉幣や宇佐・香椎奉幣、その他の年の放生会・臨時祭の一社奉幣が多く見られる中で、新たに、山陵奉幣が行なわれた。延享元年の奉幣使再興の前、寛保三年十月二十八日の右大臣による甲子年のみの山陵への奉幣使発遣案は、まるで取り上げられなかったのに対して、文久三年になって、神武天皇陵奉幣が、臨時のものとして三度行なわれ、同じく翌元治元年五月八日に山陵奉幣使が遣わされ、これ以後毎年恒例のものとして奉幣使発遣が行なわれるようになった。このように、幕末期に奉幣使の回数が多くなり対象が広がったということのほかに、正保三年以来毎年続けてこられた日光東照宮への奉幣使を、文久三年からは、それまで公卿が勅使となっていたものを格を下げて、堂上を勅使とするように変えさせた。日光東照宮への奉幣使は、幕府にとって、権現イデオロギーを強化するための重要な神事であり[46]、したがって延享元年に宇佐・香椎奉幣使が再興されるにあたって、これが、日光奉幣使に比べて幣物も勅使の格や参向人数も准ずるように、幕府は過敏なまでの注意を払ったほどである。これに対してその当時朝廷は、延享元年甲子の年の宣命に東照宮奉幣のみには甲子の辞別を載せないことで、朝廷独自の奉幣使と幕府から要請された日光奉幣使とが異質であるとの抵抗の姿勢を内部的に示すにとどまっていた。それが文久三年には、朝廷は日光奉幣使を降格することで多数の奉幣使の一つとして含み込ませ、位置づけたものと理解できよう。以上のごとく、幕末期に朝廷が権威と権力とを確立させる過程における、多くの祈願・行幸・奉幣使の中の一つとして、元治元年の七社奉幣使や宇佐・香椎奉幣使は位置づける必要がある。

かつて、幕藩制国家の中で、幕府の主導の下に存在した朝廷が、独自の神事としては執行しえなかった文化元年やまして延享元年のような前二回とは違い、すでに朝・幕間の政治的な逆転を遂げたあとの元治元年の奉幣使は、もはや朝廷主導による独自の神事として機能していたと言えよう。また、一方、延享・文化度の奉幣使が社家や民衆に及ぼした神仏分離・排仏思想という、当時の幕藩制社会にとって、異質ともいえるイデオロギーの萌芽は、やがて元治元年より一〇年も経ずして、神仏分離・排仏毀釈という政治的・社会的変動の中で成育し、近代天皇制イデオロギー構築へ作動していったものと言えよう。

註

（1）朝尾直弘「幕藩制と天皇」（『大系日本国家史3 近世』東京大学出版会、一九七五年）。

（2）宮地正人『天皇制の政治史的研究』（校倉書房、一九八一年）第一部第三章「幕末過渡期国家論」。

（3）ただし思想史においては、尊王攘夷論の幕末維新期の昂揚に至る、近世全般の展開過程を追究した尾藤正英「尊王攘夷論」（『岩波講座日本歴史13 近世5』一九七七年）がある。

（4）幕藩制国家における朝廷の位置は、例えば、鎌倉期の朝廷のような幕府と対抗した二元的な政治権力として存在していた、というようなものではなく、かといって、まったく無力化・形骸化して、臍の緒のごとくになった、というものでもないと考える。領主階級による封建的搾取を究極の目的にした幕藩制国家は、そのために身分制支配を通して全人民掌握を企図したと考えるが、その際、天皇・朝廷と官位制度などの国制は、かかる幕藩制国家支配に有効である限りにおいて、その存在が国家権力に内包され、利用されることになった。あくまでも朝廷は、幕藩制国家の執行権力である幕府のヘゲモニーの下に掌握されていた点をここで強調しておきたい。なお幕府による門跡編成と官位制度の編入については、拙稿「幕藩制国家と本末体制」（『歴史学研究別冊（一九七九年度）』、本書第四章）と「近世の僧位僧官」（『論集きんせい』四号、一九八〇年、本書第五章）とを参看していただければ幸甚である。また、小稿成稿後に深谷克己「領主権力と武家『官位』」（『講座日本近世史1 幕藩制国家の成立』有斐閣、一九八一年）を目にした。成立期の幕藩制と天皇・朝廷との関係を簡潔に整理している。

（5）『豊前叢書 第四巻 歴代藩主下』（国書刊行会、一九八一年）三二〇頁。

（6）東京大学史料編纂所所蔵謄写本。本章で引用史料に註がないものは『兼香公記』に依っている。

（7）この時期の武家伝奏の御用（公武）記録は伝存していないと考えられている（今江広道「江戸時代の武家伝奏」『古記録の研究』続群書類従完成会、一九七〇年、や斎木一馬「江戸時代の日記」『国史学』一〇〇号、一九七六年による）。宮内庁書陵部所蔵『通兄公記』は、武家伝奏久我通兄の自筆日記であるが、伝奏と京都所司代との会見日時については記載されている。会談内容はまったく記されていないものの、会見日の確定には有効であり、以下この点に関しては『通兄公記』による。なお同時期の武家伝奏葉室頼胤の自筆日記『葉室頼胤記』も同部に所蔵されているが、寛保三・四（一七四三・四四）年分のうちでは寛保三年正月の冊のみ伝存している。

（8）「別紙

伊勢御神宝料　米三千石余

八幡御神宝料　毎度銀子ニ而相渡り候
鴨御神宝料　延宝七年銀子ニ而相渡り候
別紙
元文三大嘗会由奉幣
三拾石　内宮御幣料
同　外宮御幣料
拾五石　石清水御幣料
三拾石　賀茂下上御幣料
元文五公卿勅使
拾三石　内宮御幣料
拾　石　外宮御幣料
寛保元辛酉御祈
拾五石　内宮御幣料
拾　石　外宮御幣料」

(9)「別紙　伊勢公卿勅使　同一社奉幣　宇佐使
七社奉幣　神階宣下
公卿勅使御代之中必被立候事ニ而も無之、一社奉幣、辛酉・甲子其外各別之御祈是も
御代之中数ケ度被立候事ニ而も無之、宇佐使御代之中一ケ度之事、七社奉幣往古ハ

度々有之当時之儀ハ先達而被仰下候通、神階宣下邂逅之事
右之外臨時御神事ハ当時不相応之儀故不被行」
これも当時の朝廷の考え方をよく示している。
(10) 大岡家文書刊行会編纂『大岡越前守忠相日記 中巻』(三一書房、一九七二年)。
(11) 高柳真三・石井良助編『御触書宝暦集成』(岩波書店、一九七六年)八七七。
(12)『御触書宝暦集成』八七八。
(13) 天明八(一七八八)年七月付の触れ(『御触書天保集成 下』四一九七)でも、同様に「神主・社家ともは触頭無之」ことが嘆かれている。仏教諸宗派や修験宗の多くが元禄~宝永期には江戸触頭を設置していたのに対し、吉田家の関東役所は遅れて寛政三(一七九一)年十二月二十三日に開設された(椙山林継「吉田家関東役所の創立と初期の活動」『国学院大学日本文化研究所紀要』四五輯、一九八〇年)。
(14) 以上の香椎宮に関する記述は『香椎宮編年記』(東京大学史料編纂所所蔵謄写本)。
(15) 広幡大納言の日記である『長忠卿記 二十八』(東京大学史料編纂所所蔵謄写本)所載。
(16)『広島県史 近世資料編Ⅲ』(一九七三年)六六三頁。
(17)『豊前叢書 第四巻 歴代藩主下』二〇六頁。
(18) 註(16)と同。
(19)「書簡案」(明治大学刑事博物館所蔵『吉田神社鈴鹿家文書』イ―26)。
(20)「香椎宮大宮司御祈禱御祓献上一件記録」(明治大学刑事博物館所蔵『吉田神社鈴鹿家文

書』イ―49)。

(21) 明治大学刑事博物館所蔵『吉田神社鈴鹿家文書』。

(22) 東京大学史料編纂所所蔵謄写本。

(23) 『千羊御記 二』(東京大学史料編纂所所蔵謄写本)。

(24) 東京大学史料編纂所所蔵謄写本。

(25) 『広島県史 近世資料編Ⅳ』(一九七五年)三頁。

(26) 註(25)と同。

(27) 『尾道市史 下巻』(一九四〇年)三四四頁。

(28) 豊山八幡神社波多野英麿氏所蔵史料(北九州市八幡区春の町一丁目)。

(29) 「奉幣使作法社家中拝礼ニ付申達」(註(28)と同)。

(30) 『香椎宮勅使之事』(註(28)と同)。

(31) 「両部神道執行之達し」(明治大学刑事博物館所蔵『吉田神社鈴鹿家文書』イ―10)。

(32) 「常陸介覚書」(註(28)と同)。

(33) 「浦多門達書」(註(28)と同)。

(34) 註(32)と同。

(35) 吉田家の制度化した装束を用いないことが知られると、その後、継目許状を与えられないことにもつながり、神職身分を維持するのが危くなる。そこに強制力が働いたと思われる。

(36) 「口上之覚」(註(28)と同)。

(37) 註(28)と同。
(38) 註(22)と同。
(39) 註(22)と同。
(40) 柴多一雄「幕藩制中・後期農村支配機構に関する一考察――福岡藩五郡奉行制を中心に」(『九州史学』六四号、一九七八年)。
(41) 『徳山市史 史料上』(一九六四年) 五一四頁。
(42) 註(28)と同。
(43) 註(28)と同。
(44) 『実麗卿記 廿六』(東京大学史料編纂所所蔵謄写本)。
(45) その諸例については藤井貞文『近世に於ける神祇思想』(春秋社、一九四四年) に詳しい。
(46) 藤谷俊雄『神道信仰と民衆・天皇制』(法律文化社、一九八〇年) 近世編第一章三において、氏は東照宮は「幕府の支配に神権的性格を与えようとする試みであった。しかしながら、そのような神権性の根源は、朝廷にもとめねばならなかった。……ここに幕府の支配の矛盾があったのであって……幕府がその朝廷の宗教的な権威を、政治上に利用しようとする方針をとるかぎり……幕府は東照宮の神威を高めて、幕府支配の神権性を強めようとするためには、朝廷の権威をみとめ、伊勢神宮の神威をも尊重しなければならなかったのである」と述べる。私は氏の考え方と基本的に同意見であり、結局この幕府の支配の矛盾が、延享元年の奉幣使再興の要因にもなったと考えている。

第三章　江戸幕府と寺社

はじめに――近世宗教史の視点――

明治元（一八六八）年、いわゆる神仏分離令が布告され、神仏習合が禁止された。それは廃仏毀釈運動の引金となり、そのエネルギーは直接、間接に修験道や陰陽道などに打撃を加え、明治四（一八七一）年に陰陽道廃止・六十六部の禁止・普化宗（虚無僧）の廃止、さらに翌年には修験道（山伏）の廃止や梓巫《あずさみこ》の廃止などが政府によって次々命じられた。それから百五十余年の歳月を経過した現代に生きる我々は、山伏や虚無僧の姿を何とか思い浮かべることができたとしても陰陽師や梓巫の姿となると、たちまちその影像を結ぶことは覚束なくなるのである。まして、近世期の活動形態やその組織のあり方、あるいは民衆の信仰のありようとなるとほとんど不明に近い状態に置かれてきた。修験道・陰陽道など近世期までは確実に存在し、近世に生きた人々の内面に少なからぬ影響を及ぼしたはずの宗教が、明治以後の国家政策のためにその検討のための史料もほとんど残されないまま、百五十年余の歴史の帳《とばり》の彼方に遠ざけられてきたのである。

それとは逆に、神道国教化政策による、過大に誇張された時代を経た神社や神職を、フィルターをはずさぬままに近世に遡らせて虚像を結んでしまうのではないかというおそれから、あるいはまた、戦後の民主化の中で、否定すべき戦前の国家体制や神社制度とともに近世の神社研究まで遠ざけてきたという経緯から、近世の神社・神職制度の研究は、近世の修験道や陰陽道史研究同様に、十分な蓄積をもたずに今日に至っていると言わざるをえないのである。かかる事情こそが、中世の寺院・神社その他民間宗教者が、大きな時代の転換を遂げた後の近世社会に、いかに引継がれ、あるいは消滅したのかという研究課題にほとんど回答を与えられずにきた最大の理由であった。ひとり近世仏教史だけが、辻善之助『日本仏教史』(1)を財産に、さらに研究を深めつつあったという状況である。

本章では、したがって、仏教・僧侶に関する叙述を、限られた紙数の中であえて制約し、中世神社・神職や修験道・山伏、あるいは陰陽道や民間宗教者に多くの焦点を合わせて、中世から近世への移行の過程で、江戸幕府によっていかなる統制や編成を加えられたのか、あるいは主体的に、社会変動の中で新たな檀那（保護者・帰依者）の信仰や経済的支持を摑んでいったのか、さらにはまた、かくして定着した近世国家の下での宗教組織の構成はいかなるものであったのか、などの諸課題を検討する。

一　江戸幕府と仏教・寺院

1　寺檀関係の展開

烏が菰の上の屍の眼を啄《ついば》み、犬が軀《むくろ》の腕を食いちぎる墓地の様相（「北野天神縁起」）は、中世の民衆にとって、近寄りがたい怖れを抱かせる空間であったに違いあるまい。戦国時代を経過した近世の民衆が、野ざらしになるのではなく、菩提寺によって葬儀が執行され、家の墓に納められることをいかほどに望んだことか、民衆のための寺院がこの時期に各地でおびただしく開創されたことから容易に想像されるのである。例えば、水戸藩の場合、圭室文雄氏によれば、諸宗寺院開創年代は、宝徳三（一四五一）年以降寛文三（一六六三）年までのおよそ二〇〇年間に一四七三寺院が建立されており、大宝元（七〇一）年以降の開創年代の明らかな一七三五寺院の約八五％に当る。また竹田聴洲氏によれば、諸国浄土宗寺院六〇〇八寺が元禄九（一六九六）年に提出した由緒書では、文亀元（一五〇一）年以降の開創が九〇％に及んでおり、とくに天正元～寛永二十（一五七三～一六四三）年に集中しているという。民衆が葬式を執行する菩提寺の檀家にならんと志向したのに対応するがごとく、仏教宗派の側も、例えば曹洞宗が卒塔婆建立法要や葬祭・授戒あるいは祈禱などの活動を通じて地域教線を拡大していったように、積極的な活動を展開していったのである。[5] 民衆の要求と寺院側の教化活動との両者が、近世宗教を特色づける寺檀制度の前提となった。施療や施薬などを通じて民衆に浸透していったキリスト教を否定・弾圧した徳川政権が、檀那寺に檀家の寺請証明をさせることで民衆のキリスト教信仰を、さらには日蓮宗不受不施派信仰をきめ細かく阻止させえたのは、たんに制度化を権力が強行したからだけではなく、右に述べたように民衆と寺院の両者が寺檀制度を形成し展開させようとしたからにほかなるまい。

檀家をもつ仏教寺院は、宗門人別帳作成の際に寺請証文を出す務めをもったほかに、檀家の転出や移動の際に寺送り証文を発行するなど、幕藩権力の一端を担い個々人を人別掌握する役儀を負っていた。この役儀を果す代わりに、檀家から檀家役（上納金）を取り立てる特権が保証されていたのだが、その前提として、檀家の葬儀を執行する権限が幕府によって与えられていた。だからこそ、檀家役を果さない檀家に対して、寺請証明や引導の拒否を武器にして檀家役の強制を図ることができたのである。幕府は、修験者＝山伏が葬儀（祭道）を執行して臨済宗・曹洞宗の禅宗と葬儀権をめぐる争論をくり広げたのに対し、近世初頭、山伏の葬儀法要の場への介入を禁じた。[6] のみならず山伏の自葬まで禁じ、山伏にも檀那寺をもたせた。このように幕府が寺請制度を担う仏教寺院に葬儀執行を独占させたことは、そして民衆の多くが菩提寺をもとうとしたことは、中世以来、「道スカラ無常人有時ニハ無縁之衆生利益結縁之為ニ、或ハ焼或ハ埋テ後生菩提ヲ弔」[7] った茶筅《ちゃせん》や、勧進聖《ひじり》・三昧聖《さんまい》などの葬事に携わった念仏系の宗教者の社会的役割を奪うこととなり、やがて念仏系宗教者の活動の多くは退行していった。

2　本末制度の編成と構造

右に述べたように、近世前期に至るまで、全国に増加・拡大した中小の寺院を、幕府はいかにして統制したのであろうか。幕府は諸宗本山に、旧来の慣習を勘案したうえで、宗派寺院編成の権限を与える、いわゆる寺院本山法度を慶長六〜元和二（一六〇一〜一六）年に発布した。これを受けて本山・本寺は末寺を支配し、本山・本寺の下知に従わしめた。さらに幕府は、元和元（一六一五）年の「浄土宗法度」の中の「大小之新寺、私として建立致すべからざる事」の条文のごとく、本山の許可なく私に新寺院が建立されることを禁じ、さらに元和八（一六二二）年・寛永八（一六三一）年にも、寺号・院号を私に付けることの禁止を触れて、寺院が本山・本寺とは無関係に存在することを禁じる政策をとった。

かくして幕府は、寛永九〜十（一六三二〜三三）年、諸宗末寺帳を作成提出させた。それは、将軍家光による統一的知行体系編成の一環としての寺領改めの意図も含み込みつつ、(8)各宗派末寺が本山・本寺作成の台帳に記載され、本末関係を確定させ、それを幕府が掌握するところに意図があった。しかし実際には、提出が全宗派に及ばなかったり、地域的な精粗があるなどの不備は否めなかった（『大日本近世史料　諸宗末寺帳』）。それは、この当時の本山・本寺による末寺組織化の不十分性を象徴している。完備しているとはいえないものの、しかし幕府は本末争論裁許の基本台帳として用い、延享二（一七四五）年に至ってやっと本末帳の完備が図られた。諸藩においても領内寺院台帳の整備が寛文期以降試みられ、それ以後の新寺院建立は制限が加えられていった(9)。

本山・本寺による末寺院掌握は隅々まで一挙に及んだものではなかったが、しかし、本末関係を基本にした教団組織化は一七世紀半ばには整ったといえよう。教団組織の構造は、各宗派で名称こそ異なるが、共通に寺格が幾階層にも分かれ、寺格に応じた座位や装束が定められて教団内の序列を秩序づけていた。また、教団をこえて、律令制以来存続した僧位僧官を、天台・真言宗は本山である門跡から法印・権大僧都まで勅許を得ずに補任され、門跡の存在しない諸宗派は、准門跡のある宗派も含め、寺院伝奏である公家の執奏を願い、権律師という最下位から勅許を受けた。例えば、東本願寺末寺は、勧修寺家の執奏を受けて権律師から勅許を得ている(10)。この僧官位と寺号・院号の許可は寺院僧侶の身分を確保する上で最も基本的な補任である。右の諸補任すべてに補任料が必要であり、その上に、末寺は本山・本寺に定例や臨時の上納金を納める義務（末寺役）を負ったため、宗派によっては末寺院の経営を圧迫することになった。末寺は、末寺役などの大部分を檀家負担（檀家役）に転化させたのだが、近世後期に檀家役が差支えた際、末寺院があえて寺請拒否や引導拒否という宗教者とも思えない強制力を発揮し、堕落したかにみえたとしても、その背景には「末寺院―檀家」を一体として財源の基礎とした本山・本寺による教団組織と、それを宗教者支配・身分制維持を目的として推し進めた幕府の仏教政策が存在したことを認識する必要があろう。

3　幕府の宗派統制

本末制度を編成させ機能させせることで、幕府は間接的ではあったが諸国の中小寺院・僧侶を統制しえた。これと並行して、幕初より教団組織の頂点にある本山・本寺を意のごとくに統制しようと、幕府は腐心した。旧来から宗派本山・本寺の地位を確保し、しかも住持職が朝廷に存在していた天台・真言・法相宗の門跡寺院（天台九・真言六・法相二）に対して、幕府は門跡寺領を削減したり、あるいは公儀権力の一翼を担わせ、本末制維持のためにも約一千石を基準に平準化した寺領を安堵した。また、それらの伝統的な門跡寺院に対抗させるように幕府は、慶長十二（一六〇七）年に知恩院門跡（浄土宗）を、さらに明暦元（一六五五）年に輪王寺門跡（日光門主・寛永寺住持兼帯）を設立して、旧来の三宗以外の浄土宗から門跡を立て、しかも知恩院門跡は例外なく時の将軍の猶子とさせたり、輪王寺の寺領を一万三〇〇〇石（滋賀院兼帯）と圧倒的にし、天台座主・一品にさせることで対抗させせた。このような幕府による編成を受けたものの、しかし朝廷と旧来からの門跡寺院との関係は、幕末・明治維新期の親王門跡の還俗＝宮家設立（文久三〔一八六三〕年の青蓮院→中川宮など）に至るまで変質させられることなく、基本的に貫かれた。

門跡寺院や院家はもちろん、旧来から朝廷に住持職のあった、あるいは諸公家が寺元になっていた寺院の住持職を奪うことは、幕府といえども困難であり、幕府は後住決定に際して幕府に届けさせることで介入をはかる方法をとった。慶長十八（一六一三）年六月、「勅許紫衣之法度」が幕府から武家伝奏広橋大納言に宛てられ、大徳寺・妙心寺・知恩寺・知恩院・浄花院・泉涌寺・光明寺の住持職について、勅許以前に幕府に告知させた上でこれを認める方式が命じられたのはそれである。泉涌寺は天皇家の菩提寺である真言宗寺院であり、大徳寺・妙心寺は臨済宗、残り四カ寺は、浄土宗の本寺である。幕府はいわば対等であった浄土宗四カ寺に対し知恩院門跡を本山とし、三カ寺を従わせ金戒光明寺・知恩《（智）》寺の寺門伝奏も万里小路家から武家伝奏にそれぞれ、慶長十五年・元和六（一六二〇）年に代えさせ、[11] しかも、江戸芝の増上寺（将軍家菩提寺）に浄土宗教団の実権を握らせるという幕府本位の体制を整えたところで、次に大徳寺・妙心寺の統制が課題になった。寛永四（一六二七）年七月、金地院崇伝や土井利勝らは、「勅許紫衣之法度」や「禁中並公家諸法度」の幕府法度に反して大徳寺・妙心寺の入院出世がみだりになっていると、唐突と思えるほどに咎めだて、これに抗した大徳寺の沢庵・玉室や妙心寺の単伝らを配流し、元和元年以来幕府の許可なく着した紫衣を剥奪した。[12] いわゆる紫衣事件である。事件前後、茶の湯を通して幕閣とも親しい関係にあった沢庵や江月らをあえて罰した幕府の政策意図は二つあった。一つは、幕府法度と天皇綸旨とが抵触している状態を打開して、幕府法度上位を明確に示す必要があったことである。二つには、臨済宗のうち五山派については、住持職たる公帖発行権を足利将軍以来、豊臣秀吉・秀次を経て代々の徳川将軍がもちつづけ、鹿苑院蔭凉軒の僧録を元和元年に金地院崇伝を僧録司とすることで掌中におさめてきた。これに対し、大徳寺・妙心寺は臨済宗でありながら五山派に加わらず、室町幕府にも抗して朝廷と結びついてきた。朝廷と両寺院に対する統制強化こそが、僧録司崇伝に企図された紫衣事件の二つ目の政策意図にほかなるまい。

以上、幕府の宗派・寺院統制策は、寺檀制度を通じて民衆の信仰を統制する機能をもった末寺院の教団編成に主眼が置かれていたとみることができよう。これに対し、教団組織とは無関係に独立していた大寺も存在していた。すなわち、東大寺・薬師寺・法隆寺などの、国家鎮護のために、あるいは国家安全祈願のために建立された古代の官寺の多くは、中世期に荘園領主として財源を保ちつつ存続してきたが、江戸幕府は荘園領主としての性格を奪い、新たに寺領を安堵したり、寺院修復を担うことで近世国家の安全祈願を行なう務め（役儀）を果たさせ、存続させていたのである。

二　幕府と神社・神職

1　中世から近世へ

近世の迎え方は、神社によって一様ではなかった。二十二社（伊勢・石清水・賀茂・松尾・平野・稲荷・春日の上七社のほか中七社・下八社の二十二社は、白河天皇のころに定額を定められ、朝廷から恒例の奉幣を受け、室町時代中期まではその制度が継続した）の場合は、朝廷に対する幕府の政策と密接に関わっており、朝廷の盛衰と照応した動向を示している。それは、それぞれの神社にとって最大の神事である祭（石清水放生会・賀茂葵祭・春日祭など）や奉幣使は朝廷行事として執行されたものだからである。ちなみに、「公卿補任」(13)によって朝廷行事の中の神事関係を近世の期間の五例だけを抽き出してみたのが**表1**である。それぞれの行事は公卿が上卿・使・奉行などに任命されて執行された。最も盛んになった慶応二（一八六六）年当時は、二十二社の伊勢・石清水・賀茂・松尾・春日・大原野・吉田・祇園・北野の九社と日光東照宮と広い対象範囲になっている。では幕初はいかがなものであったのであろうか。

正保三（一六四六）年から例年、奉幣使が日光東照宮と伊勢神宮に発遣されるようになる以前は、唯一、春日祭のみが藤原姓である豊臣政権下で朝廷行事として執行され、それ

表1　近世朝廷の定例神事・奉幣使

祭礼・奉幣使＼年次	元和元年（1615）	正保3年（1646）	元禄7年（1694）	万延元年（1860）	慶応2年（1866）
春日祭	有	有	有	有	有
伊勢例幣使		有	有	有	有
東照宮例幣使		有	有	有	有
石清水放生会			有	有	有
賀茂葵祭			有	有	有
大原野祭					有
松尾祭					有
吉田祭					有
祇園祭					有
北野祭					有
神武帝山陵奉幣使					有

は徳川政権下でも引続いて毎年二回ずつ継続されてきたのみであった。東照権現を伊勢神宮と同等に高めるために、あるいは天皇に幣を奉らせて東照権現を崇敬させるために始められた日光東照宮奉幣使発遣を機会に再興されるまで、朝廷は伊勢神宮にさえ恒例行事として奉幣使を発遣することもできなかったほどに、幕府によって統制されていたのであった。それが、その後の綱吉政権期の幕府の対朝廷策の変化に助けられ、この時期朝廷は旧来の行事復興に意欲的であった。延宝七（一六七九）年に石清水放生会が二一四年ぶりに再興、貞享四（一六八七）年に大嘗会が再興され、元禄七（一六九四）年には賀茂（葵）祭が一九二年ぶりに再興された。以上の祭礼や例幣使は恒例の朝廷行事としてその後も執行さ

れつづけた。ちなみに慶応二（一八六六）年の右以外の諸社は幕末の尊王の気運の中で再興されたものである。ところで、伊勢例幣使や石清水・賀茂の祭事再興の場合、大嘗会や延享元（一七四四）年の宇佐・香椎宮奉幣使発遣再興の場合と同様に、朝廷は京都所司代を通して再三にわたる折衝の上でやっと幕府に認められたものであった。朝廷に財力がなく、幕府の資力に依存しなければ旧例行事を再興できなかったためである。そこに、この時代の朝廷と二十二社の存在を制約する框《かまち》があった。しかし、幕府は二十二社を全否定したものでもなく、中世までの広大な社領を没収したうえで、新たに限られた社領を安堵したのであった。社領のみならず、社殿の修復費用を幕府がまかなったのも、二十二社に国家安全の祈禱を、そして幕府権力の長久を祈願させるためにこそであった。例えば、松尾大社への元和元（一六一五）年の徳川家康による社領九三三石寄進の朱印状には「神事祭礼懈怠なく、いよいよ天下安全之精祈を抽ずべし」[14]と記され、また、元禄十六（一七〇三）年十一月二十二日の江戸大地震大火につき、将軍綱吉から伊勢・石清水など上七社と延暦寺・東寺などに七日間の祈禱執行がただちに命じられているのはその一例である。[15]

中世以来不変のまま継続したかに見える二十二社などの諸大社の内部組織も、社領の削減に見合った改編が行なわれた。児玉幸多氏によれば、賀茂別雷神社は前時代より寛文三（一六六三）年まで、氏人一四〇人によるフラットな運営方式の老若寄合が一社一統の決断所となってきた。しかし寛文四（一六六四）年の氏人と社司との社領分離をめぐる争論とその幕府裁許によって老若寄合は形骸化され、それ以降は特権的な七家の社司から九人と、新たに設定された一二人の社司と、さらに一四〇人の氏人の中から選ばれた二一人とが「立合参会」という最高評議機関を構成して同社の諸務を処理し、実質的な支配を行なうようになった。すなわち、特権社司を頂点にした支配運営組織が、幕府裁許を経て同社に整えられたのである。[16]また、常陸国一宮である鹿島神宮の場合は、大宮司の権限は強く、近世においても「鹿嶋大神宮符」を発行して同社神官職（大禰宜・大祝部・惣大行事など）の補任権を保持しており、また神宮寺以下の社僧・寺院支配も一貫して続けられている。元和六（一六二〇）年には大宮司は法度を発して神職等の同社勤仕を規定し、同社支配を法制的にも明確化したかにみえる。しかし、中世から近世の時代変革期に、あたかも泰然として不変であったかにみえる同社内組織も、じつは、元和〜寛文年中に惣大行事・物忌らと大宮司との間に出入があり、幕府権力の介入と擁護を受けた上での大宮司権限の強化と秩序化であったことを銘記しておく必要がある。[17]賀茂別雷社・鹿島神宮の例にみたように、それぞれ数百人規模の社人を抱く一社組織は、時代転換の中で内包していた矛盾が露呈し、これに対する幕府裁許を受けることで、社内の組織や身分秩序を形成したのであった。その際、幕府の裁許は上位者優位の原則を貫いており、その点、寺院本末争論における裁許の例と共通していたことが注目される。

次に、一宮などの地方大社の場合はどのような近世の迎え方をしたのであろうか。前田利家が天正十二（一五八四）年に在々肝煎・百姓中に宛てた「一宮気多大神宮諸堂之造営の為、国中家並ニこれを奉加せしむべし、但し其志に依るべきものなり、仍て件の如し」の触れは、能登国一宮気多神社の造営に目的があるほかに、一国百姓中にこれを触れ、国司・守護以来の一宮造営を命ずる地位に自らがあることを明示する目的があったと理解される(18)。このような性格を前提に国大名や諸藩主は一宮や大社に社領を寄進し、藩主一族や藩権力の安泰を祈禱させたのであった。ところで賀茂社や鹿島神宮の場合は、一社組織の内部規制を権力から直接に受けなかったのに比べ、気多神社や熱田神宮は藩権力が細部にわたって規制を図った。例えば、正保二（一六四五）年三月、尾張藩初代藩主徳川義直は熱田大宮司に宛てて、往古の法式・祭礼勤仕や禰宜の統制を規定しており、二代藩主以下代々がこれを継承したほか、寛文七（一六六七）年二月には、同藩寺社奉行から熱田宮条目五カ条が出され、寺社奉行が直接に神職の勤仕を規定して大宮司の権限を保障し、同神宮の秩序を保っている(19)。

以上のごとく、二十二社や一宮などの諸大社は広大な所領を没収されたのち幕府・藩・朝廷という保護者をもち、彼らの力による直接・間接の秩序化を受けつつも、旧来の神社組織を温存させる傾向にあったといえる。これに対して、中小の神社はいかなる変化を迫られたのであろうか。

2 中小神社

中世から近世への変動期に中小神社が迫られた変化とは、それらの神社を氏神として一族の結合や地域支配に役立てていた保護者であるところの、武士（在地領主）が、戦乱や兵農分離、さらに改易・転封によって、その土地・その神社から離れたことから、神社は新たな保護者を地域の村落・農民に求めざるをえなくなったという変化であると、おおむね述べることができよう。

越前国今立郡大滝村大滝寺は、中世末期までは朝倉氏の所領安堵を受けて、大滝寺・大滝神社習合して社僧・社人の四八坊があり、神事は山籠の山伏六人が主につかさどっていた。天正三（一五七五）年織田信長軍の兵火で大滝寺は焼滅し、所領は没収されたが、その後、大滝神社だけは近世においても越前奉書生産漉屋の多い大滝村の氏神社として、村落が支えていった[20]。中世までの神仏習合した、小規模ながらの一山組織は、いわば「仏」のみが崩壊し、「神」のみが近世村落住民により支えられた例である。

次に筑前国遠賀郡小《（尾）》倉庄（尾倉・枝光・戸畑・中原・前田・大蔵）の本社であった豊山八幡宮の場合、中世期には四〇町余の社領を麻生氏に安堵されてきたが、戦国大名大友氏の押領や天正十五（一五八七）年の麻生氏の壊滅によって保護者を失った。しかも、文禄二（一五九三）年に枝光村はこの八幡宮を勧請して枝光・戸畑・中原三カ村の氏神とし、さらに慶安元（一六四八）年には前田村が、寛文七（一六六七）年には大蔵村がそれぞれ勧請して、村切りされた近世の各村落の氏神とした。したがって豊山八幡宮は尾倉村一村の氏神にとどまることになったのである。この場合、各村の氏神勧請の主体は、福岡藩黒崎城主であった井上周防之房（道柏）の与力で、前田村に地方知行を有する野入忠右衛門・井上八兵衛・中西四兵衛や大蔵村の大村六郎左衛門らが各村庄屋と語ったものである。しかるに各氏はやがて蔵米取りに変わり、在地との関係が切断されると、もっぱら農民だけによる氏神社となって、神事そのほかが支えられるようになった[21]。

ところで、知行地から領主が転じて去ったあとも、神社との関係を保ちつづけた例がないではない。しかし、中世期に神社を族的結合の紐帯としたり地域百姓支配の精神的統合に役立てた武士を保護者にもった神社の多くは、兵農分離や俸禄制への転化という時代状況の中で、武士との関係が絶たれたとみるほうが普遍的であろう。そのことは、紀伊国隅田八幡宮と武士団隅田氏の中世期までの深い関係も、近世になって、隅田氏が帰農すると、隅田氏は一般農民同様の氏子として、決して「中世までの武士的なものではなく」村民一般として隅田八幡宮の神事に参加したという奥田真啓氏の研究にみられるごとくである[22]。

右の、武士によって保護されていた神社ではなく、中世期にすでに農民によって支えられていた神社、すなわち宮座を形成していたような神社の近世への変容の道筋については、これまでも萩原龍夫氏[23]らのほか、近世村落構造論からも比較的豊かな研究蓄積をもってきた。すなわち、小百姓が近世前期に成長していく過程で、中世名主百姓の系譜をもち宮座構成員である初期本百姓らに対し、宮座慣行を否定していく運動の結果、新たな近世小農村落に適合的な村落神社に変容していったというおおまかな道筋のみをここでは述べるにとどめておこう。

3　諸社禰宜神主法度

近世を迎えた大小の神社と神職を幕府はいかなる方法で編成をし、国家権力や藩権力の支配に適応的に、あるいはまた地域における民衆の神祇信仰統制に向けていったのであろうか。寛文五（一六六五）年七月、寺院法度とあわせて全国に触れられた「諸社禰宜神主法度」五カ条は、幕府の政策を最も明確に示したものであった。第一条は諸社の禰宜・神主などはもっぱら神祇道を学び、神体を崇敬し、神事祭礼を勤めること。第二条は、社家が位階を受ける場合、朝廷に執奏する公家（神社伝奏）が前々よりある場合はこれまで通りとする。第三条は、無位の社人は白張を着すように、白張以外の装束を着ける時は吉田家の許状を受けること。第四条、神領はいっさい売買しても質に入れてもいけない。第五条、神社は小破の時に修理を加えて維持につとめ、掃除を怠らないように。以上がその内容であった。

第二条の内容は、石清水八幡宮は広橋家の、松尾・稲荷・大原野の各社は白川家の、というようにそれまで神社に執奏家のある場合はそれを踏襲するというもので、二十二社の神社が念頭におかれていた。この解釈では出雲大社・宇佐八幡宮・阿蘇社などの地方大社は吉田家の執奏を受けることになり、ために諸大社と朝廷の反発を招くことになった。例えば、出雲大社は寛文六年「両国造が神代以来の伝統を詳細に朝廷に奏上し、翌七年五月七日に、霊元天皇から千家・北島両国造家に、他家の支配を受けることのないという永宣旨が与えられた」(24)。そのため寛文八年十月に吉田侍従は江戸において次のように幕府に願入っている。

覚

一、廿二社并出雲大社・常州鹿島・下総香取・信州諏訪・尾州熱田・紀州日前宮・同熊野・豊前国宇佐宮・肥前国阿蘇宮此等之社神主大宮司位階申之事、向後吉田執奏ニ及申さず、其外天下之諸社家等、官位申す之輩は先年より仰出候通りニ、いよいよ吉田執奏仕候様ニ御奉書頂戴仕度、存じ奉り候条宜く御沙汰頼入り存じ奉り候、以上(25)

すなわち二十二社のほかに出雲・鹿島など右の諸大社の神主・大宮司の位階執奏を吉田家は行なわないかわりに、そのほかの天下の諸社家の執奏は吉田家に願いたい、という内容である。この願いの内容はそのまま幕府に認められたものではなく、延宝二(一六七四)年八月十七日、執奏家をもたない社人の場合でも、その執奏は必ずしも吉田家には限定されないことが幕府によって命じられた。

覚

社家位階之事、先規より伝奏これ有るは勿論、伝奏無き社家も吉田執奏に及ぶべからず、然りと雖も、遠国より吉田へ頼み来る社人位階之義は、吉田方より職事迄申入れ相調い然るべく候、無位無官之社人装束は吉田より指図たるべきものなり、

寅（延宝二）八月十七日

この「覚」は享保四（一七一九）年正月の時点でも関白一条兼香によって、寛文五年の「諸社禰宜神主法度」[26]とあわせて再確認されており、幕府と朝廷の基本方針であったことがわかる。すなわち、執奏家のなかった社家の官位は社家が望むならば吉田家であろうと他家であろうと許容されたのであった。それが幕府と朝廷の態度であった。そのため、吉田家のほかに白川家やほかの公家の執奏を願う神社はふえる傾向にあった。具体的には、元禄十五（一七〇二）年の「諸社伝奏取次之覚」[27]に記された諸社・伝奏の公家と寛政六（一七九四）年の「雲上明鑑」に記されたそれとを比較すると、この九二年間で吉田家を除いた伝奏公家は九家から二三家に増加し、また、伝奏をもつ神社数は二〇社から四五社へと増加している。後述するように、近世後期に地方の神職を吉田家と白川家とが競って配下におさめようとしたのはかかる事情に起因する。

では、執奏家と神社との関係はいかなるものであったろうか。松尾社と白川家にその例を求めると、白川神祇伯は松尾社神主職が天皇綸旨によって補任される際の執奏を行ない、綸旨は白川家に下され、この旨を受けて白川家が神主職を執達する形式をとる。さらに、

当社最高位の神主職以下の、正禰宜・正祝職などについては白川家が直接補任をする。すなわち、朝廷に権限のある神主職補任や口宣案などの執奏をするほかは、松尾社神職の補任権や松尾社務の執行権をもち、白川家はほとんど松尾社を支配していたといっても過言ではなかった。(28) この例のような執奏家権限の強いものから、たんに、神社神職の執奏を行なうだけのものまでの、関係が存在した。

4　吉田家による組織化

公家との関係をもった神社は全体からみれば少数である。吉田家にとって、全国の執奏家をもたない多数の諸社神職を支配するうえで寛文五（一六六五）年の諸社禰宜神主法度はまたとない梃子になった。かといって、この法度が発布されるやただちに吉田家の全国諸社支配・組織化が実現したと見るのも早計にすぎる。寛文五年以前の神道裁許状が残されているような、すでに吉田家と関係をもち系列化されていた地方神社も存在するが、その数は必ずしも多くはない。各地方には、中世期以来存在してきた地域的な社家組織（その中心には大社や一宮が存在するような）が存在していたり、あるいは多様な神道系列が入り組んでいたりしたが、吉田家によるいわば全国横断的な組織化は、地域の既存組織を温存したまま上から編成したり、あるいは解体させたのちに新たに組織化するなどの多様なかたちで取り組まれたと見られるのである。

備後国一宮吉備津神社には、例年十月十七日一国全域の有力神主が集まって、一宮の取り決めた位（「一宮官」）の高下によって序列座配を決め、定められた装束を着す社家の集団があり、これは応永元（一三九四）年から始まったと伝えられている。慶長十一・十三（一六〇六・八）年にも社家衆は寄合っており、この地方に吉田家の勢力と「一宮官」ではない国家の官位が導入されはじめたのは元和～寛永のころになってからだと考えられている。[29] したがって、まだ旧組織の影響が払拭しきれぬ状態であったと推測される寛文五年に法度が出されたのは既存の秩序方式を否定するのに効果的であり、現に寛文七年、吉田家の許状がなく旧の装束を着けていた社家が追放に処せられている。

武蔵国の場合、総社である大国魂神社の神事に地域神職の参会が見られ出したのは、土岐昌訓氏によれば[30]、近世以前からと考えられている。参会する神職は、三集団に統轄されており、一つに入間郡北野村天神社の神職で天正年間には「武州神職司」の称をもつ栗原氏に率いられた約四〇家の神職集団、二つに多摩郡五日市村阿伎留神社神主有竹氏に率いられた多摩郡西部の配下神職二八家、三つに入間郡塚越村住吉神社神職高麗氏に率いられた入間・高麗・比企等一二郡のおよそ五〇社家の集団である。かつて入部した徳川家康にも認められた大国魂神社を頂点に附属する三集団の社家組織に対し、吉田家は大国魂神社の地位にとって代わり、三集団の統率神職との関係を深め、その配下の集団組織に便乗して、吉田家の触頭《ふれがしら》——触下《ふれした》の関係に既存組織を横すべりさせるべく力を入れたとみられる。

ために、大国魂神社への神事参会は形骸化の途をたどり、近世後期には各地社家による同社への神事参会は見られなくなった。これに対して三集団では近世以前からあった既存組織の秩序原理（頭神社への祭礼参勤強制など）の上に、吉田家の触頭権能（本所の許状を受ける際の触頭添翰の義務づけなど）を発揮させて、触下神職に徐々に吉田家許状を取得させ、掟を守らせるかたちで組織秩序化を図った。とはいえ、配下神職たちがただちに吉田家許状を受けるようになったのではなく、例えば高麗氏触下の比企郡野本村八幡社社家の場合、享保六（一七二一）年にはじめて許状を受けたように[31]武蔵国二二郡では、さらに下った天明から天保年間にはじめて許状を受けたものが、まだ一〇九人も存在していたのであった。

興福寺・春日神社の影響力の強かった大和国の場合、吉田栄治郎氏によれば、吉田家による教化策は中世から寛文五年以前において数神社を数えるのみと不振であったが、寛文法度以後徐々に進行して、享保三年には、吉田家所属神社・神職数は三一社四二名に及び、これらを南北両組にはじめて組織化するに至った[32]。しかるに、しょせんその数は大和国一五郡中のわずか三一社にとどまっていたことに注目する必要があろう。

筑前国の場合、桜井与止姫社の大宮司浦下総守は福岡藩二代藩主黒田忠之によって「御国中社家惣司役」に命じられ、正保年間以降国内の社家を唯一神道にとりまとめようと努めたが、宝永二（一七〇五）年、国内社家に書上げを命じて提出させた節にも、まだ吉田家支配を受けていない社家の存在が認められている。ところで筑前国の香椎宮には延享元

（一七四四）年・文化元（一八〇四）年・元治元（一八六四）年の甲子年に、豊前国宇佐八幡宮とともに朝廷から奉幣使が発遣されたが、その際、国中の総社家は奉幣使を迎えるために参集した。触頭浦氏は、現地に赴いた吉田家家老鈴鹿氏とともに「支配ニこれなき社家中一統ニ拝礼之指揮」を命じて神事に参加させた。文化元年の奉幣使の際、筑前国総社家は四百余人（位階ある者三四人、無位三六七人）であり、これが六〇年後の元治元年の際には総社家三五六人中、位階ある者は一二六人に増加している。奉幣使という一大神事を絶好の機会に、触頭を通した吉田家による神職組織化の拡大・深化は顕著である。しかしここでも注意して見る必要があるのは、藩権力による組織化の後援があり、奉幣使という一大神事があってさえ、吉田家を本所とする横断的な組織化は文化年間以降の六〇年間に大幅に進んだのであって、それ以前は遅々たるものであったことである[33]。吉田家による触頭の設定がなされた地域は、それだけ組織化が進んだ結果であろうが、弘化年間に、なお触頭や組頭取の設定されなかった紀伊・淡路・讃岐・伊予・豊前・壱岐の国々（「各国神社宮司神主氏名控[34]」）は、吉田家による組織化はさらに不十分なものであったと考えられよう。

このような、吉田家による全国横断的な組織化が進まなかった理由には、地域既存組織の強さや他神道系大社の影響力の強さという、地域差の伴う理由のほかに、一般的には、教化編成にあたる本所役人の人数に限界があったことや、さらに最大の障壁となったのは、個々の社家が上京して官位や許状を得るための費用が多くかかるところにあったのである。

例えば文化十（一八一三）年、甲州都留郡中初狩村神主の小林越後が上京して吉田家より神道裁許状を受けた際、その費用は金五五両かかっている[35]。また前述した武蔵国比企郡野本村八幡宮祠官布施田采女の明和五（一七六八）年、上京任官費用は三五両余であった。各神職は階層によって違いはあるが、上京して吉田家において修行を行ない、一定の礼金を納めて各種の許状を受けることで神職としての身分が保たれ、地域における神事を執行することができる制度となっていた[36]。しかるに、神職みずからこの費用をまかなえる場合（これは稀少ではあるが）はまだしも、多くの場合は氏子圏の村落が費用を負担したのであった。したがって、村落の生産力に規定され、近世前期には上京して許状を受ける神職（専業神主）数は多くなく、吉田家による組織化の進捗は生産力発展に照応した漸進的なものにならざるをえなかったと考えうるのである。

5　諸社禰宜神主法度の再触れ

近世前期～中期において、全国の専業神主を吉田家がどの程度組織化しえたのか、寛文法度後、吉田家の活動は急増したが[37]、しかし仏教寺院本山が末寺の大部分を組織したのに比べ、おそらくは不十分な状態を残したものであったろうと考えられる。しかるに、近世後期にはその上に、神職者の増加傾向があり、吉田家は新たな組織化の課題を感じとることになった。ここでいう神職者の増加傾向とは、次のようなものである。肥後国上益城郡男成の男成神社および小一領社の神職男成氏は寛文七（一六六七）年吉田家の許状を得て祠官となり、中世以来続いていた阿蘇社の支配から一歩独立し、男成氏は両神社の産子二九町村と各町村小社の社守（巫＝百姓身分）を配下においていた。この配下の社守は機会があれば吉田祠官を得て男成氏から独立しようと欲していたようで、宝暦七（一七五七）年、同郡内菅の白谷神社社守（巫）の冬野仁大夫は、吉田祠官になって冬野出雲と改称し、男成氏の配下から独立している。ついで、安永～寛政期にかけて小一領社社守が同社支配権を主張して男成氏と争論になったが、社守側は敗訴した。この場合も男成氏配下からの独立を目ざし、社守＝百姓身分から、自立した専業神主へと上昇することを志向した意欲が注目され、その前提には村落農民の後ろ楯があったことも窺える(38)。

また、前述の武蔵国比企郡野本村八幡宮の神職布施田氏の場合も、入間郡塚越村高麗氏の配下であったが、享保三（一七一八）年までは苗字を名乗れずに「禰宜七左衛門」などと称していたが、享保六年に比企郡高坂村矢劔神社神主大嶋下総の取次ぎではじめて吉田家の許状を受け祠官となって苗字を名乗ることもできた。この場合も、高麗氏の統轄下から自立し、吉田家と直接結びつくことで高麗氏と同等の関係を得ようと志向したものであった(39)。

以上のような社守＝百姓身分(40)の専業神主志向は広くみられた傾向と考えられ、幕府が宝暦九年に全国に命じた神社調査は、社人の存在するいかなる神社をも対象にしたところに特色があり、前期からの専業神主のみならず、百姓持ちの小社の社人をも掌握するところに政策の狙いがあったと言える。

吉田家は、右の状況に直面して、いっそうの組織深化拡大のために再三、幕府に「諸社禰宜神主法度」の再触れを願った。宝暦十四年の吉田家の再触れの願書に対する幕府の対応は、次の寺社奉行の上申書に明白である。すなわち、確かに幕府が触れを出すことで取締りのためにはなるであろうが、「吉田家之配下ニ而これなき神職共ハ還而指支候筋」も生ずるように思われる、と答えている。そのためこの際の再触れは見送られたが、しかし、吉田家のくり返しての願書により、天明二（一七八二）年には「諸社禰宜神主法度」が再び全国に触れられることになった[41]。幕府の意図は吉田家配下以外の神職がさしつかえるというこ とよりは、それを上廻る専業神主以外の社人たちの掌握強化に向けられたためである。

これに対して、白川家は松尾・稲荷などの限られた大社の執奏家を近世初頭より行なっていたが、同家は古代律令制以降、神祇伯家として全国の神社管掌の権能を担ってきた立場からして、近世期にも全国神社統轄の気運が強まり、宝暦期以降には積極的に吉田家に対抗して組織化を企図していた。白川家の「諸国神社附属帳[42]」によれば、宝暦期に六四社であった白川家所管神社は、文化期に二九二社になっており、いかにこの期間の組織化が積極的であったかわかろう。天明二年の神主法度の再触れはそうした状況の中で、吉田家によって要求されたものであり、したがって、「吉田家之配下ニ而無之」白川家配下神職は再触れによって動揺するものもあったが、幕府の方針は、宝暦九年の寺社奉行の上申書と同様、吉田家支配も白川家支配もともに容認するものであった。そのため、吉田・白川両家による末端神職の争奪戦は、三河国・相模国・武蔵国など諸国でくり広げられたが、幕府はあくまで、吉田家の一元的組織化にこだわらず、多数の執奏家（神社伝奏）を容認し、また特定執奏家のない神社は、「雲上明鑑」の記すように、それまで吉田家一家支配であった無伝奏の諸国神社執奏を、寛政期には吉田家と白川家の両家による執奏を公認している。

幕末に至るまで、二十二社をはじめとして全国の神社の執奏家は、多くの公家や吉田家・白川家によって多様に担われてきたが、この制度は慶応四（一八六八）年三月十三日、維新政府がすべての執奏家を廃し、神祇官付属に一元化させるまで続いたのであった[43]。

三　幕府と山伏・陰陽師・民間宗教者

1　流動から定着へ

中小の寺院僧侶や神社神職が、固定・定着して檀家や氏子と仏神を介して安定的に存在していたのとは異なり、中世期から流動的・漂泊的な形態をとってきた修験者（山伏）や陰陽師・盲僧・あるき巫女などの主に祈禱系の宗教者や、勧進聖・三昧聖・高野聖・茶筅・鉦打ちなどの主に葬事に携わることの多かった念仏系の宗教者は、近世に入ってから定着させられ、あるいは衰退させられていった。とくに、念仏系の宗教者は前述したように、寺檀制度の展開によって葬式の場から多くは締め出され、いわば社会的な役割を担う機会を失って退行していった。これに対して、祈禱系の宗教者は祭道公事にみられたように葬祭の場からは締め出されたものの、近世民衆の信仰（祈禱・呪術）需要に支えられ、存在し続けたのであった。しかし、その活動形態はより定着的になり、あるいは巡歴形態をとり続けたとしても、それは一定の統制の枠内での活動であった。本節では、かつて巡歴形態をとった宗教者の定着化の過程とその後の実態を、権力の政策と人々の信仰心を視座において、祈禱系宗教者について検討を加えることにする。

2　権力による定着化政策

統一権力による全国統治が実現したことによって、すなわち中世の多元的・重層的な支配権力が揚棄されて一元化されたことによって、流動的な人々——いま問題にしている宗教者のほかに職人・芸能者などを含む——を私領域の枠を超えて統制することが可能となったことを前提として、統一権力は人掃令や役家設定に見られるような夫役徴収の必要から、全国的な人別掌握を課題とした。流動的な人々はこの課題に阻止的にはたらくということから定着させる必要があったと考えられる。こうした夫役徴収の観点とともに、封建領主の経済基盤である年貢徴収の上からも、農民の土地移動や脱落を、原則的に禁止し、土地に緊縛する必要からも流動的な人々の定着を図った。寛永期以降に整った寺檀制度や宗門人別帳の制度が、農民の信仰を統制したのと同等に、農民の居住を固定し移動に統制を加える制度的役割を担わされたのも権力の一貫した政策意図にもとづくのである。その上に、統一権力は農民が農業を嫌い、あるいは武家奉公に出ることもなく、それでいて活計できるような方途を実質的に遮断する政策もとった。すでに、織田信長による「畿内近国徘徊の高野聖、千三百八十三人をとらえ、安土・京七条河原・伊勢雲出《くもず》河原の三か所で処刑した(44)」行為にその意図を読みとることもできようが、はっきりとは、豊臣秀吉が、農耕から離れて占いや祈禱で生計をたてる民間陰陽師を、「奉公をも仕らず、田畠もつくらざるもの」として統制を加えようとしたことに明確にその意図をみることができる(45)。さらに、元和四(一六一八)年徳川秀忠は、農民が土地を離れて「身のよるべなく漂泊し、田舎に行て農業をつとめん事を嫌ひ、武家の勤めせんも物うきまゝ、山伏修験の弟子となり、祈禱卜巫をする事もかなはねば、伊勢愛宕の祭文一通よみ習ひ、そのまゝ諸方かけめぐり募縁して活計(46)」することを禁じ、山伏の本山や伊勢神宮に、真の山伏や真の神職を管理・統制させ、その登録を受けないものを、偽(似せ・真似)者として取締る方式をとったのであった。この禁止令の直接の目的は偽者の禁止であるが、その政策意図は農業を嫌って容易に活計できることを禁ずるところにあった。封建領主としてのこの考え方は、幕府だけではなく諸藩（会津・芸州・加賀・長州藩など）でも、近世前期において、禰宜・座頭・薦僧などの勧進ものが巡歴するのを禁じている点にも見出される。

幕藩権力の政策意図が、流動的な人々を定着させるところにあったとしても、しかしそのことは巡歴者を皆無にさせたものではない。人々の信仰を受けて巡歴形態を続ける宗教者を、要は、本山や本所・本社に組織編成させ、一人一人に登録を受けさせることで、個々の宗教者を間接的に掌握する方式をとったのであった。幕府のこの方式は、先に見た、僧侶・神職に対する間接的な掌握の方式と共通しているのだが、次に具体的に、山伏（修験道）・陰陽師・盲僧・あるき巫女の存在形態や組織編成を例示することにする。

3 山伏の編成と組織

中世から近世への変動期は、例外なく山伏の活動やその組織にも大きな影響を与えた。各地の霊山を中心に活動していた山伏の多くは、熊野信仰の浸透とともに中世期において熊野三山の御師《おし》と結びつき、三山の守札を主に一族一家を単位とする各地の在地領主である檀那に配ったり、それら檀那を熊野参詣に導いて（先達）得分を得ていた。しかし、戦国期に在地領主層の移動や衰退があり、また戦乱続きで檀那の熊野参詣が見られなくなったこと、さらに近世初頭には、家臣団編成・城下集住を内容の一つとする兵農分離によって、個々の山伏と檀那である武士層との関係は、例外的に一部の重立った山伏と将軍・大名との檀那関係で武運長久の祈禱が行なわれ続けたものを除いて、ほとんど失われたのであった。その結果、多くの山伏の活動は、定着して農民を主な対象とした村内活動に集約されていった。

これらの近世初頭の諸国山伏を編成しようとした動きは、修験道本山派がまず積極的に取り組みだした。檀那である在地領主との関係が絶たれたことで、先達職を集中・掌握してきた若王子・積善院・住心院（勝仙院）の院家たちは、檀那からではなく、直接末端の山伏から入峰役銭や補任料をとり立てることに先達職得分を求め出したために、在地の一人でも多くの山伏を、ひいては当山派系山伏をも自派の配下に組み入れようと編成に乗り出し、慶長期には、両派は各地で激しく争った。徳川家康は慶長十八（一六一三）年両派それぞれ侵犯のないようにとの裁許を下し、聖護院門跡と醍醐寺三宝院門跡を、本山派・当山派の本山として公認し、配下山伏の組織化の保証を与えたのであった。しかも、元和四年の偽山伏の禁止によって、本山に登録されない山伏の存在が否定されるという、二重の意味での幕府による法制的な保証にもとづき、本末編成が進められた(47)。

幕府は、全国の山伏を本山・当山両派によって対抗させるように編成させようと図ったが、しかし、山伏の組織は地方霊山を中心に大小の一山組織を形成してきた歴史をもち、したがって、全国横断的な組織にするには、地方組織を包摂する作業が必要となり、当然、そこには抵抗も生じた。中でもある程度の勢力を誇っていた出羽国羽黒山や豊前国英彦山と配下の山伏は、一度は修験道本山派配下に組み込まれかけたが、やがて独立の気運が高まり、寛永十八（一六四一）年、羽黒修験道は輪王寺門跡の管轄の下で、一派組織を形成し、出羽・陸奥・関東などの配下山伏を編成した。英彦山の場合も、元禄九（一六九六）年、本山派から独立し、九州を中心に末端山伏を組み込んだ一山組織を形成した。独立はしないまでも、備前国児島や豊前国求菩提山の山伏たちは、それぞれ旧来の一山組織を温存させたまま本山派組織に包摂されており、近世の中に中世の色彩をとどめている(48)。

修験道組織は延宝期に宗派内法度が成立しており、近世中期までには、階層序列も秩序づけられた教団としてのまとまりを形成したと考えられる。本山派・当山派ともに山伏たちは、役銭の伴う入峰修行が義務づけられ、修行ののちに院号・坊号・僧官位・袈裟などの補任が門跡や院家からなされることで、山伏としての免許＝身分が得られる仕組みになっていた。虚官や補任状を受けないものは、偽として取締られたのである。しかし、早くも享保期には当山派山伏の入峰不参が三宝院門跡より糺されており、本山派の場合も、文化三（一八〇六）年の聖護院門跡入峰修行の際の末端山伏の不参が問題にされはじめている(49)。組織機能の根幹をなす入峰不参は、組織機能の麻痺に連なるが、その原因は祈禱や医療などの山伏の活動に対する地域村落農民の経済的支持の後退に求められよう。遠隔地から吉野・大峰・熊野などに修行に加わり、京都で本山から諸補任を受けるための経費（地域によっては五〇〜六〇両）を、山伏は居住村内外を勧化《かんげ》して募縁するが、近世後期に村落農民そのものが貧窮化していた場合、山伏への経済的支持は困難なものにならざるをえなかったのである。

4　陰陽師の編成と組織

中世末期、朝廷の衰退と歩調を合わせて、例えば陰陽頭であった土御門家でさえが、所領のある若狭国に居ることが多く、かつて公家たちの間で盛んであった宮廷陰陽道を担った中央の陰陽師たちは、もはや、朝廷や公家たちの間に活動の場を求められなくなった。ましてて、すでに民間にあった陰陽師たちは、文禄三（一五九四）年尾張の荒地開墾のために豊臣秀吉の命を受けた前田玄以が京都・堺・大坂・奈良で行なった陰陽師一三一人の狩込みにみられるように唱聞師《しょうもじ》とも区別のつかない、都市の浮遊労働力として認識されるような実態をもっていた。(50) 地方では、和泉国和泉郡舞村の陰陽師のような芸能・木版印刷（岸和田暦・摺経）を行ない勧進聖や三昧聖と結びつき、夙《しゅく》村に居住していたように、(51) 僧侶・神職・山伏と比べ、乏しい生活実態をもって細々と畿内や地方に散在する形態を想像しうるのである。近世初頭から前期において、ごく稀に陰陽師町や陰陽師村を形成して集住していた例は存在したが、国郡単位ごとの地方組織や、まして全国横断的な組織は存在しなかった。天和三（一六八三）年になって土御門家に陰陽道支配を命ずる霊元天皇綸旨と、これを容認する将軍徳川綱吉の朱印状が出されたことで、はじめて土御門家は諸国陰陽師の編成に乗り出した。畿内でも、陰陽師としての家職の明確なものに、土御門家は許状を発行したが、しかし、そのほかの民間陰陽師たちは唱聞師とも勧進聖とも区別がつかなかったり、あるいは社人や山伏とも混同されるような存在形態を示していたものと考えられ、土御門家は陰陽師改めにあたって、「有髪・束髪ニ而占考・祈禱・日取・方角等」を考える輩を基準にして編成を進めたのであった。

天和三年に河内・摂津・尾張国に各一名の触頭を、また江戸にも四名の触頭を任じる許状を土御門家は発行したが、それらの触頭を通して各国の陰陽師編成が試みられたものと考えられる。そのほか、貞享期に備中国富原陰陽頭結城越後に許状が与えられ、大和国南都陰陽師にもこの時期に許状が与えられ、三カ条の掟の遵守が義務づけられている。[52]このような土御門家による許状発行・掟の公布というかたちでの天和〜元禄期の編成は、しかし、畿内・尾張・備中・江戸にとどまっていたと見られる点に着目する必要があろう。

その後しばらくは土御門家による編成は停滞していたが、宝暦期以降、土御門家は組織化を全国に拡大するとともに、また弛緩した組織の活性化を図るために、幕府から土御門家の全国陰陽師支配を明示した全国触れを出してくれるように、武家伝奏を通して願った。この当時の幕府の陰陽師に対する認識は、「土御門家よりの許状を請居者も御座候得とも、是は稀成様ニ御座候て、一躰職分の軽きものニ御座候」[53]というもので、土御門家の許状を受けている数少ない陰陽師と、下層の職分の軽い陰陽師とに大別できるものであった。この時期の土御門家の意図は、例えば九州の長崎で盲僧と争論をくり返しているような下層の陰陽師を組織化するところにあったのであるが、幕府は容易に全国触れを出さず、土御門家による再三にわたる懇願を必要とした。

寛政三（一七九一）年、幕府は土御門家による全国陰陽師支配を触れるに至った。ほかの民間宗教者と不分明な下層陰陽師を識別して、土御門家に組織化させ、よりきめ細かな人別掌握を幕府が企図したからにほかならない。人別掌握の強化は、土地緊縛のためというよりは、天明の打ちこわしを経験した幕府が、都市政策のために、都市在住宗教者の人別掌握強化に迫られたためであった。土御門家は、全国触れを梃子に家司・雑掌を本所役人として南部・九州・四国（宇和島には文政年間）など未組織地域に派遣したり、既存組織、例えば江戸触頭による関八州支配強化や畿内各国触頭による編成を強めることで土御門家を本所とする全国横断的な組織化を進めていったのである。陰陽道組織には掟（家法）があり、幕府法と本所作法の遵守が強いられた。一人一人の陰陽師は、礼録金を納めて土御門家から許状を受けてその身分が保証され、さらに毎年の貢納料を納めるつとめがあった。これらの諸費用は、陰陽師の家職（占い・祈禱・地祭家堅・四季の祓い・荒神祓い・暦頒布）にもとづく活動を、檀家が需要することによってまかなわれる仕組みであった。檀家は家相・姓名判断や農業暦などの日常的判断や、病気流行の際の不安解消を陰陽

師に求めたのであった。(54)

5 盲僧・あるき巫女と組織

僧侶・神職・山伏・陰陽師はそれぞれ本山・本所を中心に組織を形成していたことで、個々の宗教者は組織員としての種々の義務(役儀)を本山・本所から掛けられ、負担してきた。末端の宗教者からすれば、義務負担と映る反面、しかしこれらの義務を果すことで組織員となり、自分の身分を確保するという権利を生み、社会的にも体制的にも認められた身分に伴う諸権利・活動を行ないうるのである。例えば、瞽女《ごぜ》・座頭からの賤視をはねのけようと陰陽師が文化五(一八〇八)年に寺社奉行に上訴したのは、陰陽師組織が寛政三年の全国触れ後、格段に確立したことを背景にしたものであった。これとは逆に、組織が崩れたことの打撃を受けた例が盲僧の場合に見られる。

琵琶を弾き地神経を読んで耕作の祈禱を行ない、あるいは竈の前に坐して祓いをする盲僧は、中世以来、九州・中国地方や大和などに分布していたが、寛永十八(一六四一)年に大和盲僧は三六名、享保十七(一七三二)年に九州全体で四一〇坊の盲僧が存在していた。盲人の組織には、主に芸能活動をする、下から座頭・勾当・検校の階層をもつ当道座が存在しており、多数の座頭の廻在勧化が組織維持の財政的基礎になる制度が確立しており、幕府も制度的公認をしていた。この当道座に対して盲僧の場合、比叡山とのつながりをもって院号・袈裟を補任されてきたところ、延宝二（一六七四）年に、補任に際しての不正が発覚して処罰を受け、本山である比叡山との関係が切断され、いわば「無本寺」とされたところで、以後、院号・袈裟の着用が禁じられた。組織の頂点を失い、しかも院号を名乗れず、袈裟も着けられなくなったことは、祈禱活動で檀家の支持を得ていた盲僧にとっての打撃は大きく、「国々ニて地神経読誦仕り候儀も差構これあり候」ようになった。そこで、正徳三（一七一三）年に盲僧組織の山門支配を願ったが幕府は許可をせず、ために盲僧は、触れを無視して院号・袈裟を着け活動した。幕府は享保十三年に、遠国では猥になっているので再度、延宝二年同様に「官位院号袈裟停止」を全国に触れた[55]。そこで盲僧たちは、青蓮院門跡に働きかけ、同門跡支配下になることを願い入った。同門跡は天明三（一七八三）年、盲僧が無支配のため種々さしつかえ難渋しているので、同門跡が支配することを幕府に伺い出た。幕府は翌々年、同門跡の「中国・西国筋其外是迄無支配の盲僧共」の支配を公認するに至った。すなわち、一一四年ぶりに組織機能が復活されることになったのである[56]。

個々の宗教者は、公認された組織の一員となることで身分が成立ち、宗教活動（家職）の権利を確保しえたが、このことは、幕府から見ると組織を通して末端の隅々の宗教者を把握することにつながったのである。信州小県郡禰津村に居村をもつ、あるき巫女たちは、梓の弓と細長い箱を携えて、数人で一団となって一人の男の宰領（神事舞太夫）に引率され、居村を離れて畿内や東日本全域の適当な町に宿を定め、そこから近在の村々に出向いて、ある家で近隣の悩める女性たちを集めて、みずから失神状態に陥り、呪文を唱えて神のお告げを女性たちに伝えるという活動をとっていた。(57)一年の大部分を巡歴する巫女たちとその養父でもある宰領は、まったく自由な活動をとっていたのではなく、じつは江戸浅草の神事舞太夫頭（総取締り）の田村八太夫によって支配されており、田村八太夫は神事舞太夫の諸国関所手形を発行し、また、あるき巫女の法服（梅・杜・紅葉・雪笹）の着用を許可し、家法の遵守を命じていたのであった。一地方居住のあるき巫女でさえ、組織による掌握を受けていたのであって、これほどに、幕府による巡歴形態をもつ宗教者の組織化はきめ細かく及んでいたことに注目される。

四　近世後期に向けて――残された課題――

1　江戸触頭と江戸役所

近世初頭以来、幕府は寺社や民間宗教者を、本山・本所―末寺・末社の全国横断的な組織に編成しようと企図して、およそ寛文～元禄期には、仏教・修験道ではある程度の組織化を達成しえたと見られる。元禄期まで幅をもたせたのは、修験道も含めて江戸触頭が開設された時期を考慮したからである。(58)幕府は、宗教者たちを本山・本所に編成させたものの、全国単位で直接に個別宗教者を掌握することは近世の期間を通じて不十分なものにとどまっていた。そこで、限られた地域ごとに寺社書上げなどをさせて個別宗教者を直接に地域的に掌握する方法と、幕府から教団組織を直接統制するための窓口として江戸触頭を設定する方法をとったのである。江戸触頭の職務は幕法を配下寺院・山伏に伝達し、教団の願書・伺いを幕府に伝えるなどのものであったが、神道・陰陽道には江戸触頭に相当するものがなく、延享元（一七四四）年寺社奉行大岡越前守忠相は、全国の神社への触れの伝達方法がないことに苦慮しており、天明八（一七八八）年の触書[59]にも、「神主・社家どもは触頭が無く、触れが届きにくい」と表現されている。

寛政三（一七九一）年になってはじめて吉田家関東役所が開設され[60]、まもなく白川家江戸役所が設けられた。さらに既存の陰陽道土御門家江戸役所に江戸触頭の機能を幕府がもたせはじめたのは、土御門家の全国陰陽師支配の幕府全国触れがなされた寛政三年からと考えられる。幕府は、天明の江戸打ちこわし（天明七年）後、都市における人別掌握強化の必要に迫られ、各宗派本山・本所に末寺・末社の書上げを改めて命じ、宗教組織を直接統制するための江戸役所を開設させたのであった。かつて近世初頭に、農民の土地緊縛を強制させるために、流動的な宗教者の定着と人別掌握を命じたのとは異なった発想から、すなわち都市問題からの人別掌握強化策へと、幕府の関心は社会状況の変化と対応しつつ変容していったのである。

2　寺社の国家内序列化

次に、中世から近世への過程で、一国あるいは郡レベルの地域組織をもっていた地方本寺・大社（一宮）・一山組織を解体させて、本山・本所を中心とした全国横断的な組織を形成させせようとしたところに、中世ではありえない近世の権力の性格と、宗教組織の特質を見出しうる。しかし同時に、全国組織に組み込まれ、編入された場合でも、旧来の組織構造や慣行、あるいは宗教儀礼を残していることが少なくなく、いわば「近世の中の中世」とでも呼べる特質にも注目しておく必要があり、その特質の解明は今後の課題の一つとなろう。

それとともに、古代・中世国家権力と密接な関係を保持してきた大寺・門跡寺院・二十二社・一宮などは、近世においても、国家安全祈願のために幕藩権力から寺社領が与えられ、存続した。しかし、「日本国家の近世段階」とでも呼べるこの時代において、とくに伝統的大寺社の存在が幕府によって意識され、寺社の国家内序列で最上位に位置づけられるようになったのは、近世後期、おそらく対外的危機感を契機に幕府内部でも国家意識を濃厚にもつようになってからであろう。中世・近世初期に見られた寺社造営・修復の勧化が、享保七（一七二二）年に幕府財政合理化のために再開、制度化されたあと、二回の中止期間をはさみ、寛保期・明和期に細かな制度規定がなされ、寛政期には、幕府の勧化許可対象寺院から三河松平氏菩提所がはずされ、ついに文政三（一八二〇）年には、近世国家内の寺社序列として、まず「宮門跡方幷大寺大社」、「二十二社・諸国一宮幷御由緒厚キ寺社」、そして「御由緒薄キ寺社」の順番が幕府内でも確認されたのである。(61)

3　信仰心の変容

中世から近世への過程で、寺社・山伏などと檀那（帰依者・保護者）であった武士や地侍などは兵農分離によって切り離され、近世における檀那の中心が、近世農民と居住地域共同体に変化したことは、近世の特徴の一つであった。この中心的保護者の変化は、近世農民に宗教者や建造物の財政的負担を強いることになった。しかし、一般の広範な農民にも菩提寺がもて、神事に参加でき、個人や家のための祈禱が行なわれるようになったのである。この近世宗教の信仰の拡大と多様化と呼べる傾向は、現代に連続する宗教儀礼・習俗の出発点となったともいえよう。

ところで、幕府の宗教統制・宗教者身分編成のための宗教組織は、僧侶・神職・山伏・陰陽師らの活動を前提にした地域住民（多くは村落農民）の経済的支持によって維持されていた。したがって村落や農民の窮乏が進行した地域では、宗教者の上京官金費用を供出することが困難になり、宗教組織の機能は支障をきたすようになっていった。

しかし、それとは逆に、困難な状況になればなるほど人々は信仰を求めたのであるが、それに応えうる宗教は、近世後期には多くの場合、神道や陰陽道やさらには流行神であって、もはや葬式を執行する檀那寺を通した仏教には大きな期待が寄せられなくなるのが大勢となった。かくして、制度的にも、信仰的にも近世の宗教は改編・解体に向かっていったのである。

註

（1）辻善之助『日本仏教史 7〜10』（岩波書店、一九五三年）。
（2）渋沢敬三他編『日本常民生活絵引 第一巻』（平凡社、一九八四年）。
（3）圭室文雄「幕藩体制における保護と統制」（笠原一男編『日本宗教史Ⅱ』山川出版社、一九七七年）。
（4）竹田聴洲「近世社会と仏教」（『岩波講座日本歴史9 近世1』岩波書店、一九七五年）。
（5）広瀬良弘「中世後期における禅僧・禅寺と地域社会」（『歴史学研究別冊（一九八一年度）』）。
（6）小沢正弘「江戸初期関東における祭道公事」（『埼玉県史研究』九号、一九八二年）。
（7）『祠曹雑識』巻四十（内閣文庫所蔵）。
（8）杣田善雄「近世前期の寺院行政」（『日本史研究』二二三号、一九八一年）。
（9）拙稿「近世史部会杣田善雄氏報告批判」（『日本史研究』二二五号、一九八一年）。
（10）拙稿「近世の僧位僧官」（『論集きんせい』四号、一九八〇年、本書第五章）。
（11）『祠曹雑識』巻二八（内閣文庫所蔵）。

(12) 村井早苗「紫衣事件後の朝幕関係」(『近世仏教』一八号、一九八三年)。

(13) 『新訂増補国史大系　第五十五巻~第五十七巻』(吉川弘文館、一九三六年)。

(14) 松尾大社史料集編修委員会編『松尾大社史料集　文書編一』(吉川弘文館、一九七七年)一二七三号。

(15) 『同前　文書編四』(吉川弘文館、一九七九年)一〇九三号。

(16) 児玉幸多「賀茂別雷神社の集会制度」(『社会経済史学』八巻三号、一九三八年)。

(17) 『鹿島神宮文書　第一輯』(鹿島神宮社務所、一九四二年)。

(18) 『気多神社文書　第一』(続群書類従完成会、一九七七年)。

(19) 『熱田神宮文書　千秋家文書　上巻』(熱田神宮宮庁、一九八三年)。

(20) 『岡本村史』(岡本村史刊行会、一九五六年)。

(21) 豊山八幡神社波多野英麿氏所蔵史料(北九州市八幡区春の町)。

(22) 奥田真啓『中世武士団と信仰』(柏書房、一九八〇年)。

(23) 萩原龍夫『中世祭祀組織の研究』(吉川弘文館、一九六二年)。

(24) 西山徳「出雲大社と徳川光圀」(『皇学館大学紀要』一九号、一九八一年)。

(25) 『萩原家所蔵文書　三』(東京大学史料編纂所所蔵写真帳)。

(26) 『兼香公記』享保四年正月(東京大学史料編纂所所蔵謄写本)。

(27) 天理大学図書館吉田文庫蔵。なお本史料は鈴木靖氏の御教示による。

(28) 『松尾大社史料集』(前掲註(14))。

(29) 河合正治「中世武士団の氏神氏寺」（小倉豊文編『地域社会と宗教の史的研究』柳原書店、一九六三年）。
(30) 土岐昌訓「近世の神職組織」（『国学院大学日本文化研究所紀要』一二号、一九六三年）・「白川・吉田の神職支配」（『国学院雑誌』八〇巻三号、一九七九年）。
(31) 『東松山市史 資料編第三巻 近世編』（一九八三年）。
(32) 吉田栄治郎「寛文法度の制定と吉田神道」（『奈良歴史通信』一八号、一九八二年）。
(33) 拙稿「近世奉幣使考」（『歴史学研究』五〇〇号、一九八二年、本書第二章）。
(34) 『吉田神社鈴鹿家文書』（明治大学刑事博物館所蔵）。
(35) 拙稿「村と宗教」（『大月市史 通史編』一九七八年、本書補説2）。
(36) 鈴木靖「近世神職の官位と吉田家許状」（歴史学研究会近世史部会例会報告、一九八三年）。
(37) 吉田、註(32)前掲稿。
(38) 岩本税「藩体制下における地方神官の専業化」（『熊本史学』二七号、一九六四年）。
(39) 註(31)と同。
(40) 高柳真三・石井良助編『御触書宝暦集成』（岩波書店、一九七六年）九九六。

宝暦九卯年八月

諸国大小之神社、於京都御用ニ付て、当時所在之分不洩様取調、書付可被差出候、一氏子守護候社抔ニても、都て社人有之候社、古来より有来候社、小分之社ニても書

記可申候、尤社人等も無之程之小社ハ書記候ニ不及候事、
一惣て社々之由来由緒等は書記ニ不及候事、
一国々郡付は書記候ニ不及候、国分計ニて何之国と書出し、其国ニ有之候社号計書記可申事、
一社号旧号と替候分は、当時称候号書付、旧号何之社と書加可申候事、
右之通致吟味、其の所之奉行所、御料は御代官、私領ハ領主、地頭ニて取調、書付鳥居伊賀守方え可被差出候、
　但、頭支配有之面々は、其頭々より書付可被差出候、

八月

右之通、可被相触候、

（41）『御触書天明集成』二三九二。

天明二寅年十月

定

一諸社之禰宜、神主等、専学神祇道《マヽ》、所者崇敬之神体、弥可存知之、有来神事祭礼可勤之、向後於令怠慢は、可取放神職事、
一社家位階、従前々以伝　奏、遂昇進輩は、弥可為其通事、
一無位之社人、可着白張、其外之装束は、以吉田之許状、可着之事、
一神領、一切売買すへからさる事、

附、不可入質物事、

一神社小破之時は、相応常々可加修理事、

附、神社無懈怠、掃除可申付事、

右之通、寛文五年被　仰付候処、近年於諸国、古来の社例を乱し、御条目之趣意を不相弁輩有之、吉田家之許容を不受、社例抔と称し、呼名装束等着、其上神職ニ無之村持之社、或ハ村長宮座諸座抔と称し、神事祭礼営候族も有之由ニ候、向後御条目之通急度相守、忘却不致様可被相心得候、

十月

(42) 近藤喜博編『白川家門人帳』(清文堂、一九七二年)。

(43)『法規分類大全　社寺門』(慶応四年三月十三日布告)。

(44) 五来重『高野聖』(角川書店、一九七五年)。

(45) 東京大学史料編纂所『大日本古文書　家わけ第二　浅野家文書』二五八号。三鬼清一郎「近世初期における普請について」(『名古屋大学文学部研究論集』史学三〇、一九八四年)。

(46)「台徳院御実紀」巻四八(『新訂増補国史大系　第三十九巻』吉川弘文館、一九三〇年)。

(47) 拙稿「幕藩制国家と本末体制」(『歴史学研究別冊(一九七九年度)』、本書第四章)。

(48) 宮家準『山伏――その行動と組織』(評論社、一九七三年)。

(49) 註(35)と同。

(50)『駒井日記』(『改訂史籍集覧　第二五冊』すみや書房、一九六九年)。

(51) 三浦圭一「中世から近世初頭にかけての和泉国における賤民生活の実態」(『歴史評論』三六八号、一九八〇年)。
(52) 『吉川家文書目録』(奈良市史編集室、一九八二年)。木場明志「近世土御門家の陰陽師支配と配下陰陽師」(『大谷学報』六二巻三号、一九八二年)。
(53) 『陰陽道家職一件』(東京大学史料編纂所所蔵謄写本)。
(54) 拙稿「近世陰陽道の編成と組織」(尾藤正英先生還暦記念会編『日本近世史論叢 下』吉川弘文館、一九八四年、本書第九章)。
(55) 『御触書寛保集成』九七。
(56) 加藤康昭『日本盲人社会史研究』(未来社、一九七四年)。
(57) 長岡克衛「のの一巫女の研究」(『信濃』一〇巻一二号、一九五八年)。
(58) 拙稿「江戸触頭についての一考察」(『学習院史学』二〇号、一九八二年、本書第七章)。
(59) 『御触書天保集成 下』四一九七。
(60) 椙山林継「吉田家関東役所の創立と初期の活動」(『国学院大学日本文化研究所紀要』四五輯、一九八〇年)。
(61) 「従事抄書 三」(大岡家文書刊行会編纂『大岡越前守忠相日記 下巻』三一書房、一九八〇年)。

第四章　近世国家と本末体制

はじめに

中世末期に、大名領国制による領主支配では、掌握・編成しきれなかったとみられる「巡歴の民」が存在していたことは知られている。その中で、広い意味での勧進を行なう、これら巡歴の宗教者を、近世の統一国家権力たる公儀が、いかにして編成・統制するかは、公儀にとっての大きな課題であったろう。領主制の枠を越えて活動していた巡歴の宗教者を、公儀はだからこそ、領主単位を越えた国家レヴェルで、しかもおそらく中世期にある程度存在していた組織を利用しながら統制・編成しようとしたのである。本章では、巡歴する宗教者のうち、とくに山伏＝修験者を取り上げ、山伏が公儀によってどのように編成されたのか、しかも宗教者の身分統制の方式でもある本末体制がどのように編成され、機能したのかという課題を中心に考察してゆきたい。

一 勧進考――本末体制編成の仮説的前提――

1 「公的」勧進

国家鎮護のために、あるいは国家安全祈願のために建立された寺院は、古代律令制国家においては官寺として、公権力によって制度的に保護・管理された。中世期になり、公権力の質が変化すると、官寺の制度はなくなるものの、しかし、中世公権力のために国家安全祈願をする寺院は、その時代の特色をもちつつ、造立されあるいは再建維持された。その多くは、古代官寺の系譜をもち、または勅願所や幕府祈願所であった。

これらの寺院は、したがって国家的危機に瀕して最大の機能を発揮した。前近代における二回の大きな外圧、すなわち中世における蒙古襲来に際し、また下って幕末のウェスタンインパクトに際し、全国のかかる寺社で国家安全祈願が行なわれたのはその例である。

中ノ堂一信・永村眞・網野善彦氏らの中世期勧進の研究によれば、中世において、これら国家祈願のための大寺院の再建や伽藍修復のために、朝廷や幕府は、東大寺再興勧進・高野山修造勧進、その他法隆寺・東寺・興福寺・善光寺などの勧進のために、公的な許可と同時に、所領の枠を越えて棟別銭や関銭徴収の経済的権限を、原則的に期限つきで与えた(1)。公権による、国家安全祈願の寺院修復のための勧進許可であるところから、私はこれを仮に「公的」勧進と整理する。これらは、当該寺院に勧進のための役所（勧進所）がおかれ、寺院僧侶が主導権を握って主体となった。

その後、戦国の争乱で京都・奈良の多くの大寺社は焼かれた。聖武天皇以来の南都東大寺大仏殿も焼かれたにもかかわらず、豊臣秀吉は、これを再興しようとせず、京都東山に方広寺大仏殿を建立しようとした。古代以来の官寺の系譜を引く東大寺を上廻る規模で、国家鎮護を祈願する方広寺を建立することで、これまでにない新たな国家の国主としての地位と権威を示し、しかも、文禄・慶長の朝鮮侵略に臨み国家の精神的統一を目ざしたのであろう。

公権力と国家安全祈願のこの関係の線上に、時代は下るが、文久三（一八六三）年三〜四月、天皇の賀茂社・石清水八幡宮への「攘夷祈願」の行幸を位置づけうる。この行幸に将軍家茂以下諸大名が上洛して供奉したのは、国家祈願をする主体が国主の地位を示すものであり、したがって、この行幸は天皇が国主であることを示すための、国家的な一大デモンストレーションであったと理解すべきである。

ところで、秀吉の死後とりわけ関ケ原戦後、豊臣秀頼は畿内の伝統的大寺社を造営した。辻善之助氏によれば、慶長五（一六〇〇）年三月二十七日の摂津天王寺を手はじめに、慶長十三年七月の山城上醍醐西大堂まで四四カ所の造営を行なった(2)。その翌年、慶長十四年から十七年にかけては、とくに東山方広寺大仏殿の再興造営を行なった。豊臣秀頼は方広寺再興を頂点に四六カ所の畿内大寺社造営を通じて、秀吉以後、国主たる地位を継ぐ者が自分であることを名目的に示す目的と、その名目的権限のみをかろうじてもっていたものであろう。

この時期、公儀掌握者徳川家康は、畿内も含め寺社領安堵を行なっているが、寺社造営に関しては、菩提宗たる浄土宗本山京都知恩院を除いて、行なったのは関東の寺社にとどまっている。とくに、近江石山寺の寺領は家康が安堵していながら、造営は豊臣秀頼が行なっているのは象徴的である。実質的な国主として千石夫徴収や郷帳・国絵図作成を命じていたこの期の徳川家康にとっては、名目的な権威にかかる以前に多くの実質的な課題を果す必要があったからであろう[3]。

ところで、慶長十一年九月十三日に再建落慶した山城嵯峨法輪寺は、その前慶長二年十月二十三日に再建勧進勅許の綸旨が出され、それにもとづいての再建であった[4]。また、慶長十五年八月五日には、史料(1)のごとく山城泉涌寺に、釈迦の歯を捧げ諸国勧化する勅許の綸旨が出され、勧修寺光豊は関東での勧化協力方を本多佐渡守・酒井雅楽頭などにあて依頼している。

(1)泉涌寺伽藍修造事、任先例捧仏牙於諸国、慕開山国師古風、励沙門勧功、求万方達嚫、早修営破損、布新傾側、宜奉祈国家靖寧者、天気執達如件、

慶長十五年八月五日　　左中弁（花押）〇萬里小路孝房

泉涌寺衆僧中(5)

この両寺は勅願寺であり、秀頼・家康の権限で勧化を許可したものではなく、勅許の権限で諸国勧化したと見られる。この当時、天皇・朝廷に中世期より一貫してその実力があったのか、あるいは家康・秀頼の二元的支配のゆえに、その権限が上昇したものであるかの判断は難しい。

しかし、慶長十九年八月八日、方広寺棟札・鐘銘事件のさなか、まさに十月からの大坂の陣を前にして、徳川家康は公儀として、方広寺が対抗した南都東大寺大仏殿再興のために、私領主の単位をこえた諸国勧化の許可をした。この諸国勧化許可は、かつて家康自身が史料(2)のごとく天正十四（一五八六）年九月十四日に、一大名として当時の分国（三河・遠江・駿河・甲斐・信濃）五カ国にあて命じた浅間神社造営勧進許可とは違い、公儀として全国勧化を許可したものである。

(2)就二駿河在国一、以二奇瑞一、浅間造営勧進之事

右分国中、不レ撰二貴賤一、在家壱間八木壱升宛可レ出レ之、但別而奉加者、可レ任二其志一者也、仍如レ件、

天正十四年

(家康)(朱印)　九月十四日

遠江国中(6)

豊臣秀頼にかろうじて残されていた名目的な国主の権威を示す寺社造営の権限をも、ここで明確に否定し、とどめをさしたものといえよう。それは同時に、これ以後、諸国勧化の許可はすべて公儀のみが与えうる権限であることを示すことになった。時代は下るが、寛保三（一七四三）年八月、法輪寺に対し、また寛政四（一七九二）年七月、史料(3)のごとく京都誓願寺に対し、朝廷より諸国勧化の綸旨が出されたが、これに対し、改めて公儀として諸国勧化御免を与えているのは、最早、綸旨のみの権限では、公的保証たりえなかったことを示し、また、公儀の認可が綸旨を含み込んだものであることを示しているといえよう。

(3)寛政四子年七月

寺社奉行え

京　誓願寺

右、本堂并諸堂塔頭迄去ル申年類焼ニ付、此度任先規之例、諸国勧化之　綸旨被下置之、従　公儀も御銀被下願之通諸国巡行勧化　御免被　仰付候、依之御府内武家方寺社町中えは、当子年九月より来ル丑年二月迄、役僧共相廻り、可致勧化候、其外国々えは同年九月より来ル午年九月迄、役僧共寺社奉行連印之勧化状持参、御料私領寺社領在町巡行すへく候間、物之多少ニよらす、其勧化に応し、可致寄進旨、御料ハ御代官、私領は領主、地頭より可被申渡候、

子七月

右之通、可被相触候、(7)

公儀は、東大寺諸国勧化許可の翌年、元和元（一六一五）年七月、浄土宗法度で「号霊仏霊地之修理、不可諸国勧進吏」と命じ、また承応三（一六五四）年十一月十二日、東叡山下知条々で「公儀ノ名ヲ掠テ堂塔建立修復ノ勧進ヲ停止ス」と命じている。すなわち、ここでも諸国勧進許可権は公儀にあることを示し、みだりに諸国勧進することを禁じている。

2 「私的」勧進

(4) 真似山伏御停止之奉書

猶以愛宕山伏以御札勧進仕候、無紛様尤ニ候、其外は於此地改可申候、伊勢へも右之通申越候以上、

急度申入候、愛宕勧進之真似山伏多候間、愛宕山寺家衆江被仰渡、真似山伏無之様尤存候、恐々謹言、

元和四

正月九日　　安藤対馬守 重信判

土井大炊助 利勝判

本多上野介 正純判

酒井雅楽頭 忠世判

板倉伊賀守殿(8)

史料(4)のごとく、元和四（一六一八）年、真似山伏が停止された。この時、同時に伊勢の偽神職も停止された。これら真似山伏等を禁止するきっかけは、「台徳院御実紀　巻四十八」の、同年正月二十日付の項に明白である。それは、将軍秀忠が「……奴僕等身のよるべなく漂泊し、田舎に行て農業をつとめん事を嫌ひ、武家の勤めせんも物うきまゝ、山伏修験の弟子となり、祈禱卜筮をする事もかなはねば、伊勢愛宕の祭文一通よみ習ひ、そのまゝ諸方かけめぐり募縁して活計とし……(9)」かかることを曲事として、その禁止のために真似山伏の勧進を取締らせたものである。

このように、農業をつとめんことを嫌い、勧進して活計する途を残しておくことは、農業生産を基礎とする封建支配にとってゆゆしきことであり、こうした途を絶つのは権力にとって不可欠な策であったと容易に想像される。そのために、本山に真の山伏を管理・統制させ、その登録を受けないものは、偽（真似・似）として取締る方式をとった。

諸藩（会津・広島・加賀・長州など）において、近世前期、小農自立・本百姓体制確立過程と照応して、偽山伏・禰宜・座頭・薦僧などの諸勧進が郷中を巡歴するのを禁じているのは、治安問題のほか、農民の中から右に述べた勧進によって活計の途を求めるのを防ぐためもあったろう。

ところで、この当時＝近世初頭、偽山伏だけが問題になったのかといえばそうではなく、中世後半期に、「公的」ではないという意味での「私的」勧進を行なっていた遊行・念仏の聖や説教師・熊野比丘尼・盲僧や座頭・薦僧・乞食など、これら巡歴・遍歴の民を統制管理し、全人民を人身掌握するために「私的」勧進禁止があり、その一環として、山伏の統制があったと理解すべきである。

山伏などの巡歴の宗教者は、近世に入り定着化傾向にあったとみられる。これは、兵農分離による、檀那の変質によって巡歴が困難になったことと、定着させなければ領主支配が貫徹できなくなるためという二重の規定によると考えられ、現実に、近世村落成立に照応して巡歴の宗教者は、末寺僧侶や末社神主となったり、あるいは巡歴し続けるとしても、高野聖・善光寺聖・座頭・瞽女・虚無僧のように編成・統制がなされたと考えられる。

3　近世の勧進

「公的」ではないという意味での「私的」勧進の禁止が、近世初頭以降、体制的に貫徹しえたか否かは別にして、近世中期＝享保期には、公儀は、種々の勧進行為の増加に対し、

表1　近世（享保期以降）の勧進

<table>
<tr><td rowspan="5">国家公権認可</td><td rowspan="2">有</td><td colspan="3">「公儀御免之勧化」：寺社奉行連印之勧化状持参</td><td rowspan="4">合法</td></tr>
<tr><td colspan="3">「相対勧化」：寺社奉行一判之印状持参</td></tr>
<tr><td rowspan="3">無</td><td rowspan="3">領主認可</td><td>有</td><td>「村入用」で随時勧進する</td></tr>
<tr><td rowspan="2">無</td><td>「村入用」外で，末寺末社等が取り集める</td></tr>
<tr><td>「相留メ候私の勧化」：偽勧進，ねだりがましき勧進</td><td rowspan="2">非合法</td></tr>
<tr><td></td><td></td><td></td><td></td><td>勧進とは言えない
（浪人・物貰い・遊歴もの）合力</td></tr>
</table>

勧進に関する法令を次々に触れはじめる。

以下、主に享保期以降の触れを通じて、近世の勧進の諸相を整理しておく。当然、触書という公儀の法令のみの整理であり、史料的な限界があるが、今後の実態に即した研究のたたき台になればと考える。

表1を参照していただきたい。公権の認可があるものに、「公儀御免之勧化」と「相対勧化」とがある。公権の認可のないもので、領主の認可のあるものは、村役人が随時、村入用でまかなう。村入用では支払われないものの、本寺・本社の意を受け、あるいは独自の判断で末寺・末社が取り集める勧化までは合法である。

公権・領主権力の認可を受けないもので、偽勧進やねだりがましき勧進はとくに「相留メ候私の勧化」として禁じられ、取締りの対象となった。これは、勧進とは言いがたい、浪人・物貰い・遊歴ものなどの合力強要とともに非合法である。

「公儀御免之勧化」について、寺院に限定してその対象・勧化範図・期間・形態・特権について述べる。対象は、「公儀御建立地、且至て訳も有之候(10)」もので、具体的には興福寺・天王寺・法隆寺・西大寺など伝統的な官寺の系譜を引くものをはじめ、格の低いものまで、しかもきまって天台宗などの国家安全祈願をする寺院を対象としている。勧化範囲は、格の高い場合の全国勧化や二十数カ国勧化から、一カ国勧化の範囲までまちまちであり、その許可期間もまちまちである。形態としては、勧進札を持参し、役僧が諸国を廻るものもあり、西大寺などの場合、「疱瘡軽浅之加持之守」を弘めながら勧化を行なうことの許可を得ている。一方、廻国せずに江戸・大坂などに勧化役所を設けて、諸廻国にあたって大名などに勧化金を届けさせるものもあった。また、朱印伝馬が許されるものもある。

格の重さに応じて種々の形態があったが、ただ、注意すべきはこの「公儀御免之勧化」は、各領主の恣意によってとどめることはできず、領主単位を越えた国単位で行なわれたということである。

二　修験本山派の編成――本末体制の編成――

1　修験本山派内の編成――中世から近世へ

〔編成単位の変化〕　前節で仮説的に提示した中世末―近世初頭の領主単位を越えて巡歴

した宗教者の定着化と、その統制・編成の一例としてすでに聖護院門跡を中心にある程度の組織化がなされていた修験本山派の本末体制編成過程を、公儀権力の意図と関連させて検討することにする。

山伏の巡歴は、熊野三山の御師と結びつき、熊野三山の守札を特定の檀那に配る活動があったが、それにもまして、とくにそれら檀那を熊野参詣に導くこと、すなわち、熊野参詣先達することに大きな特色と、またそこに財源の途を見出していた。この特定の檀那に結びついた守札の配付も合わせた熊野参詣先達の権利は、檀那株として売買の対象にもなるようになった。檀那めぐりに伴う得分が檀那株となるのは、神職・御師にしても地神経読みの盲僧にしても同様である。この株を伴った先達職を集中した有力な先達が出現した。京都の若王子・住心院・積善院などであり、これらが聖護院門跡をいただき、室町期以降、組織化を進めたと見られる。

ところで、先達職に伴う得分は、史料(5)・(6)のごとく、一族・一家・被官人などを単位にして、これら檀那の熊野参詣に伴う得分であった。

(5)甲斐武田幷一族被官人等、熊野参詣先達職之事、如元知行
不可有相違候由、検校准后令旨所候也、仍執達如件、
応永卅一年六月七日　　　　　　　　　　法印　在判
謹上　住心院法印　御房(11)

(6)奥州石河一家之内赤坂大寺小高両三人之事、近年成白川之一姓既改氏被替家之文等之上者、熊野参詣先達職之事、以白川一家之旨、知行不可有相違之由、乗々院法印御房被仰出候処也、仍執達如件、

文明十六年九月三日

法眼　慶乗　在判

法橋　快継　在判

八槻別当　御房(12)

史料(6)では、石河一家から白川に替わった赤坂・大寺・小高の三氏は、今後、白川一家として熊野参詣先達職の対象となることを示している。この一族・一家単位で檀那が編成されるのは、管見では文明期を最後にする。

この檀那編成の単位は、その後、史料(7)・(8)・(9)のごとく国郡単位で編成されるようになり、国郡内の熊野参詣者＝檀那を先達する得分は、その国郡単位で先達職をもつものに収められるように変化した。

(7)当郡旦那之事、数年府中桜本ニ雖申付、去年当年熊野参詣之輩雖有之、京都上分等無沙汰、今度又御門跡様雖御入峯候、無相届候上直務之儀候間、各被得其意可然候、為其威楽坊ニ申付候、仍状如件、

（天正十三年）九月二日

勝仙院　増堅（花押）

郡内

諸旦那　御中(13)

(8)従当郡熊野参詣之者共、如前代先達へ相届可致参詣候、京都ゟ御理候間常楽坊ニ申付候者也、

慶長十二年

未閏四月廿四日

鳥居土佐守

郡中成次（花押）

熊野参詣衆(14)

(9)肥前国先達職之事闕ニ付、依被懇望則補任彼職、然上者修験中繁栄候様ニ向後下知不可有相違者也、謹言、

（貞享三年）五月十五日

（聖護院門跡道祐花押）

勝仙院大僧正御房(15)

史料(7)は、甲州郡内から熊野参詣の輩がありながら、先達職をもつ勝仙院に上分が届けられなかったので、現地の修験者桜本をとどめ、直務としたというものである。

一族単位から国郡単位への先達職の檀那編成単位の変化は時期として、おおよそ応仁～文明期以降、いわゆる戦国期が過渡期であったと見られる。その原因の一つは、在地領主層の改編によってそれまでの一族一家単位の編成にとってかわる新たな檀那編成を求めたことが考えられる。同時に、大名領国制が進展し、領国大名にとって、国郡単位での権限

付与が、領国内権力を固めるのに有効であったからといえよう。それは、前任領主の安堵を引き続き安堵するという形式にもあらわれている。この編成は、その後の近世初頭の兵農分離や改易転封にあたって、結果的にいっそうの効果を発揮したことを述べておく。

［経済基盤の変化］　右のごとく、編成単位に大きな変化が見られたが、じつは、中世から近世にかけてもう一つの大きな変化があった。それは、先達職に伴う経済基盤の変化である。天正～元和期の兵農分離過程を過渡期として、先達職を集中して所有していた住心院などの院家は、熊野参詣に伴う檀那からの得分を財政の基礎とするよりは、国郡単位に存在する山伏そのものから真接収奪する方式に中心を移した。延宝期と見られる、院家勝仙院の執事内藤兵部よりの「覚」によれば、

一峯中役儀等已下、如前々無相違急度相済可被申候、

一無御補任者、虚官申輩於有之者、急度相改此方へ可被申上候(16)、

の二項があり、これらは山伏が入峰をする際に峰中役銭をとり、山伏から補任料を取り立てることを直接の財源とするための規定である。

先達職の経済基盤の変化、すなわち檀那から山伏そのものへ財源の中心を移した原因は何であったろうか。戦乱続きで檀那の熊野参詣が見られなくなったことに続き、檀那そのものが乏しくなったことである。家臣団編成・城下集住を一つの内容とする兵農分離によって、中世以来の檀那は在地性を失い、在地ごとの札・守配付など、個々の山伏との関係

がなくなったためである。唯一この関係が残ったのは、重立った山伏と将軍・大名などとの檀那関係であり、その単位では武運長久の祈禱などが行なわれ続けた。

その結果、山伏の活動は、中世期のような一族・一家単位の檀那めぐりや国郡単位で檀那を把握し熊野参詣に先達することは少なくなり、それよりは定着して村内活動によって、したがって農民を主な対象として再生産する傾向になっていった。中世期、「蟻の熊野詣で」とまでその盛行ぶりがうたわれた熊野三山が、とくに戦国期以降近世期に衰退したのはこの動向と照応している。したがって、右に述べたごとく、先達職をもつ住心院などの院家は、先達職に伴う得分を、国郡単位に編成した末端山伏そのものから取り立てることに最大の関心がおかれ、ために、一人でも多くの山伏を自派に取り込み、役銭をかけ補任料を得ることが大きな課題となった。そこに、慶長期の本山派・当山派の確執の背景がある。

2 公儀による修験本山派の編成——慶長期を中心に

[本山派と当山派の確執] **表2**の略年表を参照して、要点のみを説明する。

①慶長八（一六〇三）年十月八日の裁許で、補任料を伴う金襴地袈裟補任権の聖護院門跡による独占が崩れ、当山派にも独自に認められ、両派がいわば対等・独立になった。

②慶長十二年十二月十八日、関東本山派山伏が真言宗寺家より入峰役銭を徴するのを禁じ

	「当山本山各別に候を」と不動院に詰問したが，「関八州陸奥まで当山へ入峯之輩ハ堅停止之儀聖護院殿より被仰付御書御座候上ハ可成敗」と言った． (6) 上野国藤岡 の菊蔵という山伏，当山派宝乗院の袈裟筋で入峰しようとしたが，本山方より曲事なりとて過銭を取り，しかのみならず人数を率いて家を闕所にし財を強奪した． (7) 佐渡 の大行院は当山派同行であるのに，理不尽に本山に引取り，弟子を討果した．
慶長　17．4．8	家康裁許．当山派まる勝ちとなる．
12.	当山派武蔵足立郡倉田明星院等，本山派の山伏先達等の注連祓役銭を徴収するのを停めるよう請うた． 家康これを裁し，シメハライの役の事は，北条家分国に限り，私なる法度なれば，これを止むべしと命ず．
慶長　18．5．5	家康，照高院興意法親王，三宝院准后義演を召して，裁決す．

〔出典〕『大日本史料』12篇，辻善之助『日本仏教史』を参考にして作成．

表2　修験本山派・当山派の確執略年表

慶長　7	三宝院義演　佐渡の大行院に金襴の袈裟を許す.
慶長　8.7.5	本山派山伏播州の多聞坊, 大行院に打入り乱暴を働く. 三宝院これを聖護院に詰問. 聖門答えて, 金地袈裟を当山派でかけるのは謂れなきによると言う.
9.3	三宝院訴状を呈す.
10.8	家康裁決. 当山, 本山各別と宣し, 当山派勝訴. 多聞坊曲事となり, 聖護院門跡より成敗させる.
慶長　12.12.18	関東の本山方山伏, 先例に任せて真言宗の諸寺より入峰役銭を徴しようとした処, 真言宗寺家はこれを拒み訴訟. 本山派の敗訴.
慶長　14.5.1	聖護院門跡興意法親王　関東に下り, 愛宕山法度判物を受ける.
慶長　16.8.14	本山派大善院, 淡路国に於て当山派のナカ坊を殺し, 淡路一国悉く本山派にする.
11.	当山派以下を訴える. (1)　5月22日, 淡路国本山派大善院は, 当山派世義寺方の同行ナカ坊を本山派に従わそうとして, 聴かないので搦取り, ついに殺害した. (2)　大善院は淡路において諸坊より金を押収した. 但馬に到っては, 本山派になるべしと触状を廻し, 播州に於ては当山派のものみな退くべし, 従わないものは住所を払うべしと命じた. (3)　7月24日, 大善院は200余人を引きつれ, 弓箭を帯び, 吉野川六田の二階屋に到り, 当山派同行の中, 成敗すべきものありとて数日待構えた. (4)　武蔵松山に於て, 観音寺は, 泉光という山伏が本山派に帰属しないというのでこれを成敗した. (5)　武蔵宝蔵寺が当山へ入峰しようとした処, 荷物を押え, あまつさえ危害を加えられた. 宝蔵寺はすぐに

た裁許がなされた。

③慶長十四年五月一日、聖護院門跡興意、愛宕山法度を受け、これをバネに、権利主張の実力行動に移る。

④慶長十六年の本山派の実力行使は、淡路・但馬・播磨・上野・佐渡で一国単位、武蔵では郡単位で、ことごとく本山一派支配を主張したもの。

⑤慶長十七年四月八日の家康の裁許は、史料⑽のごとく、

⑽一当山本山出入之事、如在来入峯可仕旨被仰、殊ニ真言宗へしめはらい役之事もやミ申候由被仰聞候、当山まるかちにて候由得其意候(17)

当山まるかちであった。

⑥慶長十七年十二月の裁許で、関東において本山派が当山派よりなおもシメハライ役銭を徴収するのを禁じたが、その際、理由として、「真言宗しめはらひ之役を出し候事、北条分国迄之儀ニ候へハ、私成沙汰候間、可被為止旨(18)」、また「……北条家分国ニカキリ是アルハ私ノ法度也、不謂由　御諚也(19)」と語られた。

⑦慶長十八年五月五日、本山・当山両派犯し合わぬよう両門跡に法度が出される。「当山まるかちにて候由」と本光国師に認識された本山派・当山派の確執は、その表現から、客観的に当山派が勝訴して当然だからというよりは、意図的に勝たせたという響きが伝わってくる。そもそも権力による裁許であるから、当然、権力の意図が入り込まない

わけがない。それにしても「当山まるかち」とは、本山派をことごとくに敗訴させるところに、その権力意図を読み取る必要があろう。では、権力的に本山派を敗訴させる理由とは何であったろうか、以下に述べる。

〔本山派敗訴の権力意図〕　一つめは、修験本山派の国郡単位による本末編成原理を実質的に否定するためである。その理由は、①国郡単位編成は論理の帰結として一派による全国支配につながるからである。家康の関東入部の際、八王子において、後北条方で山伏が戦乱したごとく、[20]当時、一万人を下らないとみられる武力としての山伏が聖護院門跡の下に結集し、天皇・朝廷を背景に、大坂方に与することの可能性を否定した。②たとえ山伏を本末関係に編成するだけの論理といえども、国郡単位での支配原理は、国主＝公儀のみに許されるものであること。それはちょうど、のちに職人の「天下一」呼称を禁止したのと共通である。③本末編成を国郡単位で行なうことを許可したのは、各地戦国大名であった。北条氏は本山派に対し、関東公方の系譜を引く大名として、関八州についての権限を安堵した。徳川家康も関東入部後、北条氏同様、引続き安堵した。しかしこれらは、先に述べたごとく、戦国大名の権限にもとづく分国の範囲での安堵であり、「私の法度」による許可であった。よって、幕藩制国家確立を目ざす公儀としての家康は、戦国大名の法度をあえて「私」として否定し、「私」に対する「公」とは、唯一つ公儀のみを意味することを明確にさせた。

⑾関東八州諸修験中之儀、徳川殿江被得御内意候処、如有来聊以不可有御別儀之旨、厳重之御内証候間、諸年行事堅被存其旨、同行中江可有伝達之儀、簡要被思食之由、依御門跡仰、執達如件、

天正十九年二月十八日　　　　法眼（花押）

　　　　　　　　　　　　　　法印（花押）

不動院

玉瀧坊[21]

史料⑾のごとく、たとえ徳川家康自身であろうとも、関八州時代は「私」であり、現在こそが「公」であるとして、近世統一国家の公権力と個別大名権力とを明確に画すことを意味した。

本山派敗訴の権力意図の二つめは、聖護院門跡の権威を失墜させるためである。慶長十九（一六一四）年十一月、聖護院門跡の隠居所で当時聖護院を兼帯していた照高院門跡興意が大坂方のために徳川氏を呪詛すとの嫌疑をかけられ[22]、謹慎を命ぜられた。その後、元和三（一六一七）年に家康の死後、やっと秀忠によって嫌疑がはらされる。このように方広寺棟札問題後、追打ち的に嫌疑をかけたことからも、公儀が聖護院門跡の権威失墜を企図したことは明白であろう。ではなぜ、聖護院門跡を失墜させる必要があったのであろうか。

その理由は、①家康の公儀掌握過程における対豊臣秀頼政策の一環として位置づけられる。方広寺造立・再建が豊臣秀吉・秀頼にとって国主たる権威を示すうえでの精神的・名目的な事業であったことは前述のとおりだが、その方広寺の住持であり、また秀吉の死後、かつての豊臣政権のシンボルとして位置づけられる豊国社の別当であった照高院・聖護院門跡の権威を、方広寺・豊国社ともども失墜させようとしたのである。

②公儀が門跡編成を行なうために、門跡の中でも最も高い権威と実力とを、かつての豊臣政権をバックにもっており、家康をして関ケ原戦後の慶長六（一六〇一）年、門跡領安堵のさい抜群の領地を与えざるをえなかった聖護院門跡・照高院門跡の権威を失墜させるためである。

この点に関し、以下に付論的に、公儀による門跡編成について述べておく。

3　近世門跡考――付論として

中世において本山を中心とした本末関係を軸に、教団的なまとまりをもっていたのは、天台・真言両宗と禅宗であったと言えよう。したがって、近世の統一権力たる公儀は天台・真言・禅の三宗に対する統制から手がける必要があったわけで、慶長期に出された初期の本山法度が、これら三宗に集中しているのはそのことを物語っている。

これら三宗のうち禅宗については、曹洞宗は永平寺・総持寺両派本山を中心に編成させた。臨済宗については室町幕府が統制してきた五山派は、住持職たる公帖発行権を足利将軍以来、豊臣秀吉・秀次を経て、代々の徳川将軍がもちつづけ[23]、また、鹿苑院蔭凉軒の僧録を、元和元（一六一五）年に金地院崇伝を僧録司とすることで掌中におさめた。

しかし、臨済宗で、五山派や室町幕府と対抗してきた大徳寺派と妙心寺派は朝廷と結びついており、その住持職は天皇にあった。寛永四（一六二七）年の紫衣事件は、天皇と結びついていた大徳寺派・妙心寺派を統制するための政略として位置づける必要があろう。

これに対し、天台・真言両派は朝廷との結びつきも強く、公儀は両宗対策として、直接的には関東天台宗と関東新義真言宗をもって対抗させ、間接的には、増上寺が実権をもっていた浄土宗を盛行させようとした。このような、公儀による仏教統制策の一環として、天台・真言両宗の頂点に存在した門跡の編成が行なわれた。

表3は、近世の門跡領を示す。A欄のごとく慶長六年、関ケ原戦後、徳川家康は照高院・聖護院両門跡の実力を否定できず、抜群の所領安堵したが、その際、梶井・仁和寺の天台・真言宗のいわば筆頭にあたる格の両門跡を増領することで対抗させたにとどまったと見られる。その後、右に述べたごとく、聖護院興意（慶長十三年には照高院を兼帯して七五八四石）を失墜させ、B欄、元和三年の秀忠の所領安堵では、照高院は謹慎中で無高。聖護院は半減。聖護院のあと方広寺住持となった妙法院も減領された。公儀の門跡編成の一つは、このように門跡中、実力をそなえた門跡を弱体化させることにあった。

公儀による門跡編成の第二番目は、浄土宗という、天台・真言・法相宗以外の、しかも、それまで青蓮院門跡が住持権をもっていた知恩院を門跡にすることで、門跡の天台・真言・法相宗の原則を破り、門跡を相対的に低めた。しかも、知恩院門跡は代々、天皇や親王の子息で知恩院相続が決まったあと、例外なく必ず時の将軍の猶子となり、しかるのちに親王宣下を受けさせた。

門跡編成の三番目は、幕府の擁立した輪王寺門跡（日光門主・寛永寺住持兼帯）の権力を抜群にすることで、門跡の中心に据えようとした。輪王寺門跡領は承応二（一六五三）年以来元禄十三（一七〇〇）年までは一八〇〇石で、兼帯していた滋賀院領併せても三〇五〇石であったが、遅くも享保十九（一七三四）年からは、日光社領（東照宮領・大猷院殿領あわせて一万三六〇〇石のうち目代領六〇〇石を差し引いた一万三〇〇〇石）を門跡支配とした。他の門跡が一〇〇〇石内外であったのに比して、圧倒的に優越している。

さらに、輪王寺門跡は若く没した二例を除いて、すべてが一度は天台宗山門派を統轄する天台座主に就くことで、梶井・青蓮院・妙法院三門跡交代で天台座主に就く慣例を破った。しかも、三門跡がそれまで二品どまりであったのを、輪王寺門跡は代々すべて一品になった。

その上、関東天台宗や権現思想の中心である日光東照宮を統轄する輪王寺門跡が絶えないように、滋賀院門跡を次期輪王寺門跡に送り込ませるために創立させ、また、日光門主

D：延宝 3（1675）	E：元禄 8（1695）	F：宝暦 8（1758）	G：天保14（1843）	H：慶応元（1865）
石斗	石斗	石斗	石	石
1,633.5	1,633.5	1,633	1,633	1,633
1,332.5	1,332.5	1,332　余	1,332　余	1,332　余
4)1,064　余	1,064　余	1,064	1,064	1,064
1,403.4余	1,403.3余	10)1,430　余	1,430　余	1,430　余
1,000	1,000	1,000	1,000	1,000
619　余	619	619	619	619
412.5余	412.5余	412.5	11)612.5	612.5
5)727.2余	722.2	727	727	727
6)570	7)1,070	1,070	1,070	1,070
（享保19）	13,000	13,000	13,000	13,000
1,502.3余	1,502.3	1,502　余	1,502　余	1,502　余
1,016.2	1,016.2	1,016	1,016	1,016
512	8)1,012	1,012	1,012	1,012
612	612	612	612	612
650	650	650	650	650
	9)300	300	300	300
1,492	1,492	1,492	1,492	1,492
914　余	914	914	914	914
1,046.4.2	1,046.4.2	1,080　余	1,080　余	1,080　余

の門跡義賢の母が唯一公家以外の水戸宰相治部卿女であったためか，それまで少領なのは，元禄 4 年～宝永 3 年の門跡義延法親王謹慎処分のためか．

〔出典〕 A：『京都諸知行方目録』（東京大学史料編纂所所蔵写本，原蔵醍醐寺理性院）
B：『御領知方帳』（京都大学文学部古文書室所蔵　勧修寺家旧蔵記録文書ノ内）
C：『禁裡御領所』（東京大学史料編纂所所蔵写本，水戸彰考館本ノ写）
D：『禁中院中御領』（内閣文庫所蔵写本）
E：『禁裡御所幷宮家公家御領地記』（東京大学史料編纂所所蔵写本）
F ～ H：『雲上明鑑』

表3　近世の門跡領

宗旨	門跡	A：慶長6(1601)	B：元和3(1617)	C：万治2(1659)
		石斗升	石斗	石斗升
天台	妙法院	2,226.0.7	1,633.5	1,633.5.7
	青蓮院	532.5	532.5	1,332.5
	1)梶井	764.1	764.1.4	764.1.4
	聖護院	2,402.3	1,402.3	1,403.5.8
	照高院	5,181.7		1,000
	円満院	4	219	419.5.6
	実相院	212.5.2	212.5.5	412.5.5
	曼殊院（竹内）	327.3	527.2.9	527.2.9
	毘沙門堂	70	70	70
	輪王寺（滋賀院兼帯）		（承応2）	1,800
真言	仁和寺	3)1,500	1,502.3.5	1,502.3.4
	大覚寺	1,016.2	1,016.2	1,016.2
	勧修寺	300	312	312
	随心院	300	312	612
	三宝院	650	650	650
	蓮花光院（安井）			
法相	一乗院		1,492	1,493.2.5
	大乗院	103	914	914
浄土	知恩院		2)1,000.4	1,045.7.1

〔註〕 1）慶長6年から梨本を梶井と称え出す．この時300石加増．
2）慶長12年，後陽成天皇八宮，知恩院に入室す．
3）慶長6年，仁和寺に700石加増．
4）寛文5年，300石加領．
5）寛文5年，200石加領．
6）寛文3年11月20日，此領始被遣之　寛文5年公海山科毘沙門堂創建シテ住．
7）元禄8年，500石加領，毘沙門堂無住の時は輪王寺兼帯．
8）元禄8年5月，500石加領．
9）元禄8年7月，新規ニ被下之．
10）聖護院領：雲上明鑑の誤記か．寛政11年1,403石3（聖護院所蔵史料）
11）天保14年より612.5石．この時期に例外的に増領があったのは，時公海が入室した門跡寺院の毘沙門堂を再興させ、[24]そこからも輪王寺へ転入させた。このように両門跡を輪王寺相続のために配置しながらも、しかしそれでも門跡相続が絶えそうになると、やみくもに、宗旨を越えてまでも輪王寺門跡へ他門跡から移転させた。法嗣として入室させながら夭逝した例を含め、天台宗の曼殊院から二人、青蓮院から二人、梶井宮から二人、同寺門派の円満院から二人、他宗旨からは、真言宗の大覚寺から二人、さらに、知恩院から一乗院を経て輪王寺に入室した場合まである。[25]天皇や親王家の子息が少なくなったために、各門跡が相続のために幼い子供を法嗣にしようと奪い合いになった。弘化五（一八四八）年、青蓮院喜久宮が輪王寺宮附弟となって移転することが決まった際、青蓮院門跡の坊官進藤加賀守は、「喜久宮是迄厚御養育之御廉を以、輪王寺宮ゟ青門江御助成被進候様被遊度」その助成金で、喜久宮のあと青蓮院に伏見宮から入室させた「満宮尚亦更ニ御養育之御廉可被為成、左様無御座候而者御門室御行立難被成、必至与御難渋之御儀被為在候間……何卒輪王寺宮ゟ御助成被進候様[26]」に依頼している。喜久宮は三年後夭逝し、満宮がさらに輪王寺へ移転させられ、青蓮院は無住となって明治維新を迎えた。何とも名門青蓮院門跡が公儀の政策によって無力にされた様を示しているといえよう。

　ところで、公儀の門跡編成は、門跡の力を弱める点にのみ理解が求められては一面的とのそしりは免れえまい。元和三年の際の聖護院ら三門跡への減領を除いて、E欄元禄八年まで、他の門跡には次々に増領を行ない、ほぼ一〇〇〇石を基準に、平準化させた傾向を読み取るのは容易であろう。元和の和子入内や、歴代将軍の正妻を天皇・親王家の子女から入嫁させたごとく、あるいはまた、知恩院門跡を将軍猶子としたあとで親王宣下させるなど、徳川将軍家を血統的に貴種としての天皇家と結びつけることで、国家的身分制の頂点に将軍家を位置づけようとした公儀は、宮門跡が権力をもたないよう、かつ再生産を維持させようとしたものと理解できよう。

一〇〇〇石前後の門跡領では、しかるに財政逼迫すると、ちょうど親王家・五摂家に貸付金を許可したのと同様、公儀は享保期以降、門跡には名目金制度でその維持にあたらせた。『大阪市史』第三に、宝暦十二（一七六二）年八月朔日付で、「一円満院御門跡御小知故、御勝手向御難渋ニ付、……御知行物成払出、被貸付、右利足ニ而御勝手向不足被相調候処」と記され、それが門跡の再生産維持を目的としたものであることを示している。しかもその債権取立てなどについては「右銀子拝借之者、返納之節相滞義有之ハ、彼地奉行所へ可被仰入間、其節ハ早速可返納旨被仰付被達候様ニ被成度」と、公権力が保証したものであることに注意を払う必要があろう。

このような性格をもつ名目金の貸付は、諸大名や町人のほか、村役人を通じて村落農民貸付がなされたことは、これまでの研究成果からも明らかである。また、三井御殿と呼ばれた円満院門跡や紀州貸付金の実質的金融資本家である近江八幡の梅村甚兵衛が、越前奉書生産地の五箇村の有力商人を責任者に、和紙生産資本として名目金貸付を行なっていることは、商品生産地に貸付が行なわれた例として興味深く、紹介しておく(27)。

だからといって、公儀が簡単に名目金・貸付金を許可したものではない。陽明文庫所蔵近衛家史料の、弘化元〜三年、近衛家が名目金貸付許可を京都所司代などを通じ公儀に求める経過を示す「関東御内願一件手続書并京都御貸附御願済ニ付手続書之覚」によれば、公儀の許可は容易におりるものではないことがわかる。

三　本末体制の確立と構造——結びにかえて——

1　本末関係の確立

公儀は修験本山派に対し、慶長十四(一六〇九)年と十八年の法度で、国郡単位での本末編成を実質的には否定し、また、門跡としての聖護院の権威失墜を図りながらも全否定はせず、身分制確立のためには本山たる聖護院門跡に、従来通りの末端山伏統轄の権限を付与した。

一方、公儀は元和四(一六一八)年、真似山伏の禁止をすることで、本山に登録されていない山伏の存在を禁止した。この二重の意味での本末編成の、公儀による法制的権限にもとづき、本山派は、その後本末編成を進めた。

聖護院門跡をいただく院家が国単位の先達職をもっていたことは先に述べたが、院家若王子は、奥羽両州を中心に、一三カ国に先達職をもっていた。また、例えば信州・上野・佐渡・肥前などのほか、甲斐一国の先達職をもつ院家勝仙院（住心院）は、八代・山梨・巨摩三郡の山伏支配頭を、元和八年二月、八代郡一宮村の大覚院に任じた（『甲斐國志』）。同じ甲州の都留郡の山伏支配頭には常楽院・大坊を任じ、各郡の山伏を統轄させることにした。すなわち、甲州については、

聖護院――勝仙院―┬大覚院――――同行山伏
　　　　　　　　　└常楽坊・大坊――同行山伏八一人

の上下統属関係＝本末関係が着々と編成されていったのである。

現実の本末関係編成に伴い、各地においては、具体例は省略するが当山派山伏・羽黒山伏や、同じく檀家をもたない社家・神子などと確執をくり広げたが、寛文～延宝期ころには他宗派との関係はひとまず整理された。

しかるに宝永三（一七〇六）年、所属のはっきりしなかった駿河山伏が本山派院家勝仙院の末に編入されるということがあり、例外的ではあろうが、山岳修行を重んじるという性格のゆえか、山伏の場合の本末関係編成は、仏教諸派に比べ、容易には進行しにくかったものと見られる[28]。

2　本末体制の構造

この駿河山伏編入の際にも見られるが、末端山伏は、それまでつけていた院号・坊号を一度はずさせられ、改めて、新たな院号・坊号の許可を受けた。許可補任を受けるにあたって、相応の金を上納するのだが、この院号・坊号を得ることは、末端山伏が、院号・坊号を補任した本寺の末下に加わることを意味し、自派たる証明になるともいえる本末関係の基礎となる補任であった。院家住心院の直末である直院の補任料は固定しており、院号ないし坊号が金二分であるほかに、僧都＝金一分、権大僧都＝三分、法印＝一両、一僧祇＝二分、二僧祇＝三分、三僧祇＝一両、桃地＝二分、貝緒＝二分、金襴地＝三両と、僧官・僧位・装束の各種補任が寺格に相応して本末関係を維持するために、そしてまた同時に、山伏身分を確立するために機能していた。

装束は、本末関係に占める位置、すなわち上下の関係を示す格に照応して定められ、末端山伏は原則として金襴地結袈裟の補任を受ける必要があった。なお、山伏としての身分は、一般的には上に述べた一〇通の補任を受けることによって保たれたが、中には、僧都・院号・桃地結袈裟の補任で、入峰修行・御通御礼を済ませれば、格は低くとも山伏の身分は保たれたようである。金襴地などの装束は本山指定の固定した装束屋が独占的にいっさいを扱い、それ以外は認めないことによって、同派山伏を他派や偽・真似から区別した。

僧位・僧官は本山派の場合、聖護院門跡が法印（僧位）・権大僧都（僧官）まで、勅許を得ずに補任しうる永宣旨を受けており、それ以上の官位は門跡の執奏で勅許を得ねばならなかった。各宗派は、門跡の存するものは永宣旨の権限で門跡より官位補任され、権限以上は勅許を受けた。門跡の存在しない諸宗派は、准門跡のある宗派も含め、寺社伝奏を通じて執奏を願い、権律師という最下位から勅許を受ける必要があった。例えば、東本願寺末寺は、寺社伝奏勧修寺家を通じ、権律師から勅許を得ている。当然、官位補任の際の執奏は取次料を、また朝廷・門跡は補任料を徴収した(29)。

これら身分内階層を維持するための諸制度などを法制化し、組織を秩序づけるのが宗派内法度としての寺法である。修験本山派では、延宝期には寺法が成立している。寺法はほとんど内容を変えずに慶応期まで、本寺たる院家住心院の住持代替りごとに布達された。寺法の骨子は、①公儀の禁制・裁許をまもること、②諸補任・官位などのない虚官山伏を禁止すること、③入峰修行を必ず勤めること、④本山派内の格式をまもること、⑤修験者が坊席を潰して百姓・町人になることを禁止したことなどである。これらは、仏教諸宗派と共通した内容である。

駿河山伏の編入という例外はあったものの、本末関係についても、他宗派との関係についても、また寺法の成立からしても、修験本山派の本末体制は延宝期ころには確立したと考えてよかろう。

本末体制の確立は、仏教諸宗派の場合、おおよそ寛文五（一六六五）年をもって確立の時点とされようが、少し遅れた修験本山派も含めて、公儀の本末体制編成の当初の意図は達成されたと見られる。すなわち、末端に至るまでの全僧侶・山伏を編成させ、身分的に確立させるという公儀の意図についてである。しかし、当初の意図は達成されたものの、その体制は、公儀が直接に末端山伏・僧侶まで操作・統制しうるものではなく、あくまでも、京都など多く江戸以外に存在する本山を通じてしか、公儀の政策は伝わらぬものであったところに、一つの欠陥があったと言えよう。この欠陥を補うために、江戸に各派の役所＝江戸触頭を置かせ、寺社奉行からただちに布令を伝達せしめ、また、全国に国郡単位で、江戸役所や本山・本寺からの伝達を受けつぐ触頭を設定させた。これが触頭制度であった。仏教諸宗派の場合、本末関係は国郡単位ではなく地域をこえて上下関係が編成されていることがあり、本山の命令を伝えるためにも触頭制度は有効であり取り入れられた。ところで、修験本山派はそもそも本末関係が国郡単位で編成されていたため、既存の本末関係の、上下の格のどこに位置するかの確定が課題となった。甲斐国では国郡におかれた支配頭が触頭となった。また、江戸触頭は、それら国郡の支配頭ないしは年行事の上位であることが全国の同派山伏に示された。修験本山派の場合には宝永期には触頭制度が滲透したと見られる[30]。

かくして、各宗派共通して元禄期前後には触頭も含めた本末体制が確立したわけだが、ここで、あらためて本末体制の概念を明らかにしておきたい。寺法に明らかなごとく、仏教諸派同様、山伏身分は諸補任・官位などのない虚官を禁止されていた。一方、入峰修行が強く勧められた。山伏たる身分は、山伏の子息ないし弟子（農民から弟子に入った場合、もとの百姓の籍からはずされ、百姓としての田畑所持が認められない）が上京し、入峰修行を行ない、その際、御礼録（僧侶が公的な身分になる際の経費＝官金）を納め、諸補任を得てはじめて身分が成立する仕組みであった。

上京・入峰・諸補任の費用は、まれに除地などの田畑・山林をもつ大きな山伏は別として、一般には、不動堂・薬師堂などの堂や祠などを活動の拠点に、霞《かすみ》（ナワバリ）内の農民を対象に、祈禱や医療などを行ない、村落農民に支持されることで、日々の再生産のための費用と、その上に上京費用・諸補任料が捻出された。本末体制とは、これら末端山伏の村落活動を前提にして、上下統属関係を維持しつつ同時に身分制維持の機能を果すところの、本末関係・官位制など、種々の制度で秩序づけられた体制をいう。この体制は、あくまでも末端山伏の村落農民間での活動と農民の経済的支持を前提にしてはじめて、構造的に機能するものであることを確認すべきである。

3　おわりに

本末体制は、浄土真宗など仏教諸宗派僧侶や神職についても成り立っており、その場合にも、村落農民は末寺の檀家として檀家役を果し、また、神社の氏子として、神職の再生産の費用として身分制維持のための上京費用・官金を氏子負担としてまかなった。例えば、浄土真宗西本願寺派末寺（甲州都留郡真木村福正寺）の場合、天保十（一八三九）年の臨時上納金（末寺役）一二両のうち、末寺が二両を負担し、残りの一〇両は檀家が檀家役としてまかなっていた。また甲州郡内中初狩村神主の小林越後が上京し、吉田家より神道裁許状を受ける際、その費用五五両は、氏子圏である三村落の農民にすべて割り付けられている。農民の中で、領主に対する貢租のほかの、檀家役・氏子負担に差し支える場合も当然あり、これらの未納に対し、有力農民が総代となる檀家組織・氏子組織は強制力として機能していた[31]。

ところで村落農民は、檀家役・氏子負担のほかに、村入用を通して、山伏はもちろん、公儀により統制・組織化された巡歴の座頭・瞽女・虚無僧などの再生産維持のための負担も負っていた。文政九（一八二六）年の甲州都留郡大月村の村入用中、「五穀成就疫神除四季神道祭神酒代法者礼金入用」・「地神山神霜祭風祭火防祭仕候神酒代並社人之遣」・「諸寺諸山勧化初穂其外坊主山伏座頭年内合力銭入用」・「諸寺僧諸山御師惣て物貰行暮候節合力泊り分」という、村内宗教者のみならず遠隔地宗教者・巡歴者のために村入用で支払った額は、金三両一分と銭一七貫六二〇文となる。この費用は、村落行政費などあわせた村入用合計銭一六三貫六〇八文中の四分の一を占める。さらには、先に見た公権に保証された勧化金負担や、ところによっては名目金の利子返済負担までしいられていた。

近世村落農民は、経済外強制としての村請制を通じて、一方で封建的搾取を受けつつ、しかも同時に、広く封建支配を貫徹させるための国家的な全人民統制・管理のための身分制維持のために、村請制や檀家組織・氏子組織などを強制力とした諸負担を負わされていたのである。

近世に生きた農民が、幕末の外圧という非常時に際し、寺の梵鐘を徴発された時に感じたであろう国家ほどには明確に意識されないまま、おそらく幕藩制国家は、まさに日常的に農民をおさえ、支配し続けたのであろうことを最後に強調しておきたい。

註

(1) 中ノ堂一信「中世的「勧進」の形成過程」(日本史研究会史料研究部会編『中世の権力と民衆』創元社、一九七〇年)、永村眞「東大寺大勧進職と油倉の成立」(『民衆史研究』一二号、一九七四年)、網野善彦「関渡津泊、橋と勧進上人」(『無縁・公界・楽』平凡社、一九七八年)など。
(2) 辻善之助『日本仏教史　第八巻近世篇之二』(岩波書店、一九五三年)。
(3) 高木昭作「江戸幕府の成立」(『岩波講座日本歴史9　近世1』一九七五年)。
(4) 東京大学史料編纂所『大日本史料』第十二篇之四。

(5)『大日本史料』第十二篇之七。
(6)中村孝也『新訂徳川家康文書の研究 上巻』(日本学術振興会、一九八〇年)。
(7)高柳真三・石井良助編『御触書天保集成 下』(岩波書店、一九四一年)四二五三。
(8)『大日本史料』第十二之二十九。
(9)「台徳院御実紀 巻四八」(『新訂増補国史大系 第三十九巻 徳川実紀』吉川弘文館、一九三〇年)。
(10)『御触書宝暦集成』(岩波書店、一九三五年)九四〇。
(11)『住心院文書』(東京大学史料編纂所所蔵影写本)。
(12)『若王子文書』(東京大学史料編纂所所蔵写真帳)。
(13)山梨県大月市賑岡町岩殿、旧常楽院北条熱実氏所蔵史料。
(14)註(13)と同。
(15)註(11)と同。
(16)註(13)と同。
(17)『本光国師日記 第一』慶長十七年四月二十六日の条(続群書類従完成会、一九六六年)。
(18)同前、慶長十七年十二月二十一日の条。
(19)同前、十二月二十日の条。
(20)『八王子市史 下巻』(一九六七年)。
(21)「聖護院門跡宮御教書」(萩原龍夫・杉山博編『新編武州古文書 上』角川書店、一九七五年)。
(22)『大日本史料』第十二篇之十五。
(23)玉村竹二「公帖考」(『禅文化研究所紀要』七号、一九七五年)。桜井景雄・藤井学編『南禅寺文書』(南禅寺宗務本所、一九七四年)。
(24)『華頂要略』百四十二(東京大学史料編纂所所蔵写本)。
(25)『輪王寺宮年譜』(東京大学史料編纂所所蔵写本)。
(26)『三条家文書』六ノ六二二四(神宮文庫所蔵)。
(27)『内田吉左衛門家文書』(福井県文書館所蔵)。
(28)拙稿「修験本山派の本末体制」(『大月市史 通史篇』一九七八年、本書第八章)。
(29)拙稿「近世の僧位僧官」(『論集きんせい』四号、一九八〇年、本書第五章)。
(30)拙稿「江戸触頭についての一考察」(『学習院史学』二〇号、一九八二年、本書第七章)。
(31)拙稿「村と宗教」(『大月市史 通史篇』一九七八年、本書補説2)。

第五章　近世の僧位僧官

はじめに

近世の官位補任制度の検討は、次の二つの課題に取り組むために必要である。課題の一つは、古代律令制以来、形式的には現代まで連続しているとも見られる[1]、官位制度という国家的な制度が、各時代において、とりわけ近世期において、形式ではなく実態として機能していたのかどうか、という課題である。それは大政委任論に見られるような、古代以来、天皇の権能が生き続け、将軍・幕府は天皇によって諸権能を委任されたという考え方を、いかに克服するかという、まさに今日的な天皇制にかかわる課題でもある。もう一つの課題は、幕藩制国家の支配権力である公儀の内容・質がいかなるものであるのか、という問題である。それは換言すれば、武士階級における主従制貫徹のために、さらには領主制支配の枠を越えて国家的レヴェルで人民諸層を支配するために、将軍・幕府は、天皇・朝廷や旧国制をいかに利用して、公儀を形成し、公権力たりえるようになったのか、という問題である。

右の関連する二つの課題に、すでに、永原慶二・山口啓二・朝尾直弘・高木昭作・三鬼清一郎・深谷克己・宮地正人・宮沢誠一らの諸氏が取り組み、多くの成果を生み出してきた。(2) その中、官位制度については、朝尾・深谷・宮沢・宮地の四氏の成果が主なものとして存在する。朝尾氏は、武家官位の独立によって、「天皇は官職制的編成によって武士を直接統轄する可能性を絶たれた」(3) 点を強調された。また、深谷氏は、武家官位は「身分的観念の表現」となっており、「天皇・朝廷はこの時代の身分的観念を形象化する役割をもうけもつ」(4) と理解されている。これに対し、宮沢氏は前二者の研究が、「主に統一権力による官位執奏権の掌握の問題をめぐって展開され、必ずしも武家官位の内容に則した議論ではなかった」(5) として、中世から近世初頭の武家官位の内容を比較しつつ検討した。しかし、それらはともに武家官位に対象を限定したことで、官位制度全体をトータルに位置づける点では不十分であった。ために、天皇・朝廷は武家官位を通しては武士と切断されたが、では、その他の官位補任については、律令制以来の天皇・朝廷と制度が機能し続けていたのか、という疑問には答えられなかった。

その点、武家官位以外についても、素材の対象を求め、官位補任制度が幕府の身分行政に機能していたことを位置づけたのが宮地氏であった。しかし、宮地氏の論考は、すぐれた見通しをもつものの、実態的な面での検討は十分とは言えず、今後に多くの課題を提起したものであったと言える。本章では、まず近世における僧位・僧官が、各宗派においてどのように補任されていたのかを内容に則して検討する。ついで、その中の一宗派内の補任制度の実態を、修験本山派に例を取って検討することにする。

一　近世僧位僧官の補任制度

ここでは近世の僧位・僧官が、いかなる経路で補任されたかということについて、僧侶・山伏について、その実態を明らかにしたい。

『京都御所東山御文庫記録　丁二十五』[6]に僧位僧官の補任権に関する記録がある。これは、武家伝奏より、以下の(1)～(3)の内容に関する問合せに対して、元文四（一七三九）年九月に、諸門跡・寺院より冷泉前大納言（為久）・葉室前大納言（頼胤）の両武家伝奏宛てに呈出された回答を記録したものである。武家伝奏よりの問合せとは、

(1)僧侶の官位について、勅許を願わずに門主より任叙することがあるか。あるとすればどの官位についてか。また、いつごろからそうしているか。

(2)支配下で、門主に申し入れずに一山で官位昇進することがあるか。

(3)他宗の僧侶・医者・絵師などへ官位を任叙することがあるか。

という内容のものである。この武家伝奏よりの問合せに、天台宗山門派門跡梶井宮は次の

ように回答している。

一僧侶之官位

勅許を不奉願御門主ゟ被任叙儀、若又最初之証拠者慥ニ不相知候共、凡いつ比ゟ連綿与申儀ニ而候を相知候哉、御尋ニ御座候、

於梶井殿右之品無御座候、尤他宗之僧侶医者抔江被免候儀茂無御座候、

一御支配下抔ニ御門主江不申入一山ニ而官位致昇進候儀は無之候哉、御尋ニ御座候、

梶井殿御支配下一山ニ而官位致昇進候所者無御座候、悉山門永宣旨を請、法印権大僧都迄致昇進候、尤是茂御門主江御届ニ茂不及山門江直ニ申入永　宣旨を請申儀ニ御座候、

右之趣ニ御座候以上、

未九月

梶井宮御内

寺家　宰相

鳥居川治部卿

梶井宮と並び、天台座主に就く山門派三門跡の妙法院・青蓮院については、梶井宮とほぼ同内容の回答をしている。すなわち妙法院は(1)の僧侶の官位について門主よりの任叙はまったくない。(2)の支配下で門主へ申し入れずに官位昇進の儀は、山門のほかにはない、と答えている。また青蓮院は、(1)は同様にないと答え、(2)については「……寺務所和州多

武峯衆徒等以永補任、官位昇進仕候、尤寺務宮江相伺御許容之上令補任候、子細別紙書付被差出候、以上」と答えている。多武峰（＝談山神社）については子細を記した回答があったようであるが、本記録には記載がない。また同じ山門派の毘沙門堂については、(1)・(2)・(3)ともにないが、(1)については「御支配下僧侶之官位、法印権大僧都迄は山門永　宣旨ヲ以相進申候、大僧都已上は勅許無御願従御門主任叙有之候儀無御座候」と答えている。同じく山門派の曼殊院については、(2)・(3)ともにないが、曼殊院が別当を世襲する北野社については「御寺務所北野社目代、正保三年ゟ只今ニ至当御門室ゟ法橋ニ被叙候、但其以前康正年中之比ゟ寛永年中之比迄連綿候而法橋法眼被叙候様子旧記ニ相見江申候、勅許ニ御座候哉御門室ゟ被免候哉不分明御座候。同社宮仕一﨟、天正之比ゟ当時ニ至連綿仕、時之一﨟当御門室ゟ法橋ニ被叙候、但其以前応永之比ゟ永禄之比迄ハ間々法橋被叙候趣旧記ニ相見江候、勅許ニ候哉御門室ゟ被免候哉不分明御座候、尤応永以前之義は尚以相知れ不申候。右目代宮仕叙任之儀ニ付綸旨并永宣旨御預之趣ハ不相見候、北野社別当職可有御管領之旨　綸旨御座候事」と答えている。以上から、天台宗山門派については、梶井宮・妙法院・青蓮院の三門跡や毘沙門堂・曼殊院の両門跡が門主として独自に官位補任することはなく、すべて山門（比叡山延暦寺）から直に官位補任をする。山門は、永宣旨を受けてその権限で山門派僧侶に、僧位については法印まで、僧官については権大僧都まで補任していたこと、曼殊院のみは代々別当を世襲してきた北野社の目代・宮仕一﨟の補任を独自に行なってきたこと、医者などへの官位補任はなかったことなどが右の回答から明らかであろう。

天台宗寺門派については、園城寺（長吏聖護院）が次の回答を行なっている。(1)の勅許を願わず門主より任叙する儀は「園城寺永　宣旨を以被免之候、併最初之証拠いつ比より連綿と申儀、度々之回禄之節御記録等多致焼失候故、難相知候得共近来貞享之比より連綿致来り候分」として、「貞享二年五月七日御末寺大悲山峯定寺慈眼院権大僧都被免之」のほか四例の補任例を示している。また、(2)・(3)についてはない旨を答えている。聖護院と交代で園城寺長吏に就く、実相院門跡の記載はないが、円満院門跡については、(1)・(2)・(3)ともにないとの回答である。すなわち、寺門派については園城寺が永宣旨によって、記載された諸例によれば、僧官は権大僧都まで、僧位は法眼まで、遅くも貞享二年以降には補任していることが明らかである。

次に真言宗について見てみよう。仁和寺門跡は次のごとく回答している。(1)については「一諸国真言一宗之僧侶江者権律師・権少僧都・権大僧都・法印迄被免之候、右之外他宗江官位御免之儀者無御座候、　後陽成院第一皇子　後南御室覚深親王之御時者権僧正迄被免之候」と答えている。覚深親王は正保五（一六四八）年閏正月二十一日に没しているが[7]、覚深親王の代までは門主が独自に権僧正まで任叙していたが、元文四年当時は、権大僧都・法印までの任叙であったことを示している。右の個所と前後して、覚深親王の次の門主である性承親王の代に、明暦元（一六五五）年八月、「聊従　院御所御咎被為有候時分暫官位等之儀茂御差留之儀を被　仰出候、然処明暦二年段々依御願同年十一月十三日小川坊城大納言殿を以官位之儀如前々可被免旨　院宣御座候旨御申渡」と記され、後水尾院によって咎めを受け、仁和寺門主の官位叙任が差留められ、翌年、再び院宣によって許可されたとある。この後水尾院による咎めと、官位差留めの理由が、それ以前、門跡によって他宗に例を見ない権僧正までの叙任をしたことによるのか、あるいはその他の理由によるのか、現在の研究段階では詳かにはなしえない。ただ、おそらくこの機会以降、仁和寺門跡の官位叙任は、権大僧都までとなったと推定することは可能であろう。明暦元年当時、天皇は後西天皇であったが、後水尾院による院政は門跡による官位任叙権を権大僧都・法印どまりとさせ、それ以上は朝廷に属することを明確にしたものとも理解できよう。(2)については、「一御支配下ニ而御門跡江不申入一山ニ而致昇進候儀者大覚寺御門主、当御所、御寺務所高雄山神護寺一山ニ而権律師致昇進候」とある。神護寺については、独自の回答が記録されており次のごとくである。「一嘉元（一二〇四）年中ゟ権律師永宣旨御座候、巨細之儀者難相知候事、一権律師は加行以後昇進仕候事、一権少僧都ゟ蒙　勅許連綿昇進仕候事」とあり、大覚寺門主・高雄山神護寺の一山住侶については、権律師まで一山で昇進し、権少僧都より勅許を願うというものである。また、仁和寺一山住侶と仁和寺支配所の江州石山寺住侶についても同様に、権少僧都より勅許を受けることが記されている。(3)については、「一御

家頼分之医師　法橋・法眼及御免候事、一御用承候絵師・仏師　法橋・法眼及御免候事、一相州鎌倉鶴岡小別当、同国大山坊人　法橋・法眼及御免候事、一和州内山上業院坊人、相州大山寺承仕絵所絵仏師、黒谷行者、京誓願寺行者、東山禅林寺行者　法橋及御免候事、一御用承候仏具師江之受領者大掾迄　後大御室性承親王之御時及御免候、其家者今以受領及御免候事、一伽藍御用承候燧師受領及御免候事、右之外御免無之候」と記され、それぞれ具体的に「御門前医師法橋松山道悦」以下、**表1**のごとく各人名と官位や受領名が記されている。

表1

御門前医師	法橋　松山道悦
京都医師	法橋　田中斉安 法橋　高天津道全 法橋　石丸保安 法橋　高田善経 法橋　大口隆伯
田舎医師	法橋　山本三仲 法橋　杉山元瑞 法橋　馬場玄真 法橋　笠坊了垣 法橋　小川玄庵
京都絵師	法橋　高田豊全
田舎絵師	法眼　大岡春卜
京都仏師	法橋　運長 法橋　如水
京都仏具師	嶋馬　筑後大掾 田中　伊賀掾
田舎燧師	柏　丹後掾

ここまで、近世期以前から門跡の存在した天台宗・真言宗について門主による官位任叙の実態を明らかにしたが、次に、同じく近世期以前から門跡の存在した法相宗・修験宗について、同一記録にもとづいて検討する。

法相宗の一乗院・大乗院

両門跡とも、独自には(1)・(2)・(3)ともすべて行なってないと回答しているが、他方、興福寺も回答書を差出している。興福寺の回答は、「一興福寺僧侶官位之事、従古来於寺門法印権大僧都迄次第昇進仕候、右最初官位任叙之　宣旨其外寺門之古書等数ケ度災上之砌焼失候哉、古代之儀難相知候御事、一凡正元・弘長之比より以来、法印権大僧都昇進之僧侶数多旧記所見有之候得共昇進之年月等者難相知候御事」とある。言うまでもなく興福寺の寺務は、一乗院・大乗院の両門跡が代替して別当に補せられるのであり、右の興福寺よりの回答は、当時の別当大乗院からなされている。したがって、先に述べた、天台宗山門派の延暦寺と梶井宮・青蓮院・妙法院三門跡との関係や、同寺門派の園城寺と聖護院・円満院・実相院三門跡との関係と同様のことが、この興福寺と一乗院・大乗院両門跡との関係についても言える。

修験宗については、当山派三宝院門跡の回答は記録されていないが、本山派聖護院門跡からのものが記されている。(8) (1)については、「一修験者官位之儀者古来より法印権大僧都被免之候、いつ比より之事ニ候哉最初之儀難相知候、併数百年連綿致し来候御事ニ御座候以上」とあり、法印・権大僧都までは門跡に任叙権があったことを示している。また、(2)・(3)については回答がない。

以上は、『京都御所東山御文庫記録　丁二十五』に記載された分のみの検討であるが、武家伝奏への回答は実際にはもっと多かったようで、武家伝奏に回答書を差出した寺院は、これまでに述べてきたもののほかに次の寺院があり、寺院名のみが記載されている。すなわち、東大寺・法隆寺・大覚寺門跡・多武峯・醍醐山・輪王寺門跡・勧修寺門跡・実相院門跡・随心院門跡・三宝院門跡である。

では、門跡（宮門跡・摂家門跡）の存在しない諸宗派の僧侶の官位はどのような経路で補任されたのであろうか。結論を先に述べれば、門跡の存在しない諸宗派の僧侶は、本寺の取次ぎ（添状）をもって寺社伝奏を通じて官位補任の勅許（口宣）を受けた。その際、門跡宗派が永宣旨によって、権大僧都・法印までは門主から任叙し、それ以上についてのみ勅許を願う必要があったのに対し、門跡の存在しない宗派の場合、官位の最下位にあたる権律師・法橋から勅許を願う原則であった。

ここまで述べてきた僧位僧官の補任経路の問題を考える場合の寺院とは、本山・本寺と多数の末寺とで教団を構成している宗派を暗黙のうちに前提としてきたが、近世期において、それらの他に多くの無本寺が存在していたことも忘れてはならない。それら無本寺と門跡の存在しない宗派の官位執奏をとり行なう寺社伝奏（諸社諸寺方伝奏）のうち、神社を除いた伝奏の例を、『安永二年　新刊雲上明鑑　巻下』(9)から抽出し、左に例示する。

○花山院家　　金光寺・金光寺末寺西蓮寺
○三条西家　　禅林寺・粟生光明寺・二尊院・廬山寺・遣迎院
○中山家　　西八条大通寺

○広橋家　本国寺・清水成就院・近江錦織寺・紀井報恩寺・加州白山長吏法印白光院

○烏丸家　近江永源寺

○柳原家　近江長命寺・東山七観音院・摂州大念仏寺・法隆寺・丹波高源寺

○甘露寺家　妙心寺

○万里小路家　般舟院・嵯峨清涼寺・浄華院・丹波常照寺・大雲院・浄華院内松林堂

○勧修寺家　泉涌寺・大徳寺・能登総持寺・越前永平寺・南禅寺金地院・相模遊行・東本願寺・伊勢専修寺・仏光寺・越前誠照寺・伊勢慶光院・信濃善光寺比丘尼・長門国分寺・周防国分寺・誓願寺・円福寺・安養寺・八幡正法寺・長講堂・真如堂・清水執行・日向宝満寺・南都西大寺・四条道場金蓮寺

○清閑寺家　太秦広隆寺・智積院・妙顕寺・越中国泰寺・高野山学侶・正法寺

○坊城家　興正寺・立本寺・坂本西教寺・空也堂・身延山久遠寺

○四辻家　北野大報恩寺

○鷲尾家　北野興聖寺・堺妙国寺・岡崎満願寺

○今城家　妙満寺

○五条家　筑紫安楽寺・江戸東安楽寺・大和長谷本願院・東大寺龍松院

○高辻家　長楽寺・常陸法雲寺
○持明院家　尾張熱田誓願寺・近江金勝寺
○白河家　小塩山勝持寺
○高倉家　竹田不動堂・竹田安楽寿院
○高野家　河内佐太来迎寺
○武家伝奏　西本願寺・五山・金戒光明寺・智恩寺・霊源寺・丹波法常寺・石見真福寺・播磨月照寺

右の諸寺方伝奏と、当時の武家伝奏家を通して、各家の下に記された各宗派本山・本寺（門跡は存在せず）と無本寺は、官位補任勅許の執奏を願った。その場合、寺社伝奏は直接に勅許を奏請するのではなく、武家伝奏に達してしかるのちに奏請するという、つまり武家伝奏にワンクッション置くという経路を取っていたのである。それは政策的にも正徳四年十月二十八日付、戸田山城守忠真ら老中より、京都所司代水野和泉守忠之にあてた達（摂家宮方公家衆法式所司代江達）(10)に、「一摂家宮方を始、奏請の事は、摂政殿并両伝奏に相達せられ候上に而、可有奏聞候、寺社伝奏に至而も是又可為同例事」とあることからも知られる。また、『禁裏秘抄』によれば、諸寺社之伝奏取次は「寺社方より何事に限らず、上へ申上る程の事、先其伝奏に申て後、伝奏より或は官位の事は、先武家伝奏へ伝へ、何の仔細なければ、職事に付て御披露あり、仮令如何の事にても、其伝奏より武家伝奏へ達

12.3	智恩院宮准院家無量寿院権少僧都典応	権大僧都
	東本願寺末寺洛陽槐坊大隆	権律師
	〃　加賀国金沢蓮福寺元信	〃
12.17	仁和寺院室上品蓮台寺権大僧都宥清	権僧正
	高雄山定額普賢院権大僧都法眼明栄	大僧都，法印
	八幡山入寺岩本坊増識	権律師，法橋
	東本願寺末寺近江国高畑村飯田寺猒迷	権律師
	〃　摂津国東明村照明寺観山	〃
	〃　美濃国野中村安浄寺文成	〃
	〃　〃　駒野村徳永寺法顕	〃
	太秦広隆寺住侶法輪寺大法師周尊	法眼

［註１］ 上人号授与，紫衣香衣勅許，住持職補任等は省略.

［註２］ 宮地正人「幕末・維新と天皇」（『歴史評論』320号，1976年）の武家伝奏徳大寺実堅記録にもとづく第三表僧綱補任を転載.

表2　僧綱補任（弘化二〔1845〕年）

口宣の日付	氏　　名	位階，僧職
2.18	園城寺住侶竜華院権大僧都隆瑛	大僧都
	〃　覚樹院　〃　親充	〃
	〃　竜泉院　〃　親隆	〃
	〃　千葉院　〃　慶海	〃
	大雲寺衆徒権大僧都尊雄	〃
	石山寺住侶法輪院権少僧都浄信	少僧都
	専修寺法眼円禧	法印
	実相院門跡坊官法橋伯豊	法眼
3.5	山門延命院権大僧都徳秀	大僧都
	大原普賢院権少僧都観海	権大僧都
	〃　宝光院権律師明倫	権少僧都
3.23	山門恵心院僧正順忍	大僧正
	〃　千手院権大僧都真湛	大僧都
4.25	仁和寺院室長州萩安養院権大僧都瑞光	権僧正
	山門松林院権大僧都貫殻	大僧都
	東本願寺末寺近江国上駒月村仏号寺量山	権律師
	〃　越前国伊井村応蓮寺観寿	〃
	妙法院宮坊官法眼行巽	法印
5.6	聖護院宮院室武州三峯山別当観音院大僧都観宝	権僧正
5.30	東本願寺末寺信州神代村正伝寺順良	権律師
	〃　飛驒国高山称讃寺知音	〃
	〃　越後国高田寺町長楽寺幽了	〃
	〃　播州相生村光明寺湛楞	〃
6.14	八幡山御殿司松本坊権律師法橋親雅	権少僧都，法眼
7.25	山門恵心院前大僧正順忍	山門法華会探題
8.3	石清水八幡宮検校僧正由清	大僧正
	東叡山一乗院権大僧都円潤	大僧都
	大乗院門跡坊官法印隆慧男隆賢	法橋
8.28	山門観明院権大僧都宣懐	大僧都
	妙法院宮坊官法橋弘澄	法眼
10.22	一乗院宮坊官法印良政男善政	法橋

して、御沙汰ある事なり」[11]と、やはり、寺社伝奏からいちど武家伝奏に達してから官位の奏請をするという経路がわかる。

では、右に述べた寺社伝奏を通した門跡の存在しない宗派末寺や無本寺に至るまでの官位補任や、はたまた先に述べた門跡の永宣旨による官位補任権を越えた上位の官位補任の奏請とを、武家伝奏は実際に掌握していたのであろうか。武家伝奏徳大寺実堅の弘化年間の記録を整理し、検討の素材とされた、宮地正人氏の論稿「幕末・維新と天皇」の第三表僧綱補任は、武家伝奏の僧位僧官補任に果した機能と、各宗派の実態をよく示しているので、宮地氏の許可を得て、**表2**として転載させていただく。この**表2**に見られるように、あるいは宮地氏の作成されたいくつかの表（幕府申請にかかる官職・位階補任・神職受領、絵符使用　僧侶の分・修験の分）の示すように、武家伝奏は、単に大名官位補任の際に果すような、幕府申請にかかる官職等補任の奏請者としてのより直接的な機能のみならず、朝廷を中心として存在していた宗教者の官位補任制度や、絵符使用の許可などの諸制度を、いずれも掌握していたことは注目される。換言すれば、武家伝奏の知らぬところで奏請が行なわれ、勅許が下されるということは、遅くも正徳四年以降には行なわれない原則であったと推定される。

さて、各宗派・無本寺の僧侶の官位補任制度の原則的な内容は、ここまで述べてきたとおりであるが、それらが実態として機能していたかどうかを**表2**を通して検討する。門跡の存在する宗派の僧侶・山伏は、権大僧都・法印まで永宣旨で補任されるので、門跡のいる宗派については大僧都からの口宣はあっても、権大僧都以下はない。ただし、二月十八日付の石山寺住侶は仁和寺一山住侶と同様に、大僧都からではなく権少僧都から勅許を受けるという回答に合致する。また、**表2**には門跡寺院の坊官や一山内寺院の口宣の例が多く示されているが、その例から逆に原則を導き出すには残念ながら至らない。次に、門跡の存在しない宗派については、東本願寺派末寺の口宣が示されている。その一二例すべてが最下位の僧官である権律師である。また准門跡の場合、二月十八日付の専修寺の例のように法印の勅許を受けている。東本願寺派末寺・専修寺の例とともに、門跡の存在しない場合の原則に合致する。

ところで、寺社伝奏（ここでは寺院に限っているが）を通じて官位執奏を行なう宗派・寺院例を、『安永二年　新刊雲上明鑑』によって右に示したが、各年の『雲上明鑑』や『京都御役所向大概覚書』に示された寺社伝奏が官位補任執奏を行なっていることを、ここで実態として証明することはできないが、いま一つ、単に寺社伝奏と寺院名を列挙しただけではなく僧位僧官の補任経路を明らかに示す史料「僧徒官位昇進等ノ時執奏ノ公家其定例宗別左ノ如シ」(12)を検討する。

この『祠曹雑識』からの史料は寛政五（一七九三）年以降のものと考えられるが(13)、これとさきに検討した『京都御所東山御文庫記録　丁二十五』の元文四（一七三九）年の門跡か

表3　諸宗派官位叙任・執奏

宗	派	門主よりの官位叙任	執奏家
天台宗	山門	有　権大僧都・法印迄	無
	寺門	同上	無
真言宗		同上	無
法相宗		同上	無
臨済宗	五山	無	武家伝奏
	南禅寺	無	勧修寺
	大徳寺	無	勧修寺
	妙心寺	無	甘露寺
曹洞宗	永平寺	無	勧修寺
	総持寺	無	勧修寺
黄檗宗	万福寺	無	幕府取次
新義真言宗	小池坊	無	武家伝奏
	智積院	無	清閑寺
浄土宗		無	武家伝奏
日蓮宗	久遠寺	無	小川坊城
	妙顕寺	無	清閑寺
浄土真宗	西本願寺	無	武家伝奏
	東本願寺	無	勧修寺
	専修寺	無	勧修寺
	錦織寺	無	広橋
	仏光寺	無	勧修寺
	興正寺	無	小川坊城
時宗	遊行寺	無	勧修寺
	金光寺	無	花山院
修験宗	本山	有　権大僧都・法印迄	無
	当山	同上	無

らの回答とを主な素材として、各宗派（無本寺を除く）ごとの僧位僧官の補任制度（経路と官位）を簡略に一覧表にしたのが、**表3**である。近世の僧位僧官補任制度の実態を示すことを目的とした本節のまとめにかえたい。

二　修験本山派の僧位僧官

ここでは権大僧都・法印まで永宣旨によって補任の権限をもつ宮門跡（聖護院）の存在する修験本山派に限定して、より詳細に官位補任の制度の実態とその意義を検討することにする。

修験本山派の本末体制を維持するための諸制度等を法制化し、組織を秩序づけるのが宗派内法度としての寺法である。修験本山派では、延宝期には寺法が成立して慶応期までほとんど内容を変えずに布達された。その寺法の骨子として、公儀の禁制・裁許を守ること、入峰修行を必ず勤めること等のほかに、「一金襴地御補任頂戴不仕幷諸補任官位等無之虚官山伏急度可為曲事候」の箇条書きが必ず記されている。すなわち、金襴地以下の諸補任や官位などを受けていない山伏は禁じられたのである。本山・本寺の側からではなく、これを山伏の側から見れば、つまり、山伏の身分を維持するためには、本山・本寺から諸補任・官位等を受けねばならないことを意味している。しかも、官位等の補任は官金上納が必要であるのみならず、入峰修行を行なった上で補任されるのが条件であった。

前節で述べたように、修験本山派の場合、僧位は法印まで、僧官は権大僧都まで、勅許を受けずに門跡から叙任する権限が永宣旨によって保証されていた。このことは、『祠曹雑識』巻十九にも次のように記されている。

修験両祖当山本山ノ二派及補任ノ次第鳳閣寺大乗院申出ル、大凡左ノ如シ、

（中略）

一補任免許ノ次第、諸同行共従古来夫々任競望以永　宣旨被免許候ヘハ、大法師ヨリ権律師・法橋・権少僧都・法眼・権大僧都・法印迄昇進、本山修験於法式免許、結袈裟法衣之儀ハ初、綾地結袈裟、夫ヨリ房号・院号・桃地・螺緒・一僧祇・二僧祇・三僧祇・金襴地・黄色衣又ハ雖為同行格別ノ功ニヨリ浅黄房結袈裟・木欄色衣免許ノ儀モ有之候、右等昇進ノ次第ハ年臈戒臈修行ノ功ヲ積候者、又ハ一派法式修学出精ノ輩ヘハ其勤功年戒等吟味ノ上免許ノ大法也、其中ニモ由緒有之者、又ハ遠方度々上京難叶者共江ハ畳官位ト称シ、或ハ一度又ハ二度ニモ昇進候儀有之候、大法ハ諸同行ノ分上京ノ度毎ニ二品三品宛昇進候テ、及老年候迄前条之通相進候事、

但権大僧都・法印以上ハ大僧都・権僧正・僧正・大僧正此官職ノ儀修験ノ内ニテモ院家先達任之候事、

右の江戸触頭大乗院より申出された修験本山派補任制度の骨子は、一つは、永宣旨によ

って派内山伏は権大僧都・法印まで昇進できたこと。それ以上の官位には、修験宗でも院家・先達が勅許を受けて、大僧都・権僧正・僧正・大僧正に任ぜられたこと。二つめは、永宣旨ではなく、本山修験内の法式として房号・院号や金襴地結袈裟など各種の補任を行なっていること。三つめは、右の官位・諸補任は修行の功や法式修学出精によって免許される大法であったこと、などであろう。

では実際に、山伏は官位や諸補任をどの程度免許されていたのであろうか。甲斐国都留郡の本山派触頭常楽院・大坊[14]とその配下山伏についての例と、奥州白河郡八槻村の本山派年行事大善院[15]の配下山伏の例を示すことにする。まず都留郡の場合、「御尋ニ付改書上帳嘉永六丑年十一月」[16]によれば合計三〇人の山伏のうち、四人の補任状が不明であるが、二六人については、一二人が金地迄一〇通、一人が九通、残り一三人が三通である。金地迄一〇通とは、具体的には僧都（金一分）・院号（二分）・桃地結袈裟（二分）・権大僧都（三分）・法印（一両）一僧祇（二分）・二僧祇（三分）・三僧祇（一両）・貝緒（二分）・金襴地結袈裟（三両）の補任状である（括弧内は補任料）。九通とは金襴地を除いたもの。三通とは僧都・院号・桃地の三補任である。ただし金地迄一〇通の一二人の中には、その上の白地金襴結袈裟補任の常楽院・大坊を含めている。これらの補任年月日は、文化二年七月・天保十年七月・同十三年七月・弘化二年七月・嘉永二年三月の五回となっている。

次に、八槻村大善院配下山伏（奥州白河郡と常陸国久慈郡にわたっている）について検討する。史料は『御補任引渡帳』[17]という、年行事大善院が補任状を引渡す際の留めであり、寛政十一（一七九九）年より安政七（一八六〇）年にわたって記されている。ために、同名山伏が代がわりして補任を受けた例も記されているが、それらもあわせて合計すると一〇二例ある。このうち、甲州都留郡の例のような金襴地迄一〇通という例は一例もなく、最多でも七通（僧都・院号・桃地・権大僧都・法印・貝緒・金襴地）でそれが二例あるのみである。全体で貝緒の補任例が五例、一僧祇が六例しかなく、二僧祇・三僧祇の補任がともに例がないことが特徴といえる。金襴地補任は四〇例あるがそのすべてが、同時に権大僧都・法印を補任され、三通が一組となっていたようである。補任状の組合せで言えば、僧都・院号・桃地の三通を同時に補任された山伏が三一例あり最多である。二番目に多い組合せが僧都・院号・桃地に権大僧都・法印・金襴地を合わせた六通の補任で、これが二五例ある。その他、僧都・院号の二通が八例、坊号・院号・桃地の三通が一〇例、坊号・院号・桃地・権大僧都・法印・金襴地の六通の補任が七例などがある。また、全体の一〇二例の組合せを切り離し、個々の補任状の種類ごとに合計数を求めると、院号九一通・桃地七八通・僧都七〇通・権大僧都四二通・法印四〇通・金襴地四〇通・坊号一八通・一僧祇六通・貝緒五通となる。

以上の結果、八槻村大善院の配下山伏の場合、全体一〇二例のうち、一僧祇一通の補任例五などの、すでに何通か補任された上に追加して補任されたと考えられる例があわせて一〇例ほどあることからして、山伏の大部分は僧都（ないしは坊号）・院号・桃地の三通の補任を受けており、そのうち半分が、さらに権大僧都・法印・金襴地の三通の補任をあわせて受けていたと判断することができる。

甲州都留郡の場合、先に述べたように、二六例すべてが僧都・院号・桃地の三通の補任を受けており、そのうち、半分の一二例が金襴地までの補任を受けていた。偶然ではあろうが、異なった二つの地域の山伏の補任状取得には、同様な傾向が見出される。この傾向、すなわち末端山伏の半数が補任状三通のみであり、残り半分が金襴地補任まで受けているという傾向が、補任が個々の山伏の経済状態と照応することから、ただちに末端山伏が、大きく二階層に分かれるなどと、速断することは避けるものの、寺法に記された必ず金襴地までの補任を受けねばならないという原則は、くまなく貫徹していたものではないということの証明にはなろう。

また、僧都・院号・桃地の三通の補任は、大部分の山伏がこれを取得しており、山伏の身分を確保するには、この三通の補任状取得（前提として、上京・修行と官金が必要）が条件であったと言える。院号免許は、仏教諸宗派同様に本末関係の基礎となるものである。桃地は、修験本山派の法式の内でも、とくに装束に関するもので、派内格式を規定するものであった。右の二つの補任に対し、僧都は僧官であり、宗派を越えて国家的な単位で存在していたが、だからといって官位の有無がただちに身分の存否につながるというものでもなく、修験本山派についてみるならば、官位は宗派内法式と一体となって、全体で派内の格式を構成し、身分制維持の一機能となっていたと理解してよかろう。そのことが、はたして近世の全時期（といっても、本山派の体制が確立したとみられる延宝期以降）にわたって存在した性格か、あるいは根拠となった史料の近世後期に限定されるものかは、判明しない。

次に、修験本山派の場合の補任経路について、旧大坊所蔵の補任状（元禄十五年〜元治元年）六七点を中心素材として検討する。

①金襴地結袈裟之事

被免許之旨依

聖護院宮御気色執達如件

天保十年七月廿二日

法印　源秀（花押）

法印　祐文（花押）

法印　源乙（花押）

甲州都留郡宮谷

常楽院弟子東泉院龍山

（裏書）

洛陽新熊野別当住心院権僧正霞下故

令裏書者也

盈存 住心院印

②院号御免之事

被聞召訖不可有子細旨

検校宮依御気色

三山奉行若王子御房所被

仰出也仍執達如件

法橋快尚

熊野三山奉行

享保十八年七月廿四日

法橋定応

甲州郡内岩殿山常楽院同行

大泉院

（裏書）

洛陽新熊野別当住心院権僧正霞下故

令裏書畢

法橋玄良印

法橋春積㊞

修験本山派山伏の得る補任状は、大きく①・②の二様式に分けることができる。本節の前半で述べたように、補任状には多くの種類があったが、金襴地結架裟・白地金襴地結架裟・浅黄総結架裟は①の様式、僧都・院号・坊号・桃地・権大僧都・法印・一僧祇・二僧祇・三僧祇・貝緒の補任状はすべて②の様式であった。

①の補任状は、聖護院門跡御教書の形式をとっており、直接には聖護院の坊官（法印源秀ら）が発給している。また、宛名の東泉院の本寺である住心院が、自分の霞下であることを証すために裏書きをしている。盈存は住心院住持である。裏書きについては、享保十八（一七三三）年七月付の金襴地補任状の場合、「洛陽新熊野別当住心院権僧正霞下故加裏書者也　晃珎（住心院印）」と記されている。また、天明六（一七八六）年七月付の金襴地補任状の裏書きの場合も、「……加裏書者也　賞珉（住心院印）」となっており、①の裏書きの「……令裏書者也　盈存（住心院印）」と異なっている。享保・天明期の場合、表書きと裏書きとは異筆であり、裏書きは住心院において文字どおり、「加裏書」えたものと推察される。これに対し天保期以降のものは裏書きと表書きとは同筆で、聖護院坊官が「……令裏書者也」まであらかじめ記し、住心院の住持名と印を、「令裏書」しめたものと推察される。天明期と天保期の間に様式の変化があったと思える。その変化は、それまで聖護院坊官が奉書発給のみならず直接、山伏に発給していたものを、補任状を住心院にあらかじめ渡し、住心院から山伏に発給するというような、補任経路の変化を示しているのであろうか。この点での疑念は晴らせないまま、天保期以降に限っての金襴地補任経路の

実態を把握したい。

甲州都留郡岩殿山大坊孝順は、元治元（一八六四）年十一月十五日付で、先代の大坊永光の跡を継ぎ、諸補任を受けた。

③　覚

一金八両三歩也　　僧都ゟ金地迄昇進官職御礼録

外ニ銭壱貫四百文

一銭壱貫七百文　　同断御礼銭

一金壱両壱歩也　　継目御礼録

一金壱両壱歩也　　白地御礼録

〆金拾両ト銭三貫百文也

右之通慥ニ令落手候畢

元治元甲子年

十一月十五日　　　江府旅宿ニ而 小嶋壱岐法橋㊞

甲州岩殿山

大　坊

住心院の執事である小嶋壱岐法橋が、たまたま江戸に来た際に官金等を上納した時の受取書である。継目御礼録の他に、補任料として僧都から金襴地まで一〇通分と白地金襴結袈裟着用免許の補任料とが大坊より納められている。このうち、僧都からの一〇通分は前述した規定の補任料の合計額と一致する。この際に入手したか、後で送られたかはわからないが、同日付で大坊は合計一一通の補任状を取得した。

さて、現在、聖護院の所蔵史料中に、『御補任留　聖護王府典記局』と『日記　取次方』という冊子の記録がある。前者は各地山伏に聖護院より発給した補任状を、典記局で留めたものである。後者は、聖護院門跡に取次ぐ、取次方の日記である。両者とも、各年にわたって残存するが、前者の元治元年十一月十五日付と後者の元治二年正月元日には次のように記されている。

④元治元年十一月十五日付

一金地　甲州都留郡岩殿山　大坊　孝順

同
一白地　同　人

大広四ツ折奉書懸紙

白地金襴結袈裟

着用之事依有由緒

被免許者也

元治元年　雑務　判

十一月十五日　官内卿　判

民部卿　判

甲州都留郡岩殿山
大坊　孝順

⑤元治二乙丑年正月元日
一若王子殿僧正　住心院殿権僧正参上献物例之通
扇子五本入一箱宛献上
（中略）
一小嶋壱岐申願書差出
甲州都留郡岩殿山
大坊　孝順
子十一月十五日付
金地
白地
同　人
右御聞済

すなわち、大坊が③の元治元年十一月十五日付で住心院執事の小嶋壱岐に官金を納めて取得した一一通の補任状のうち、金地・白地の二通については、④の聖護院典記局の補任留めに記録されていること。そのことは、①の補任状が聖護院坊官から発給された聖護院御教書であることと合致する。しかるに、⑤の『日記　取次方』からの引例のごとく、実際には、元治元年十一月十五日付の補任を、翌年の正月元日になって、住心院執事が願書を差し出し、それを「右御聞済」と、門跡によって事後承認されたことがうかがえる。実際に金地・白地の補任状が、いつ大坊に渡されたのか、正月元日の門跡の承諾以前か以後かが不明である以上、真の意味での事後承認とは断じられないが、おそらく、実質的には住心院執事と聖護院坊官との関係だけで補任状の発給がなされていたことは推定できよう。さらに、住心院執事が直接に門跡に承認を願ったことは、前述した天保期以降の裏書きの変化を、聖護院が形式的な奉書発行にとどまり実質的に住心院が山伏に発給するように変化した、との推測の一助となろう。ただ、いずれにしても、金襴地・白地金襴結袈裟の補任については、形式的には、聖護院宮の御気色をうけ、聖護院坊官が本寺である住心院の裏書きを求めて、住心院配下の山伏に執達するということであり、聖護院門跡には事後であったとしても実際に承諾を得る必要があり、また、聖護院の典記局では山伏への金地以上の補任を記録していたということを、ここで確認しておく必要があろう。

では、僧都・院号・桃地等一〇種の補任の経路はいかがなものであろうか。②は、院号についての補任状であるが、その他の補任状についても同文の様式で発給される。②の史料のごとく、これは「検校宮」＝熊野三山検校＝聖護院門跡の御気色には依るものの、「三山奉行」＝熊野三山奉行＝「若王子御房所」の仰出しを受けて、「法橋快尚・法橋定応」の若王子執事が発給した奉書である。裏書きは、住心院執事＝「法橋玄良・法橋春積」が行なっているが、天明六年七月付を初見として、それ以降は裏書きの文言はなくなり、単に「住心院」の印が押されるのみとなる。

院家若王子は、応仁元（一四六七）年二月七日付の「熊埜三所権現順礼先達之事」[18]に記

されているように「……被補熊埜三山奉行職本山、一家之令掌補任……」というものである。すなわち、若王子は、熊野三山奉行として修験本山派の山伏に対する各種補任権を令掌＝支配・所有していたのである。もちろん、金襴地以上を除いた各種補任のすべてを、実際に若王子が令掌していたかどうか、つまり、金襴地と同様に住心院配下山伏については、実際には住心院が発給していたのかどうか、確かめる素材がないものの、ここでも一応、形式的には次の経路で補任がなされたことは確認できよう。すなわち、熊野三山検校の御気色により、熊野三山奉行の仰せと、住心院の裏書・印によって、若王子執事から奉書が発給されたというものである。

以上の補任経路の検討から明らかなように、官位（僧都・権大僧都・法印）は、門跡が永宣旨にもとづいて直接に補任する、というものではなく、修験本山派については、僧位僧官は他の諸補任と同様に、形式的には院家若王子によって発給されていたものである。この補任経路からみても、僧位僧官は他の諸補任から独立したものとは言えず、また、前半での検討（補任を受ける側の末端山伏の取得補任状からの検討）から、官位の有無がただちに身分の存否につながるものでなく、官位はその他の宗派内法式と一体となっているという結論ともあわせると、僧位僧官は、古代律令制以来の旧国制が生き続けたと考えるのではなく、幕藩制国家に適応的な、宗派内法式として、派内格式秩序維持と、身分制維持の機能として働いていたと理解することがより妥当となろう。

おわりに

近世の僧位僧官補任制度の実態を、幾分なりとも明らかにしたいと、試みられた本章ではあるが、そこには少なくとも三点の限定がある。一つは、素材とした史料が近世の中～後期、とくに後期が中心であったこと。二つは、門跡（宮門跡・摂家門跡）の存在する宗派の例として、修験本山派のみの検討であること。三つは、武家伝奏の本来的な検討が不十分であること、である。以上の限定つきではあるが、小稿の検討から次の結論が得られた。(a)門跡の存在する宗派については、門跡が永宣旨によって権大僧都・法印まで勅許を得ずに補任する権限をもつこと、それより高位は、門跡の執奏で勅許を受けること。とはいえ、その官位は独立して機能したのではなく、宗派内の法式による諸補任（本末関係を示す院号や派内格式を示す装束の桃地・金地免許など）の中に同化して、官位・諸補任全体で派内格式の秩序を作り、かつ諸補任を受けない山伏の存在を認めないという意味での、身分制維持の機能を果していた。(b)門跡の存在しない宗派や無本寺の場合の官位補任は、寺社伝奏の執奏によって、最下位の官位から勅許を受けるが、その場合、寺社伝奏は必ず武家伝奏に達したのちに奏聞した。同様に、権大僧都・法印を超えた場合の門跡からの勅許奏聞も武家伝奏に掌握されていた。

以上の結論を素材として、「はじめに」で述べた課題について、見解を示せば次のごとくになろう。すなわち、幕府を中心に天皇・朝廷をその一環に組み込んだ公権力＝公儀は、武家官位のように武士と天皇・朝廷とを切断することはしないまでも、武家伝奏を通して、天皇・朝廷の独走を防ぎつつ、律令制以来の僧位僧官補任制度を僧侶・山伏の身分制支配のために制度的に取り込んだと理解できる。それは、言うまでもなく、旧い国制が生き続けたというのではなく、幕藩制国家支配に有効であるがゆえに、そして、有効であるように編成し直されたものであると言えよう。

註

（1）野間宏・沖浦和光氏の対談「天皇制文化と賤民文化——日本史を底辺から見直す」（『使者』2、一九七九年）の、「日本史を貫く律令体制」の項は、律令体制の連続的側面を指摘している。

（2）永原慶二「前近代の天皇」（『歴史学研究』四六七号、一九七九年）、永原・山口啓二対談「日本封建制と天皇」（『歴史評論』三一四号、一九七六年）、朝尾直弘(a)「幕藩制と天皇」（『大系日本国家史3　近世』東京大学出版会、一九七五年）、同(b)「将軍政治の権力構造」（『岩波講座日本歴史10　近世2』一九七五年）、同(c)「将軍と天皇」（永原他編『戦国時代』吉川弘文館、一九七八年）、高木昭作「幕藩初期の国奉行制」（『歴史学研究』四三一号、一

九七六年)、三鬼清一郎「戦国・近世初期における国家と天皇」(『歴史評論』三二〇号、一九七六年)、深谷克己(a)「幕藩制と天皇」(『人民の歴史学』四〇号、一九七四年)、同(b)「公儀と身分制」(『大系日本国家史3』)、同(c)「幕藩制国家と天皇――寛永期を中心に」(北島正元編『幕藩制国家成立過程の研究』吉川弘文館、一九七八年)、宮地正人(a)「朝幕関係からみた幕藩制国家の特質――明治維新政治史研究の一前提として」(『人民の歴史学』四二号、一九七五年)、同(b)「幕末維新と天皇」(『歴史評論』三二〇号)、同(c)「封建制下の天皇」(『歴史を学ぶ人々のために』第二集、三省堂、一九七七年」、宮沢誠一「幕藩制的武家官位の成立」(『史観』一〇一冊、一九七九年)、拙稿「幕藩制国家と本末体制」(『歴史学研究別冊(一九七九年度)』、本書第四章)などである。

(3) 朝尾、註(2)前掲稿(c)、一九九頁。

(4) 深谷、註(2)前掲稿(c)、二六九頁。

(5) 宮沢、註(2)前掲稿、四三頁。

(6) 東京大学史料編纂所所蔵写本。

(7) 『華頂要略』巻百四十(東京大学史料編纂所所蔵)。

(8) 聖護院門跡は、天台宗寺門派本山の三井寺(園城寺)長吏に、円満院・実相院両門跡と交互に就任するが、一方、修験本山派門主は常時、その地位にあった。

(9) 東京大学史料編纂所所蔵本。

(10) 『徳川禁令考』前集第一(創文社、一九八一年)。

(11)『古事類苑』15官位部一(吉川弘文館、一九六九年)、六六七頁所収を引用。
(12)『祠曹雑識』巻十一(内閣文庫所蔵)。
(13)史料中に見える武家伝奏勧修寺前大納言経逸と千種前中納言有政は、寛政五年七月二十六日に同時に武家伝奏になっている。この史料のおよその時代が判断される。
(14)常楽院・大坊については、拙稿「修験本山派の本末体制」(『大月市史 通史篇』一九七八年、本書第八章)を参照されたい。
(15)現在の福島県東白川郡棚倉町八槻にあたる。修験本山派院家若王子の霞支配下の年行事であり、近津大明神別当であった。
(16)山梨県大月市賑岡町岩殿、旧常楽院北条熱実氏所蔵史料。
(17)八槻淳良氏所蔵史料。
(18)『若王子文書』一(東京大学史料編纂所所蔵写真帖)。

第六章　修験本山派院家勝仙院について

はじめに

ある寺院の（それは神社であれ、家であれ同様だが）伝存史料には、その寺院関係者による記録や、その寺院宛ての文書、あるいは、その寺院から差し出す文書の案文などが含まれるほかに、一見、まったくその寺院と無関係と思われる文書が含まれていることがある。その、無関係と思われる史料の伝来の経路を明らかにするには、しばしばその寺院の歴史そのものを明らかにするに等しい作業を必要とする。東京大学史料編纂所架蔵影写本『住心院文書』[1]には、修験本山派院家住心院宛て文書のほかに、勝仙院宛て文書を多数含んでいる。現在も京都六角堂に隣接して存在する住心院の所蔵史料中、戦国期～近世前期にだけ集中している勝仙院宛ての文書は、いかなる伝来経路をもつのであろうか。『住心院文書』の検討を通じて、住心院と勝仙院との関係を明らかにするのが本章の課題の一つである。

ところで、近世の修験本山派に関するこれまでの研究は、末端山伏の活動や地方の重立った山伏とそれを取り巻く配下山伏の地方組織の研究が中心であった(2)。中央の組織については、聖護院門跡の下に、若王子・積善院・住心院などの院家が存在したこと、それら院家が先達職（霞支配権）を分有していたことなどは知られているが、いつごろから院家になったのか、あるいは先達職はいつから所有しているのか、などの一歩踏み込んだ、実態に即した研究は不充分であったと言える。本章では、二つめの課題として、勝仙院の代々の住持をめぐる諸問題を検討することで、修験本山派の先達職や院家の性質について考察する素材を提供したいと思う。

一　勝仙院から住心院へ

現在の山梨県大月市、かつての甲州都留郡（郡内）岩殿村に岩殿山七社権現があり、その別当に常楽院・大坊があった(3)。この両別当家に伝わる近世期以降の史料は、子孫によって代々受け継がれてきた。ところが、その史料を整理・検討していくうちに、近世中期の宝永～正徳期ごろをさかいにして、この両別当の本寺の名前が変化したことに注目された。すなわち、慶長期から宝永期までの勝仙院から、住心院に変化したのである。勝仙院の住持や執事から常楽院・大坊に宛て差し出されていた文書は、宝永期を最後に正徳期以降はただの一点も見出されなくなった。これとは対照的に、宝永期以前の史料に住心院の名を検出することはできなかった。このことから、常楽院・大坊の本寺が宝永～正徳期をさかいにして、何らかの理由で勝仙院から住心院に変更されたものとの推測が当初なされた。

そこで、勝仙院・住心院についての検討を進めていくと、貞享二（一六八五）年板の『京羽二重　巻四』[4]の〈諸宗仏擱〉の項に、聖護院の院家として、若王子の記述につづいて、

院家　勝仙院　洛陽六角堂ノ内　　住心院僧正晃玄

と記されている。住心院僧正が勝仙院を兼帯しているのであろうかとも思われた。だが、これだけでは曖昧で、勝仙院と住心院との関係は不明確である。寛文六（一六六六）年の『新熊野奉加帳』[5]によれば、

（前略）

寛文六午年

一壱貫五百目　　勝仙院晃玄

但御供所入用ニ御出シ被成候

（後略）

と記されている。また、『住心院文書』には、貞享三年五月十五日付で、聖護院道祐より勝仙院大僧正晃玄宛てに、肥前国先達職が補任されている。『京羽二重　巻四』の出された

貞享二年の前後に、はっきりと勝仙院晃玄と記されており、『京羽二重』の住心院僧正晃玄の記述はどう解釈すればよかろうか。この疑問に、「深仙灌頂系譜」(6)が答えてくれる。そこには、

晃玄大僧正　勝仙院。住心院。

松平紀伊守家信子。大炊御門左大臣経孝公猶子。寛文八年三月十八日受灌頂。大阿闍梨同前。新熊野別当。住心院再興。

元禄七年五月十一日遷仙。六十一。


とある。これで明らかなように、再興ということから住心院はかつて存在したが、そののち退転していたもので、勝仙院とは本来別院と考えてよかろう。そして、勝仙院晃玄がある時期に住心院を再興したことによって、それまでの勝仙院とのみではなく、勝仙院とも住心院とも並称するようになったということであろう。では、勝仙院晃玄はいつごろ住心院を再興したと考えられようか。晃玄の前代の勝仙院住持は澄存であり、澄存は慶安五(一六五二)年八月二十三日に示寂している。そのあと晃玄が住持になり、晃玄は元禄七(一六九四)年に遷仙している。したがって住心院再興は晃玄の住持時代の四二年間に確定されるが、おそらく「応仁ノ兵火回禄ノ後、衰微ニ及ベリ」新熊野宮を、寛文期に「神殿如今聖護院院家勝仙院僧正再興」(7)したことによって、そのころ、住心院も再興したのではなかろうか。後述のごとく、勝仙院は応仁期以前には存在していないと考えられ、新熊

野宮別当は応仁期以前は住心院であったと考えられるから、住心院の名跡を再興するのに新熊野社再興の機会はふさわしいものと推測されるからである。

さて、「深仙灌頂系譜」によれば、晃玄の次の住持について、

晃諄大僧正　改晃託。住心院。
坊城大納言俊広卿猶子。晃玄僧正入室受法灌頂。弟子。
享保十三年九月三十日遷化。六十二。

とあり、もはや住心院とのみ記されている。勝仙院晃玄が住心院を再興してから、晃玄は勝仙院と住心院とを並称（正式には勝仙院）していたが、次の晃諄の代になって、ある時点から勝仙院とはいっさい用いずに住心院とのみ称するようになった。はじめに述べた、勝仙院支配下の山伏である常楽院・大坊伝存史料では、宝永三（一七〇六）年三月二十九日付の文書まで勝仙院であり、正徳四（一七一四）年八月八日付の文書から住心院となっている。この間に、正式に勝仙院から住心院への名称変更がなされたのであろう。

この正確な時期は、『祠曹雑識』(8)巻廿四によって知られる。『祠曹雑識』は、「江戸時代の後期に寺社奉行所に勤務していた人が、在任中に手控えていた記録類や見聞した事実を、順序不同に筆録した雑抄の書である」(9)。そこに、次のごとく記されている。

聖護院宮ノ院家二家アリ、東山ノ若王子、六角堂ノ住心院是ナリ、中頃住心院ヲ勝仙院ト称セシカ、宝永七寅ノ四月所司代松平紀伊守伺ノ通旧号ニ復シ、爾来今ニ至ルマ

テ住心院ト号ス

京都六角勝仙院称号之事、元来住心院ニ而候処、近代勝仙院ト唱来候、勝仙院者附弟之別号ニ御坐候、今以　御所方且又於聖護院殿モ表向者住心院ト被称候間、向後於御当地茂如旧号住心院ト被名称候様奉願旨申候、願之通旧号相唱候様ニ可申聞候哉、相伺之候以上、

四月　　　　　　　　　　　　　　松平　紀伊守

これは、住心院から京都所司代松平紀伊守信庸に宛てた願いについて、京都所司代から寺社奉行に伺いがたてられ、寺社奉行がこれを伺いの通り許可したもので、その寺社奉行所記録を後年、記したものであろう。住心院の願いは、(i)勝仙院の称号は元来住心院であったが、「近代」勝仙院と唱来た。(ii)勝仙院は「附弟之別号」である。(iii)御所、聖護院においても住心院と表向き称しており、御当地においても住心院と称するように願いたい、というものである。この内容のうち、(i)は、これまで述べてきたように、本来住心院と勝仙院とは別院であったものを、勝仙院晃玄が住心院を再興したものである。再興したことによって、住心院の諸権利や名跡を継いだとしても、勝仙院が「元来」住心院であったことにはなるまい。次に(ii)の、勝仙院は「附弟之別号」とはどういうことか。住心院執事村井宮内・内藤兵部より常楽院・大坊宛、年不明八月十日付書簡に[10]「(前略)当表大僧正御勇健御座候、然者御弟子喜丸殿去ル三月六日御得度被成候、御名勝仙院与申候、(後略)」と

記されていることから、勝仙院の名跡は、住心院の附弟が継いだものと理解される。したがって、修験本山派院家は住心院であり、勝仙院は院家ではなくなったのであるから、本寺である院家の配下山伏である常楽院・大坊の所蔵史料にはいっさい勝仙院の名称が見出されなくなる。さて、(iii)の内容によって、勝仙院から住心院への名称変更の時期が確定できよう。御所・門跡という禁裏内のみならず、幕府機関によっても変更を認めるよう願ったもので、この願いを含めた京都所司代よりの伺いが、宝永七年四月に許可されたことから、同月をもって、勝仙院から住心院への名称変更がなったと理解できよう。これ以降、院家住心院の住持は、晃諄・晃珍・賞珉・賞深・盈存・盈進・雄真と相伝し、雄真の時に明治維新をむかえた。

では、勝仙院晃玄以前の勝仙院とはいかなるものであったか、次節の課題とする。

二　勝仙院について

『住心院文書』で、勝仙院に関する内容をもつ文書の最も古いものは、天文十七(一五四八)年七月二十五日付の聖護院坊官僧都(増梁)・律師(某)より侍従公宛ての聖護院門跡御教書である。

①勝仙院諸同行事、由緒之族動相語他之先達、恣之由太不可然、所詮根本管領之所々幷

帯証文於同行所者、無他妨任淳秀法印譲与進止不可有相違之由、聖護院御門跡依御気色執達如件、

天文十七年七月廿五日

僧都（花押）

律師（花押）

侍従公

これに続いて、一連のものとして天文二十（一五五一）年七月二十三日付で、同じく僧都（増梁）・法印（前文書の律師某と同花押）より、勝仙院宛ての御教書がある。

②就初先達之儀、﨟次之事先師淳秀法印時、如被定置不可有相違旨、対諸先達中被成奉書上者至参仕之族不論度之沙汰可被遂修行之節由、聖護院御門跡依御気色執達如件、

天文廿年七月廿三日

僧都（花押）

法印（花押）

勝仙院

①の史料は、侍従公なる人物が勝仙院の支配する諸同行山伏を、淳秀法印より譲り受けたが、その同行山伏と他の先達によって、その権利が侵されているのに対し、聖護院が侍従公に権利を保証したものである。②の史料では、侍従公はすでに勝仙院になったもので、勝仙院の先師淳秀が保持していた先達としての修行の際の﨟次を、勝仙院（侍従公）が受け継ぐよう聖護院が保証したものである。①・②の史料を通して言えることは、この時点

で、勝仙院の他の諸先達との相対的地位は必ずしも確立していなかったこと、勝仙院に従属する山伏（諸同行）は、他の先達の末下にくらがえする動きを示していることなどから、勝仙院の修験本山派内の地位は、まだ確固たるものを形成していたとは言いがたいことを指摘できる。これを勝仙院末下の同行山伏の側から見た時、それら同行山伏は、勝仙院淳秀法印という個人に師事し、その末下に居たもので、勝仙院住持が代々、権利として同行山伏を従えるという関係にはなかったものを、この際、寺院としての勝仙院に従属する関係となった端緒とも考えられよう。

ところで、勝仙院淳秀法印とはいかなる人物であろうか。『聖護院若王子記録』[11]の中に「若王子寺中　千勝院伝幷円城寺今号成幷仙岩院」という一級の史料がある。その中に、

③（前略）

千勝院伝 東山若王子寺中成 自元禄年中号園城寺

初了蔵坊良俊 千勝院祖

○淳秀 此人ハ六角勝仙院也 号勝千房権律師直参修学者

享禄二年入峯大宿四度

天文八年同　大宿十三ト

大永四　聖護院道増准后御入峯

為副先達

乗々院興淳僧正受法弟子

天文十五年十一月二日入寂四十九歳号金剛院

（後略）

とある。この淳秀とは、「此人ハ六角勝仙院也」とあることからも、史料①・②に見える勝仙院淳秀と同一人物と判断できる。したがって、天文十七年の史料①は勝仙院淳秀の死後、一年八カ月後の発給であり、侍従公は勝仙院淳秀の死後、勝仙院を相伝したことが判定される。とくに、勝仙院淳秀が勝千房と号していたことや、若王子乗々院九代の別当[12]である興淳僧正の受法弟子であることから、あるいは勝仙院の初代か、ないしは勝仙院の地位を他の先達に伍す位地に高めた中興の祖といえる人物かと想像させる。

勝仙院の初代か、中興の祖かこの点が定まらない理由は勝仙院の淳秀以前が不明なためである。『住心院文書』に、淳秀以前を検討させる次の譲状がある。

④　是ハ厳尊此方へ譲状之案文ナリ

譲与　甲斐国武田逸見跡部一家被官地下人等　熊野参詣先達職之事、右檀那者久住心院殿様御知行之在所也、雖然厳尊僧都買得之、仍□〔相〕添文証弟子上野公宗秀仁所譲与也、

永代可有知行仍為得証譲状如件、

文明元年（一四六九）七月廿三日　弁僧都

厳尊　在判

これは、甲斐国武田・逸見・跡部一家被官人地下人等の熊野参詣先達職を、住心院より譲られた弁僧都厳尊が（寛正六年《一四六五》）四月十四日付で住心院は弁僧都に宛て、右先達職の永代知行を保証している）、これを上野公宗秀に譲る際の案文である。なぜ正文が伝わっていないのかという疑問は、厳尊や上野公宗秀の人物とともに不明で後学を俟ちたい。ただ、上野公宗秀については、文明八（一四七六）年七月廿三日付で、権大僧都忠恒より奥州斯波大崎御一家被官地下人等熊野参詣先達職を保証されているが、その宛名には六角上野律師御房と記されている。また、年不明であるが十二月十三日付聖護院道興より住心院宛文書中に、六角上野快秀の文字が見出せる。

勝仙院が六角にあり、六角勝仙院と呼ばれたことから、右の六角上野律師のあとに、若王子寺中千勝院祖の勝千房が入寺したと推測するのは、少し大胆に過ぎるであろうか。史料④の住心院→厳尊→上野公宗秀と移譲された甲州における熊野参詣先達職の譲状が、今日まで住心院（かつての勝仙院）に伝存しているからである。たとえ、勝仙院が住心院を再興したことに伴って、かつての住心院の諸権利を譲り受けたと仮定しても、かつて住心院が売却した先達職までは残るはずがないからである。また、六角上野某が、かりに六角勝仙院とは無関係で、甲州の先達職を勝仙院に売却したものなら、この一連の先達職譲状の中で最重要となる六角上野某よりの譲状が、控えもなく残されていないのは不自然と言うべきであろう。さらに、甲州における熊野参詣先達職を、住心院再興よりはるか以前の天正期に、後述するごとく勝仙院増堅以後の住持が所有していたことは明らかなことからも、かつて、文明期以前に住心院が所有していた先達職は、おそらく住心院の退転に伴い六角上野某に譲られ、その後、六角上野某のあとを若王子寺中千勝院の祖である勝千房淳秀が継いで、これ以降、勝仙院としたと推測しておきたい。ただし、住心院より譲られた諸権利の中に、新熊野社の別当職が含まれていたかどうかの判断は難しい[13]。

淳秀の次の勝仙院住持は、先に述べた侍従公である。史料①・②のごとく、天文十七年ごろ勝仙院を相続して、支配同行山伏を引き継ぎ、天文二十年には本山派内における格(先達﨟次)も淳秀同様に確定した。それからおよそ十年ほどの間、勝仙院は、毛利氏・武田氏らの戦国大名の聖護院門跡への祈禱依頼や諸要請の、取次役として活動したとみられ、永禄七(一五六四)年十二月二十二日、毛利元就より、勝仙院は長州安国寺領半済内二十石を寄進された[14]。山伏が、熊野参詣先達や修行に際して、領国を越えて通行できたことは知られているが[15]、この特権のゆえに、あるいはまた聖護院門跡を通じて畿内の情報を入手するためにも、戦国大名に重用されたことが勝仙院の活動の時代背景となった。なお、慶長期以降においても、諸院家の中で勝仙院は聖護院門跡の名代や取次としての任を果す。

こうした働きによって、勝仙院の次の新住持増堅が、およそ永禄十(一五六七)年ごろ、出世に召加えられたものと考えられる。出世とは修験本山派内の格式において、院家に準ずる格である[16]。『住心院文書』に、年不明十二月十一日付で、聖護院道増が勝仙院大先達に宛てた文書によれば、「新門主入峯成就之事、各粉骨之故相調候、大慶此事候、随而増堅出世之事相届之様聞召候間心安候……」とあり、永禄十年の新門主（聖護院道澄）の入峰に際しての功労によって、増堅の出世昇格を語り、そのあとひきつづいて、増堅は、「当時若輩」であるから、児島衆長床之宿老との格式臈次[17]について「能々分別肝要候」と述べている。この勝仙院増堅の出世昇格とそれに伴う児島衆との格式をめぐる確執について、一連の文書が残されている。

年不詳卯月廿八日付、聖護院道増から若王子僧正宛て文書では、「勝仙院事既数代之薫功不混自余候、又仁体無人之間被召加出世可然之旨」、新門主へも相談したことを告げ、このことを門下中に知らせる必要のあることを述べている。聖護院道増は、これと同日、卯月廿八日付で勝仙院法印宛てに、「於峯中対児嶋衆申事在之間」、去年、出世に召加えたことを「門下中へ可被相触之由、只今懸書差上候幷増真(鎮)僧正[18]へも申遣之候」ことを知らせている。勝仙院を出世に昇格させたことによって、聖護院門跡を頂点にした修験本山派の組織から、やや離れた位置にあった児島長床衆と、出世との峰中格式をめぐる確執が起こり、この解決のためにも勝仙院の出世昇格を門下一統に知らせる必要のあったことを示している。その一方で聖護院道増は、十一月十一日付で児島衆に対し「児嶋衆与勝仙院与於峯中次第相論之儀」について、これは「道興御代法度殊堅固候、長床衆老与門跡之院家出世等之臈次、同官同位之時ハ度次第候、度も同時ハ歳次第如此勤来候」と、道増の二代前の聖護院道興の法度を再確認して申し送っている。

さて、次に、勝仙院の先達職にもとづく支配とはいかなるものであったろうか検討してみよう。勝仙院増堅は、元亀二（一五七一）年九月日付で、奥州田村郡蒲倉大祥院に宛て、「奥州塩松旦那　熊野参詣先達職之事不可有別儀候、若上分等其外於無沙汰者任請文旨彼旦那職可申付別人者也、仍状如件」(19)と申し送っている。これは、勝仙院のもつ熊野参詣先達職を大祥院に預け、旦那よりの上分を勝仙院に届けさせることを確約したものである。この方式、すなわちある地域の熊野参詣先達職をもつ勝仙院が、現地の重立った山伏に実際の熊野参詣先達や旦那職に伴う得分確保をゆだね、京都に上分を届けさせるという方式は、甲州郡内（都留郡）地方についても見られる(20)。

天正十三（一五八五）年と考えられる九月二日付、勝仙院増堅より郡内諸旦那御中に宛てた文書(21)によれば、「当郡旦那之事数年府中桜本ニ雖申付、去年当年熊野参詣之輩雖有之京都上分等無沙汰、今度又御門跡様雖御入峯候無相届候上、直務之儀候間各被得其意可然候、為其威楽坊ニ申付候仍状如件」と記されている。甲州郡内の熊野参詣先達職をもつ勝仙院が、府中（甲府）の桜本という山伏に熊野先達を託し、上分を京都の勝仙院に届けさせる方式をとっていたが、この年と前年に郡内から熊野参詣者があったにもかかわらず、桜本は上分を届けなかったので(22)、今度の聖護院門跡道澄の入峰に際しては、勝仙院の直務とすると命じたものである。桜本は、郡内における先達としての職務を怠ったのみならず、

「謀書謀判」（書判の偽造）をしたことによって罰せられようとした模様である。

⑤今度桜本対勝仙院就謀書謀判被仕候、如御家法度可有御成敗之処、種々御訴訟申ニ付

御赦免被成本望令存候、

自今以後之儀以一札申定候、若此旨於有違背者急度可申付候、向後聊不可存疎意候、

恐々謹言、

天正十五

九月晦日

酒井左衛門督

忠次（花押）

本多右兵衛佐

広孝（花押）

二位　法印

如雪（花押）

勝仙院　玉床下

甲斐国を含めた五カ国を知行していた徳川家康は、分国大名として、謀書謀判をした桜本を御家法度によって成敗すべきところを、おそらく二位法印如雪＝照高院道澄を介して哀訴されたことによって赦免をした。史料⑤は、この旨を被害者であり原告でもあろう勝仙院に伝えたものであろう。

勝仙院にとって、旦那よりの得分が届けられないことは困惑の対象であろうが、増堅の

次の勝仙院住持である澄存㉓の代になっても、郡内における事態は解決されなかったものと考えられる。慶長十二（一六〇七）年閏四月二十四日付で、郡内領主鳥居土佐守成次は郡中熊野参詣衆に対し、「従当郡熊野参詣之者共、如前代先達へ相届可致参詣候、京都ゟ御理候間常楽坊ニ申付候者也㉔」と達している。これを受けて翌々日の閏四月二十六日に、鳥居土佐守家来の佐久間三休㉕は、郡中在々肝煎衆にむけて次のように触れている。

⑥

郡中より熊野参詣之輩、貴賤共ニ先達へ為無届罷上事、従京都御理付、御城ゟ堅御法度被仰付候、為其常楽坊へ御直判被遣候、在々肝煎衆、兼日村中へ可申付候、自然先達へ為無相届罷上者有之者、船津・山中・黒野田口々差押へ申間、先達より手形令取可罷上候様ニ堅可申付候、以上、

慶長十弐年

丁未閏四月廿六日　　三休（花押）

郡中在々肝煎衆　参

已上㉖

このころ、郡内よりの熊野参詣者は、勝仙院より任じられた現地の先達である常楽坊に、無届けで参詣しているが、これでは勝仙院に得分が入手しないので、勝仙院は参詣者が常楽坊に届けるように郡内領主に依頼したものである。領主はこれを実行するために、船津・山中・黒野田口々という郡内から京都に向かう街道口を押えてまでも、熊野参詣者を

統制しようと図ったものである。領主に対して、「京都より御理」ということで街道口を押えてまでも統制させた、京都＝勝仙院澄存の強制力は、勢力のあった照高院・聖護院門跡を背景としたものであったことは容易に推察されよう。それと同時に注目すべきことは、先達職に伴う旦那や熊野参詣者よりの得分収取の方式が弛緩している状態と、これを引き締めようと天正期以来、領主に依頼する勝仙院の姿とである。

さて、右に述べた勝仙院の甲州における先達職は、かつて住心院より譲られた中世期以来のものと考えられるが、勝仙院は、近世期に入り聖護院より新たに他の国郡の先達職・年行事職を安堵された。(i)慶長十（一六〇五）年卯月十六日に、佐渡島修験年行事職を、そして(ii)寛永十七（一六四〇）年八月十日に上野国先達職をである。(i)は次の通りである。

⑦佐渡嶋修験年行事職之儀被仰付訖、然上者毎年入峯無懈怠之様諸事法度以下堅可被申付事肝要之由、依聖護院御門跡御気色執達如件、

慶長十年夘月十六日　法眼（花押）[27]

法印（花押）

勝仙院

先に見た、勝仙院が甲州郡内の代々の領主に、先達職に伴う得分を確保させようと努めた背景には、経済基盤としていた旦那である在地領主やその一族一家被官人が、戦乱や改易転封に伴って移動したり、あるいは、兵農分離に伴う城下集住と、大名の下のヒエラル

キー成立（＝在地領主を中心とした一族一家単位の解体）によって不安定となったことが最大の原因として存在した。ために、先達職に伴う得分を、旦那を対象に収取するのではなく、霞にいる支配下山伏を対象に、彼らの大峰修行の際の入峰役銭や、山伏に僧位僧官や金襴地などの結架裟を補任する際の補任料を取り立てることに収取の対象を変化させていった。天正～慶長期というのは、まさにこの変化の過渡期であり、したがって先達職を集中的に所有していた院家たちは、支配国郡に存在した当山派などの他派も含めた山伏を、一人でも多く自派に取り込もうとして、各地において当山派などと争いを起こした。

佐渡においても、慶長八年、当山派山伏大行院に三宝院義演が金襴地架裟を許可したため、それまで金襴地架裟補任権を独占していた聖護院門跡との間で争論になり、七月、本山派山伏播州の多聞坊が当山派大行院に打入り乱暴をはたらくという実力行使に出た。この一件については同年十月八日、三宝院門跡にも金襴地架裟補任権が徳川家康によって認められ、本山派多聞坊が処罰された。[28]⑦の史料は、当山派との確執の舞台の一つとなっていた佐渡について、勝仙院にその年行事職（郡単位の熊野参詣先達職と山伏支配権）を安堵することで、当地の山伏の「入峯無懈怠之様諸事法度以下」を堅く申し付けるよう、いわば本山派山伏の組織化を目的とした梃入れを意図した安堵であったと理解できる。この佐渡の例に共通したものに、年代不明であるが、聖護院興意や坊官雑務坊源春・杉本坊の発給であることからおそらく慶長期ごろと考えられる、三月廿一日付の勝仙院宛て書状がある。これは、「相模国大山修験道近年乱候故、大峯修行」や、門跡入峰の際の山伏上洛「御通」罷り出ないので、「法度以下急度被仰付候様に」勝仙院へ願うようにとの「御門跡様御意候」と伝えている。また、同じく年不明であるが慶長期ごろと考えられる卯月廿三日付の勝仙院宛書状では、「駿河之山伏之義兎角不相届候」ことが問題となっている。ほぼ同時期のこれらの三地域に関する史料は、当山派との支配下山伏組織化をめぐる確執という時代背景の中で、財源問題と結びついた支配下山伏の入峰修行・御通罷出を励行させるため、法度を堅固に遵守させようと、聖護院門跡が勝仙院に組織化と統制を依頼したものであった。実際に、佐渡が勝仙院支配になったあと、慶長十六年霜月吉日付の当山方による訴えによれば、「佐土之大行院ハ先年御前へも罷出、当山之同行に無隠候を、是も本山へ理不尽に引取、弟子をハ被討果候事」と記され、勝仙院支配のもとでの当山派大行院に対する圧迫がなされたことを伝えている。

次に、近世期に入り新たに安堵された(ii)の上野国先達職について検討しよう。

⑧上野国修験近年仕置就被申付、年々入峯逐日繁昌、当道之忠勤不過之、然上者彼国先達職永代不可有相違、弥可被加下知者也、謹言、

八月十日　（聖護院道晃花押）

勝仙院大僧正御房

右の史料は、上包紙から寛永十七年と伝えられるもので、上野国修験に関して、勝仙院

の仕置によって統制され、「入峯逐日繁昌」している功によって、聖護院が上野国先達職を保証するというものである。上野国の山伏については、永禄〜天正期に年行事職をめぐって争論が起こっていた。武田信玄より勝仙院宛て七月十二日付書状によれば、信玄は「上野国年行事、件之極楽院、大蔵坊相論之儀」について、「私難決」ために聖護院門主の下知を得奉るよう、この両人を罷り上すので御沙汰を願いたい。ついては、これを「分国之亀鏡」としたいので、勝仙院を通じて門跡の「窺御気色候」と勝仙院に依頼している。極楽院の上野国年行事職は、武田信玄によって安堵され、次いで天正四年に武田勝頼、天正十二年に北條氏直、天正二十年に徳川家康と、代々の領主によって安堵されている。この極楽院に宛てられた代々の領主による安堵状は『住心院文書』に含まれており、おそらく、勝仙院の支配開始に伴って、極楽院の権利は否定され、同時に安堵状が勝仙院に収められたものかとの推定がなされよう。では、勝仙院の支配開始はいかなる理由によるのであろうか。極楽院・大蔵院の争論にみられるような本山派内山伏同志の勢力・権利をめぐる確執が天正二十年以降にも生じたためか、それとも佐渡における問題と同様、当山派との確執をめぐるものであろうか。慶長十六年、上野国藤岡の菊蔵という山伏が、当山派の袈裟筋で入峰して在地に戻ったところを「本山方ゟ曲事に申懸、三貫弐百文くわせんを取、其上本山の桜本と申者、菊蔵所へ人数をそつし、家内をけつしよいたし、悉財宝を取申候事」(29)が、当山派より訴えられ両派の確執のあったことを示している。いずれにしても上野国でも、勝仙院は本山派山伏の統制・組織化に指導力を発揮したものと考えられ、史料⑧のごとく「年々入峯逐日繁昌」したことで聖護院より評価をうけた。

澄存の次の勝仙院住持は晃玄であるが、晃玄の住持時代は、本山派の教団としての体制は、すでに安定していた[30]。貞享三（一六八六）年、聖護院道祐によって肥前国先達職が勝仙院大僧正晃玄に宛てて補任された際には、「肥前国先達職之事闕ニ付、依被懇望則補任彼職」と、勝仙院の懇望から聖護院門跡が補任したことが明言されている。先に述べた、経済基盤の変化とその変化に対応することから生じた当山派との確執という状況下で、本山派の組織化と山伏統制のために、門跡の要請にもとづいて澄存に補任されたものとの補任の際の文言の違いは明白であろう。それは単なる文言の違いや被補任者の人格的な相違である以上に、まさに、近世修験本山派組織の確立に向かう時期と、確立後との違いを示していると理解すべきである。

おわりに

天保二（一八三一）年の喜蔵院孝盛書写「本山近代先達次第」により宮家準氏が作製した表「近世における地方別本山派修験者数[31]」によれば、住心院が所有する霞は単純に数だけ見れば、全国で二二カ国にわたっており、一一カ国にわたる院家若王子をしのいで最多である。

ところで、『聖護院若王子記録』[32]一一冊のうちに『御当家御祈禱御由緒之事』があり、その中に「一、若王子配下修験之儀は往古ゟ支配仕来候、従聖護院宮配分与申儀ニ無御座候」と記された箇所がある。若王子の支配する山伏は聖護院門跡から分け与えられたものではないとの主張である。近世期に若王子や勝仙院（＝住心院）などが所有していた先達職といっても、そこには歴史的な経緯の違いが存在することを、若王子の記録は示している。確かに、若王子の山伏支配は、例えば奥州棚倉八槻別当に対する熊野参詣先達職や年行事職は若王子（乗々院）によって従来補任されてきたものを、さらに聖護院門跡が安堵するという形式になっていったことからしても、[33]あるいは、『聖護院若王子記録』の「修験万留帳」に、「若王子代々霞下之覚」として奥州年行事一四人を書上げ、「右十四人は若王子自分ニ年行事申付也」と記し、暗に聖護院ではなく、自分による補任であったことを示していることからも、若王子が「往古ゟ支配仕来候」もので聖護院門跡から配分されたものではないということはわかる。では、「従聖護院宮配分」されたとはどういうものを考えればよいのであろうか。私は小稿で述べてきた、勝仙院の先達職が上野国・佐渡島など聖護院の要請により与えられたり、あるいは肥前国先達職のように、勝仙院の懇望によって聖護院から与えられたが、これらを「従聖護院宮配分」されたものと理解してよかろうと考える。

先達職取得に至る過程の相違が若王子と勝仙院との間にあることのほかに、近世期には聖護院門跡の下に院家若王子・勝仙院（住心院）・積善院などと並列されて記される院家についても、若王子と勝仙院とではその歴史的な伝統・格の重さは異なっていよう。小稿で述べたように、勝仙院は増堅の若輩のころ（永禄十年ごろ）に出世となり、次の澄存の代の元和八年ごろもまだ出世の格であったもので、その後に院家に取り立てられたものである。これに対し、中世期以来、聖護院門跡とも相対的に自立した関係にあったと考えられる院家若王子とでは、同じ院家といっても門跡との関係において相違があることは把握される。もっとも、若王子を中心にしたこの点での詳細な検討は、近世における門跡と院家との関係、ひいては公儀権力による宗教教団組織編成の問題を考える上でも重要であり、今後の課題としたい。

註

（1） 前半二〇点は「右住心院文書　京都下京区住心院蔵本明治十九年八月編修星野恒採訪明年三月影写了」、後半四四点は「右住心院文書　京都市下京区第四組三文字町同院所蔵　昭和二年六月影写了」と奥書に記されている。なお、京都大学文学部古文書室所蔵影写本『住心院文書』は大正十二年三月に影写されたもので、東京大学史料編纂所所蔵本と同じ文書をすべておさめ、さらに二点（貞享元年七月四日付、幕府より本山方に出された「定」と、寛文八年十二月廿六日付、幕府より本山方に出された「條々」）をおさめている。以下、とくに断らない限り、小稿の史料引用は『住心院文書』によっている。

（2）宮本袈裟雄編「山岳宗教文献総目録」（桜井徳太郎編『山岳宗教と民間信仰の研究』名著出版、一九七六年）はこれまでの研究状況をよく伝えているが、そこでも地方組織の研究が中心であったことが顕われている。

（3）拙稿「修験本山派の本末体制」（大月市史 通史篇』一九七八年、本書第八章）を参看されたい。

（4）『新修京都叢書 第二』（臨川書店、一九六九年）所収。

（5）東京大学史料編纂所所蔵写本。

（6）『日本大蔵経 修験道章疏三』（日本大蔵経編纂会、一九二〇年）所収。

（7）『山州名跡志』巻之三（元禄十五年三月刊）の新熊野宮の項。

（8）内閣文庫所蔵、全七二巻（七二冊）。

（9）『内閣文庫未刊史料細目 上』（国立公文書館発行）解説。

（10）山梨県大月市賑岡町岩殿、旧常楽院北条熱実氏所蔵史料。

（11）京都大学文学部古文書室所蔵。

（12）「深仙灌頂系譜」。観泉寺史編纂刊行委員会編纂『今川氏と観泉寺』（吉川弘文館、一九七四年）第二部第二章。

（13）新熊野社が応仁の兵乱で焼け、衰微したものを寛文期に勝仙院晃玄が再興したことはすでに触れたが、新熊野社に関して、「中興初代法橋春也通称兵部」（京都大学文学部古文書室所蔵『聖護院若王子記録』）からも検討素材が与えられる。この史料は、明治四年十二月、住心院の執事内藤玄康が修験宗廃止に伴い士族に復帰を願う際、内藤氏の先祖が武士であったことを証明しようと書き上げたものの控えとみられる。

（前略）右（内藤兵部法橋春也）先祖者新熊野社之供僧ニ候処、応仁兵乱後神領退廃ニ付後裔春智法印儀、天文年中、同社別当職住心院江附属、養孫春也ヲ以為候人勤仕、右春智養孫寛元駿河・遠江之領主今川家臣内藤近江存秀男、今川家没落之後慶長五年今川上総介氏真之次男出家住心院江入院之節、随従勤仕以本姓内藤為姓

これによれば内藤春也の先祖は新熊野社の供僧であったが、応仁の兵乱後神領が退廃したので内藤春智法印は、天文年中に新熊野社別当住心院に附属したとある。だが、ここまでの考察で天文年中にはすでに住心院は退転していたと考えられる。しかもこの史料が書かれた明治四年当時、住心院と勝仙院との関係が混同されていたことは、右史料の慶長五年今川上総介氏真之次男出家住心院江入院とあり、これは勝仙院澄存のことであり明らかに住心院ではなく勝仙院の誤りであることからもわかる。とすれば、春智法印が天文年中に附属した、という時の別当は勝仙院と推定できそうだが、史料の確実性に欠けるきらいがあるため、判断は難しい。

(14) 例えば慶長十二年十八日の、関東山伏が天台・真言僧侶から入峰役銭を取ることの停止をめぐっての争論の際、山伏側の主張に、「……其頃は関東殊之外に乱れ、処々国々境に関

所有、人の往来も不叶、然共山伏は毎年峯へ入るに、子細なく関所通る間、諸出家上方本寺参勤、学道往来にも山伏を頼み上下す、又官位の望も田舎にて不叶、京都へ申も山伏の峯入に頼みてあつらへ、或は学僧も道には山伏姿をかりて往来し、おひをかけて貝を吹て宿をかりける……」（『大日本史料』第十二篇之五）とあるのはその一例である。

(15) 東京大学史料編纂所『大日本古文書　家わけ第九　吉川家文書』や同『大日本古文書　家わけ第十六　島津家文書』などには、聖護院道増・聖護院道澄（照高院如雪）より、吉川駿河守や島津義弘・義久に宛てた書状が収められ、畿内の情勢を伝えたものなどが含まれている。

(16)「出世……③叡山で堂上貴族の子息の出家して、妻帯しないもの、または僧侶の高位に昇ったもの。＊太平記―九・主上、上皇御沈落事『中納言僧都経超、二位寺主浄勝二人より外は、供奉仕りたる出世・坊官一人も候はず』……」（『日本国語大辞典』10）と記され、坊官より上位の、堂上貴族出身の僧侶というほどの性格をもつのであろうか。修験本山派の格式としては近世後期の享和二（一八〇二）年正月の「本山修験法﨟階級法服之次第」に、

「一院家 堂上同位之身柄致住職候を、院家と称候、但身柄宜共、従古来院家ニ無之寺院者院家とハ難称候　一座主 大山之法頭ニ而九州ニ有之、余国ニ無之候　一峯中出世 入峯修行三十三度以上、先達之内ゟ相進候
一宿老 備前児島ニ有之余国ニ無之候　一直参 入峯修行拾ケ度以上、先達之内ゟ相進候　（下略）」（『古事類苑』宗教一）とある。近世後期ではあるが、出世（「峯中出世」と同義とここでは考える）より上位には、九州にのみ存在する座主（英彦山法頭）を除いて院家だけがあり、備前児島の宿老よりは上位である。この格式が中世以来、どのように確立していったのかは、本山派組織確立過程を明らかにする上

で重要な課題であろう。

(17) 備前児島には、紀州熊野長床衆の流れからくると考えられる山伏の一山組織があり、宿老(建徳院・尊滝院・伝法院・報恩院・大法院・吉祥院)を中心にその下に公卿(智蓮光院以下一二院)以下の山伏が、聖護院門跡を中心にした本山派から自立したかたちで存在していた。和歌森太郎「小島法師について」(『修験道史研究』平凡社、東洋文庫、一九七二年)、村山修一『山伏の歴史』(塙書房、一九七〇年)を参照させていただいた。

(18) 若王子住持増鎮は、天文十四(一五四五)年に法印、永禄七(一五六四)年に大僧正となっている。

(19) 『青山文書』(東京大学史料編纂所所蔵影写本)所収。

(20) その他、勝仙院が先達職をもつ信州についても同様なことが言える。米山一政「信濃皆神山の修験」(鈴木昭英編『富士・御嶽と中部霊山』名著出版、山岳宗教史研究叢書9、一九七八年)。

(21) 旧常楽院北条熱実氏所蔵史料。

(22) この二日前の八月晦日付で、勝仙院増堅は二位法印御坊(照高院如雪)に宛て、領主以下無沙汰を訴え、直務とすることの承諾を求めている。

(23) 勝仙院澄存は今川氏真の次男で、中山親綱猶子となって聖護院道澄の許に入室し、しかるのちに勝仙院に入院したものである。勝仙院澄存の系譜に関しては『今川氏と観泉寺』第二部第二章「若王子と澄存」(嗣永芳照氏執筆)と第三章「今川氏とその学芸」(井上宗雄氏執筆）とで詳述されている。そこでは、井上氏は「（澄存は）中山親綱の猶子となって道澄准后の許に入室した（従ってその入室はいくら遅くても親綱の歿する慶長三年十一月以後ではありえぬこと）」（六八〇頁）、嗣永氏は井上氏に賛同しながら「更に推測を加えれば天正十九年以前、推定十五歳前後で聖護院に出家した澄存は、慶長十二年時点には勝仙院住持となっていたようである」（五九七―五九八頁）と叙述されている。井上氏の推測は、『寛永諸家系図伝』が澄存の入室を照高院ではなく「聖護院」と記していることから、道澄の聖護院時代であり、天正十九年以前と推測されている。この推測には反証もできないが、後年の編纂物である『寛永諸家系図伝』にのみ依拠する点と明確に照高院と聖護院を使い分けていたかという点で同意も難しい。ただ、澄存の入室は慶長三年十一月以前であることはその通りで、文禄四年にまでは遡りえる。文禄四年五月十五日、大法師澄興が権律師に任じられた口宣案が『住心院文書』中にある。この澄興は、そこに懸紙で「澄存ノ御事」と記され、また、「『宝暦五乙亥年正月吉日　書簡留　正東山役所』には、澄存元澄興、勝仙院、若王子、伽耶院大僧正」（同前五九七頁）と記されており、文禄四年五月十五日にはすでに入室していたことが判断できよう。では、澄存が聖護院より勝仙院に住持として入院したのはいつごろであろうか。澄存の前の増堅の勝仙院住持は、管見によれば慶長六年まで確認できる（同年九月日付、増堅より千手院法印御房あての信州木曾谷年行事職補任状。米山、註(20)前掲稿所載）。一方、澄存について「勝仙院澄存」と明確に記される初出は、『実相院記録　一』（東京大学史料編纂所架蔵本）の「新旧記」に、「（前略）（慶長六年十月）自廿六日入壇者次第　廿七日大阿道澄若王子澄真　廿八日同法

泉院真祐　廿九日同　日光院亮憲　晦日大阿尊雅僧正　華台院親長　壬霜月朔日大阿尊雅僧正　勝仙院澄存（後略）」

と記されている。この年、勝仙院澄存として、灌頂を積善院尊雅から受けたことが判断できる。増堅の住持時期、澄存の灌頂時期を考えるとおそらく、慶長六年かその前数年ころに澄存は勝仙院に入室したのではないかと想像される。とすると、註(13)に掲げた史料「中興初代法橋春也通称兵部」の中に、「慶長五年今川上総介氏真之次男出家住心院江入院」とあるのは、この住心院とはほんらい勝仙院と記すべきところであることは前述したが、澄存の勝仙院入院を慶長五年と推定させうることになろうか。

(24)『大月市史　史料篇』（大月市役所、一九七七年）一五五頁。
(25)松平定能編『甲斐國志』巻之百（甲陽図書刊行会、一九一一年）による。
(26)旧常楽院北条熱実氏所蔵史料。
(27)雑務坊源春の花押である。
(28)『大日本史料』第十二篇之一。辻善之助『日本仏教史』（岩波書店、一九五三年）。
(29)註(28)と同じ。
(30)拙稿「幕藩制国家と本末体制」（歴史学研究別冊（一九七九年度）』、本書第四章）。
(31)宮家準『山伏——その行動と組織』（評論社、一九七三年）。
(32)京都大学文学部古文書室所蔵。
(33)福島県東白河郡棚倉町八槻淳良氏所蔵史料。
(34)八槻淳良氏所蔵『天保十五甲辰年十二月十一日宗用諸覚帖』という、本山所蔵古証文の写しの中に、元和八年九月十五日付、酒井宮内大輔忠勝より勝仙院宛てに「信州河中嶋四郡之内年行事之事」の古証文が記され、それに引き続いて「右勝仙院者当御門主出世ニ而御座候」と記されている。勝仙院の院家昇格は、これ以後と考えられようが、はっきりいつからとは確定できない。ただ、勝仙院澄存は院家若王子住持を兼帯することから、それ以降勝仙院も院家となったのではないかと、一応推測しておく。

第七章　江戸触頭についての一考察

——修験本山派を中心に——

はじめに

天明五～六（一七八五～八六）年の修験本山派院家若王子の江戸触頭跡職をめぐる争論の紹介を通して、修験本山派における江戸触頭の性格を検討しようとするのが、本章の目的である。主な素材となった史料は、八槻大善院（福島県東白河郡棚倉町八槻淳良氏）所蔵の『若王子江戸触頭明現院死後、梅之院と明現院二代大泉院并本明院と出入一件』である。史料の表題の通り、争論の内容は触頭明現院の晩年に実務を代行していた弟子の梅之院が、明現院死後、本寺へ届出て、巧みに江戸触頭の地位についたことに対する、明現院息子大泉院と本明院の出訴による一件である。

ところで幕藩権力の宗教政策は、織豊政権以来換骨奪胎してきた既存の宗教組織を、まず近世初頭（慶長～元和期）から、本山・本寺の地位を寺院法度によって公認して、その宗派の編成（本末編成）を行なわせた。近世初頭においては、全国各地に散在する僧侶・

修験者など宗教者を、幕藩権力が直接に掌握するよりは、本山・本寺などに編成させ、掌握させる方式がとられたわけである。かくして本末関係が展開し、組織化が進められる一方、幕藩権力は、組織外宗教者の統制を行なうことで、当初の狙いである全国の宗教者の身分確定を遂行していった。

しかし、本山・本寺を中心に教団組織化が進められたものの、幕藩権力からは、直接の統制や個別宗教者掌握は不十分なものにとどまっていた。そこで幕藩権力は、やがて地域ごとに寺社書上げなどをさせて個別宗教者を直接に地域的に掌握する方法と(1)、幕府から教団組織を直接統制するための窓口として江戸触頭を設定する方法をとった。

江戸触頭の職務は、「幕府の触書を配下の寺院に伝達し、……宗門の請願伺届等を幕府に伝達する」(2)ことを中心的な職務とした。したがって、寛政三(一七九一)年になって初めて吉田家関東役所が開設される以前(3)、つまり江戸触頭の存在がなかったことで寺社奉行は全国の神社への触れの伝達方法に苦慮しており、例えば大岡越前守忠相は延享元(一七四四)年三月二十九日の日記に「……寺院ハ触相届可申候得共宮社ハ此方ニ触頭と申者無之付、宮社江之触ハ行届申間敷」と記している(4)。さらに触書そのものにも、幕府の同様な苦慮が表現されている。天明八(一七八八)年七月の「他国より罷出居候寺院社家修験共、奉仕之社檀仏檀等、自分々之朝夕之勤行之為メニ付、神仏荘厳、表え目立不申様可致旨」の触書の中で、「此度寺社奉行より猶又触頭呼出、心得違無之様急度申付有之候得共、神主、社家ともは触頭無之、旅宿ニ罷在候ものも多、難行届候」と、神主・社家に江戸触頭が存在しないので触れが行き届かないと述べられている。(5)

江戸触頭のなかった神職組織の例を見ることで、逆に幕府にとっての存在意義が明らかになる江戸触頭だが、その設定の仕方には二通りがあった。一つは、浄土宗増上寺や曹洞宗関三刹（下総の総寧寺・下野の大中寺・武蔵の龍穏寺）と遠江の可睡斎の場合などに見られるように、各宗派本山から独立して関八州や三河など五カ国の末寺支配権をもつような有力寺院を江戸触頭（僧録）に設定する場合である。この場合は、本山に比肩するような本寺としての既存の権力に、江戸触頭としての機能をあわせもたせるということになる。(6)(7)

もう一つの江戸触頭設定の仕方は、浄土真宗西本願寺派（築地本願寺）や東本願寺派（浅草本願寺）の場合などに見られるように、本山から派遣した使僧が幕府に対する本山の窓口になるというもので、本山主導の下に江戸触頭が設立され機能したものである。本章で対象にする修験本山派の場合は、この後者の例になる。(8)

聖護院門跡を本山とする修験本山派では、全国の同派山伏の支配権は、国・郡を単位として、これを霞と呼んで、京都の若王子・住心院（勝仙院）・積善院の院家や、武蔵幸手不動院・富士村山浄蓮院などの先達が所有していた。このうち住心院と若王子の両院家が全国の大半の本山派山伏を支配していた。両院家は、本寺として配下山伏を組織化してきたが、元禄年間にともに江戸触頭を設定した。幕府の両本寺に対する江戸触頭設定の際の(9)(10)

いきさつは不詳だが、住心院・若王子の両本寺は、すでに秩序づけられていた派内格式の中で、江戸触頭をどの地位に位置づけるかが問題になった。この既存の派内格式と新たに設定された江戸触頭との格式に関する検討が、本章の主な課題となる。

しかし、それよりも、これまで修験本山派の江戸触頭についての研究は、管見ではまったくと言ってよいほどなされておらず、本章では、多くの不備があることは知りつつも、江戸触頭寺院の存在を少しでも確定することで、それが今後の基礎的な検討素材になることを願うものである。

一　修験本山派住心院の江戸触頭

若王子や住心院の配下であろうと、その他の配下であろうと、修験本山派内に共通した格式は、門跡―院家―先達―年行事―直末院（聖護院の直院）―准年行事―同行という序列であった。また、装束は右の序列に照応して衣体・袈裟・指貫・修験衣・結袈裟の色が定められていた。そのほかに、宗派を超えて共通にある僧位や僧官も聖護院門跡によって、格に相当して補任された。このような各種の序列を本山・本寺は設定し、官位などを修験者に補任することを通じ、補任料を得るとともに、教団組織を秩序づけ、全修験者の統制を行ないやすくした(11)。

ところで、住心院（勝仙院）江戸触頭は、元禄期の最初の快長院のあと、善正院が宝永～享保期にはその地位にあったが、宝永四（一七〇七）年六月、江戸触頭善正院の名前で、住心院（勝仙院）が霞支配権をもつ甲斐国郡内修験触頭の常楽院・大坊に触れを出した。触れの内容は、上野国正年行事法鏡院とその忰千手院の、在所・江戸各十里四方追放を、勝仙院晃諄大僧正が命じたというものである。この内容を、甲州郡内の常楽院・大坊の「支配之修験中へ為念為読聞可被申候」と江戸触頭が触れたのだが、これは甲州郡内のみに限られた触れではなく、住心院（勝仙院）支配下諸国に広く触れられたものと考えられる。以下に具体的に述べる触れの内容が、これを甲州郡内に限るというよりは、すべての地域の住心院（勝仙院）支配下や、さらには修験本山派全体に関わる普遍的な内容をもつからである。

その内容とは、上野国本多遠江守領沼田布施町の年行事法鏡院が、その父親用楽寺に対し不孝を致し、親の命に背いたことから、用楽寺は「御公儀様江御願申上勘道仕度旨」を江戸触頭に願い出た。江戸触頭は、和談させるべく忰の法鏡院に意見を申しつけ、孝行するようにとの証文数通を父親用楽寺に持たせ帰国させた。しかし法鏡院の不孝は募り、ついに父親用楽寺は還俗、改宗してしまった。そこに宝永三年十月、領主よりの宗門改めがあり、用楽寺の還俗改宗について役人より尋問があったところ、忰法鏡院と孫千手院が「我意を働、色々難渋」仕ったため、領主役人は江戸触頭にこのことを訴えてきた。触頭は法鏡院・千手院父子を江戸に呼びつけ吟味をした上で、京都本寺の詮議をまち、結局、以下の箇条の内容が本寺住心院（勝仙院）より命じられた。

一法鏡院事、江戸役人をないかしろに仕、対触頭ニ過言之事、且又触頭吟味之上申付候事も法鏡院他領者へ相□□□、対触頭ニ色々令難渋不屈之事、

一惣而触頭申付候義を於相背、本寺違背可為同前之旨、今般被仰出候、依之末々修験為仕置被正糺明を、法鏡院父子追放被仰付候、為已後大僧正霞所国々年行事之面々、直院并諸同行之輩ニ至迄、急度可為触聞旨、大僧正被仰付如此ニ候、

一御公儀様御触事、江戸触頭より相触候節、連名之通り不相届、任我意ニ遅滞仕輩、或ハ触頭相寄候節不参仕候歟、或対触頭過言仕我意を相働、触頭申付候義も令違犯之輩於有之ハ、被遂吟味急度曲事ニ可被申付事、(12)

最初の箇条に見られるように、上野国年行事は、江戸触頭をないがしろにし、無礼な言いすぎがあったことがとがめられている。江戸触頭が設定されたのは修験本山派の場合、元禄期であったと見られるが、それまで、同派内の格式には一切存在しなかった江戸触頭が、既存の年行事よりも上位なのか否か、この宝永三年当時には、まだ熟知されていなかったことが法鏡院の江戸触頭に対する無礼の一因になっていたとも思われる。

近世に入り、本山・本寺を中心にした組織化が進展するにつれ、ほとんどの国郡が京都の院家によってその先達職（霞所有権）が握られたことで、中世以来各地域に存在してき

た年行事はその配下に組み込まれることになった。例えば最も遅い例として貞享三（一六八六）年、聖護院門跡道祐は勝仙院大僧正晃玄に対して、

肥前国先達職之事闕ニ付、依被懇望則補任彼職、然上者修験中繁栄候様ニ向後下知不可有相違者也、謹言、

五月十五日　（道祐花押）

勝仙院大僧正御房(13)

と、肥前国先達職を勝仙院に補任することで同国修験の繁栄（＝本山から見た組織化）を行なわせている。これと同様に、上野国の場合は寛永十七（一六四〇）年、聖護院門跡道晃によって勝仙院大僧正澄存に対し、

上野国修験近年仕置就被申付、年々入峯逐日繁昌、当道之忠勤不過之、然上者彼国先達職永代不可有相違、弥可被加下知者也、謹言、

八月十日　（道晃花押）

勝仙院大僧正御房(14)

と、上野国先達職が永代に与えられた。それまで、上野国の修験中（そのリーダーには、かつて戦国期までは地域ごとの支配権をもっていた年行事がある）は、本山派修験の義務行為である大峰修行（聖護院門跡は必ず一度は大峰修行を行なったが、その際、同派修験者は全国から動員され大峰修行が義務づけられた。かつ、大峰修行を行なうことで、はじめて、官位等諸補

任を本山・本寺から官金を納めて取得することができた。本山・本寺からの補任を受けなければ修験者は正当な修験者としての身分が保てなかった）を怠っていたと見え、勝仙院が上野国の組織化に乗り出すことで本山の望む入峰繁昌が実現し、その実績によって、勝仙院に上野国先達職が補任されたことを右の史料は物語っている。勝仙院によって上野国年行事らの修験中が京都の本山・本寺を中心にした組織に組み込まれ、その統制に服するようになったのが、寛永十七年ごろとして、今、問題になっている江戸触頭に対する上野国年行事の無礼は、それから約六十年後のことであった。京都の本寺によって任命された江戸触頭が、年行事よりも上位であることをたとえ知らされていたとしても、これに服しがたい年行事の心情を読み取ることは、少しうがちすぎと言うべきであろうか。

本寺勝仙院は、もちろんこの年行事の無礼を容認するはずもない。それどころか、これを機会に、全国に江戸触頭が年行事よりも上位であることや、江戸触頭の機能を熟知、徹底させたのである。すなわち、先の第二箇条目のごとく、触頭の申付けは本寺の命令と同様に考えるべきこと、第三箇条目の、公儀触れは江戸触頭から伝えられるので、これを速かに廻達すること、触頭の呼出しには応じること、などが本寺の命によって江戸触頭から触れられた。かくして住心院（勝仙院）の任じた江戸触頭がその後、年行事の上位にあって諸機能を発揮したのだが、それが本山・本寺中心の組織化にとって有効なものとなったことは、ここでくり返し詳述するに及ぶまい。

さて、歴代の住心院（勝仙院）の江戸触頭についてであるが、これは、元禄期の快長院、宝永四（一七〇七）年ごろから享保八（一七二三）年ごろまでの善正院、享保十七（一七三二）年前後の明現院（若王子江戸触頭と兼帯か）、寛延三（一七五〇）年ごろからの快長院、宝暦十（一七六〇）年ごろから天明八（一七八八）年ごろまでの大蔵院、その後また快長院が享和三（一八〇三）年過ぎまで続くとみられ、さらに、文化九（一八一二）年ごろから天保八（一八三七）年ごろは大蔵院が江戸触頭であり、その後、天保〜弘化年間は若王子触頭梅之院が兼帯していたことが、多くの一紙文書(15)などから確定することができる。しかし、史料の制約上、いくつかの空白期間も見られ、この不備を補うのは今後の課題となろう。

二　修験本山派若王子の江戸触頭をめぐる争論

修験本山派院家京都東山の若王子の江戸触頭は、住心院の場合と同様に、元禄年中に最初の触頭が置かれた。

若王子配下江戸修験触頭之事、最初は駿州富士村山浄蓮院ト申先達相勤之候、其後武州金奈川大日堂別当重宝院清山と申者二代相勤候、其後、江戸京橋白魚屋敷稲荷別当明現院祐山同二代長快と申者相勤候、其後只今之梅之院先代祐海ゟ相勤来候事、

右の史料は『聖護院若王子記録(16)』十一冊中の「御当家御祈禱御由緒之事」という若王子

に関する記録の一部分である。これによれば若王子江戸触頭は、最初、駿河国富士村山の先達浄蓮院がつとめたことがわかる。駿河国一国の先達職は住心院が所有していたが、その一部である富士山村山社領は、浄蓮院(池西坊)・辻之坊・大鏡坊の霞として除かれていた[17]。先達職をもつという意味では、若王子や住心院らと同等であるとも言える浄蓮院が初代の江戸触頭になったあと、重宝院が二代目触頭の任に就いたが、この重宝院の格がどれくらいのものかは不詳(おそらくは准年行事)である。次に明現院が二代続けて江戸触頭になったあと、梅之院がその任を続けこの記録作成当時に至っているということになる。本節の主な素材となる若王子の江戸触頭跡職をめぐる天明五~六年の争論とは、右の明現院から梅之院へ交代する際の出入りであった。以下にその経過を具体的に説明しよう[18]。

天明元(一七八一)年以前の江戸における若王子配下の修験者たちには、江戸触頭明現院と、まだ年少の忰大泉院がおり、明現院の弟子に梅之院がいた。また念力院は明現院の親類であり、同行組頭の本明院とともに、同行山伏(約四十名)たちを統率していた。しかし、天明元年に触頭明現院が病い(中風)で倒れたため、しかも忰大泉院が若年であったため、明現院は親類念力院と弟子の梅之院に後見をたのみ、他の四院(本明院・五宝院・護国院・光明院)と相談の上で触頭の用をつとめ、大泉院の成人まで盛り立てるよう依頼した。この場は一同この旨を承知したが、しかるに梅之院は一人で公用をつとめたいと明現院に願い出、明現院はこれを承知した。その結果、名目上の触頭は明現院であるが、その実務は梅之院が代行するという関係で五年間が過ぎた。

天明五年六月二十八日、大泉院は一九歳になり、病床にあった父の明現院は触頭・法式を悴に相続させるため京都の若王子へ願書（後見念力院・梅之院・江戸同行惣代組頭本明院加印）を差し出した。京都より返書が七月二十二日に到着。その中に梅之院宛ての一封があり、明現院はこれを開封させたところ、その趣は、大泉院への触頭・院跡相続の願書の件は承ったが、ところで大泉院はその任にふさわしい者かどうか、本寺若王子が梅之院に問合わせたものであった。事態をのみ込んだ明現院は、梅之院の返事次第で触頭を召放たれ、梅之院に押領されるから、梅之院によくよく依頼するよう、悴の大泉院に命じた。大泉院は早速梅之院に頼み入ると、梅之院は、明現院の前で、大泉院が触頭になるよう返事をする、と約束した。明現院は病床にての悦びもつかの間、八月一日に死去した。この旨を梅之院は京都の本寺に知らせた。

九月二十四日、京都よりの書状（九月六日差出し）を梅之院が持参した。すなわち本寺若王子からの命令である。そこには、明現院跡式稲荷別当は悴の大泉院に、触頭は梅之院に申しつける、と書かれてあった。したがって、江戸役所付の諸同行、諸書物などは梅之院へ引き渡すこと、また、先に六月二十八日に差し出された明現院の願書は返却された。事情のわからぬ大泉院は、なぜ梅之院に触頭が命じられたのか梅之院に尋ねたところ、梅之院は、大泉院が触頭になるよう本寺に願ったのだが、と返答した。そこで大泉院は本明院に頼み、組下一同で本寺に愁訴することにし、九月晦日、連印して愁訴状を京都へ差し出した。しかし、梅之院だけは連印を拒んだ。

十月に入り連日のように、大泉院や念力院・本明院らは梅之院に対して、触頭の跡役を大泉院にしてくれるよう、本寺に愁訴することを懇願した。折しも、大泉院と梅之院の娘とは結納をかわしており、梅之院が本寺に愁訴をしないならば破談にすると圧力をかけもしたが、梅之院はこれも拒み、結納金を返却して、ついに十月二十九日に、最終的に梅之院は、本寺の決定に愁訴はできない、と答えた。

一方、本寺若王子は、天明五年十月付で、執事連名で陸奥国年行事七人に宛てて次の触書を書き送った（江戸触頭経由のため、滞りがあり、天明六年八月二十七日に到着）。

江戸触頭明現院病死ニ付、梅之院義此度格式御取立被成、跡役被仰付、則御奉行所江其段被仰上候処、御聞届之趣御返書到来候間、以来御用向可申達候条、其旨可有承知候事、

巳十月

松坊法橋　印
伊藤刑部法橋　印
三上式部法橋　印
岸坊法眼　印
真恵坊法眼　印

八槻別当大善院御房
馬場別当不動院御房
蒲倉　大祥院御房
石川　大蔵院御房
安積　万蔵院御房
須ケ川　徳善院御房
仙台　宗叶院御房

すなわち、若王子江戸触頭明現院の跡役に梅之院を取立て、これを幕府寺社奉行が公認したことを、若王子配下修験に告示したものである。この時点でもはや、本寺、寺社奉行は江戸触頭梅之院を決定していたのであった。十一月一日、寺社奉行松平右京亮輝和から念力院・本明院に呼出しがあった。念力院は大いに驚き入り、本明院一人が出頭して吟味をうけた。掛役高木勇助が申すには、奉行の構いはないが、大泉院は若者であり粗忽などがないようにと申し渡された。大泉院・本明院らの動きを鎮静させようとの寺社奉行側の牽制であった。これは梅之院が、松平右京亮に訴えを起こしていたためであった。十一月十一日には、この件の解決のために若王子執事三上式部が江戸に下向してきたが、本明院・光明院は、これまでのいきさつを説明して、口上で愁訴をした。十一月二十三日には、さらに本明院・護国院は本寺役人三上式部に愁訴したが、本明院はとくに、六月中の願書

（大泉院への触頭相続の願い）や九月中の惣連印愁訴に対して本寺はいかなる評議をしたのか、を問うた。これに対して三上式部は、公儀の禁ずる惣連印を以て願書を差し出すのは不埒であり、返答に及ばない。まして、これを公儀に差し出せば、徒党の者は打首になるところであるが、そうはしないかわりに本明院らはよく心得て詫言をいたし、梅之院の支配を受けるように、と逆に威すかたちで圧力をかけた。さらに、三上式部は十一月二十九日に大泉院に行き、詫言をすれば公儀に訴えないと言った。

屈服をしない大泉院・本明院らに対して、三上式部はさらに圧力を加えてきた。十二月十一日、三上式部は刻付廻状で明後十三日に三上式部の旅宿に出頭するよう、江戸の若王子配下全修験者（約四十名）に命じた。十三日、組下一同三上式部旅宿に着くや、三上は墓所改帳を差し出すように命じた。これに対して本明院は、宗旨の義は自分ら組頭二人が下書きを差し出すことになっている。全員を呼びつけられては困窮しているその日暮しの山伏ははなはだ難儀をするから困ると答えると、三上式部は、全員を呼びつけるのは、其方どもが触頭の支配を請けないと言うからであり、御用の節は全員を呼ぶ、難儀するというならば詫言をして梅之院支配を請けよ、と命じた。本明院は、宗旨下書帳は明後十五日まで日延べしてほしい、と述べると、三上式部は、帳面下書は明日中に差し出し、十五日には一同残らず印形持参せよ、詫言いたし梅之院支配になるまでは毎日毎日残らず呼び出すからその段心得よ、と難題を吹きかけた。

ことここに至り、本明院はついに十二月十四日、願書をしたためて、寺社奉行月番井上河内守岑有に駆込み、出訴をした。役掛りの藤森左太夫がこれを取上げ、追って呼び出すとのことであった。翌日十五日に本明院は命じられた墓所改下書を三上式部に差し出し、残らず印形を捺いた。その節も、三上はますますおどし叱るので、本明院は昨日寺社奉行に出訴したことを述べた。

十二月十六日、寺社奉行井上河内守より呼ばれた本明院は、先月二十九日にすでに梅之院が寺社奉行堀田相模守正順に大泉院・念力院・本明院を相手取り出訴していることを聞かされ、梅之院の場合は若王子の添翰がないのでいまもって吟味がないが、同様の筋を両奉行で扱うことはないので願書は返却する、と役掛り藤森左太夫によって伝えられた。そこで本明院は翌日、願書を堀田相模守に差し出し、受理された。よって若王子江戸触頭明現院の跡職をめぐって、梅之院側と本明院側の両者が寺社奉行堀田相模守の下で審理されることになったのである。

明けて天明六年、寺社奉行からは何の呼出しもないので、三月七日、本明院はこれを伺うや、奉行は、近日呼出し、とのことであった。そこで大泉院は、奥州年行事の八槻大善院と棚倉不動院に心添えを依頼する書状を送った。一件のあらましもしたためられたこの書状が、八槻大善院の手許に届けられたのは遅れて五月十六日のことであるが、この時はじめて八槻大善院ら奥州年行事は江戸での出入りを知った。

四月十七日、死んだ江戸触頭明現院の倅大泉院のために中心になって訴訟を起こした本明院は、寺社奉行に宛て、この日、梅之院・三上式部両人を相手取った訴状を提出した。提出された訴状の内容は、ここまで述べてきた経過に続けて、①触頭は、相続人がないか、相続者が不調法の場合にのみ他の同行から選ぶこともあろう。しかるに、四代相続してきた触頭明現院の倅の相続に江戸同行惣代も加印して本寺に願ったが、これをいわれなく取放ち、梅之院を触頭につけたのは何ゆえか、同行一同難儀している。②大泉院から触頭職を奪うと、他の同行と違い、帰依檀家である七五三檀家が五十〜六十軒もあるのみで、困窮難儀して渇命に及ぶ。五年前、明現院が病床についてからは、よしみの者五人で米・味噌・薪や小遣などまで世話を焼いてきたが、その五人もその日暮し同様の者であり、この先は世話を見続けることはできない。③梅之院は触頭実務代行中の五年間に、明現院の印形を用いて巧事をして本寺役人を申し紛らしたものであろうか。いずれにしても明現院の大恩を忘れ、遺言を違える邪な梅之院を触頭につけたとあっては、本寺の外聞に関わり、諸宗へ聞えては恥しく、江戸同行修験道衰微の始となろう。ことに奥羽二カ国には御歴々の修験も多くあり、これらの思召しをどう考えるつもりなのか。④本寺役人三上式部は出府して、本明院らの疑念には一切答えず、惣連印は徒党強訴であると威し、叱るのみで、じつに無慈悲の取り計いである。どうか三上式部と梅之院とを召出し、御吟味を加えられ、いかようの訳で数代以来の触頭を取り放ち、いかなる由緒があって梅之院に申しつけたのか、明白に取り調べてほしい、という訴状の内容であった。

本明院の訴状が提出されてから二カ月後、天明六年六月二十日、寺社奉行堀田相模守による直吟味が始められた。まず梅之院へ吟味があり、次に大泉院・念力院・本明院に尋問がなされた。本明院は、去年六月明現院存生中、京都へ願書を差し出したこと、また七月中に梅之院へ京都から問合せの書状が来たことを申しあげた。寺社奉行は、本明院の言うのはもっともであるが、本寺より梅之院へ触頭を申しつけ、諸書類等引き渡すようにとの命に従わないのは、本寺の申付けを背くことになる。諸書類等を引き渡してもあとから公事はできるはずであると答えた。これに対して本明院は、六月と七月中のことが吟味されれば明白になること、と言上すると、奉行は、もっともである、として京都役人を召出し吟味することを約束してその日は終わった。

七月十日、寺社奉行所は本明院を呼び出し、留役羽田熊蔵は、本寺の申付けに背くのは不届きである、と本明院を叱った。訴訟は起こしたものの、不利な状況からの不安で、大泉院は七月二十四日付で奥州年行事（八槻大善院・馬場不動院・岩城光明寺）に書状を記し、現在の様子ははなはだ心もとないので心添えを頼む、と依頼している。

一方梅之院側は、七月二十八日に本寺役人三上式部・伊藤大弐の両人が江戸に到着したこともあって、同じく奥州年行事に宛てて書簡を遣し、その便に同封して、天明五年十月付の若王子役人松坊ら五法橋より八槻大善院ら奥州七年行事宛ての梅之院触頭を決めた触書（前掲史料）と、同年十二月二十五日付、若王子触頭梅之院より八槻大善院宛て書状を送った。この同封二通が遅れたのは、大泉院が書物など渡さなかったためで、これでは御用向（国用・本寺用）差し支えるので、最初松平右京亮に、次に堀田相模守に訴えたが、裁許はまだ出されないので、これを待ってはさらに遅れるので進達した、と述べている。前掲天明五年十月付の触書は、江戸触頭梅之院の公認を知らせるものであり、もう一通の十二月二十五日付書簡は梅之院が触頭になったので、年行事に対して丁寧に申しあげたいが格式もあり、今後疎略になることを用捨してほしいとの内容である。この同封二通を、七月二十八日に送ることにした梅之院の心情は、おそらく京都役人の到着に力づけられ、奥州年行事に既成事実として、触頭梅之院を納得させておく必要を感じたためであろう。

八月三日、三上式部・伊藤大弐両人の依頼で烏森清重院と真明院が仲介人として、本明院に対し、梅之院より大泉院へ役徳金半分を遣すことで和談にしてほしいことを望んだが本明院は断った。次いで八月九日、奉行所にて本寺役人二人・梅之院と本明院・大泉院とが対決した。留役羽田熊蔵は、他の事には言及せず、ただ本寺の申付けに背くか背かざるかの問題である、と本明院を叱った。本明院は色々とこの一件に関わって反論したところ、羽田熊蔵は、次に大泉院に対して、本明院はとても得心しそうにないから、梅之院からの官金半分遣すとの和談に応じてこの訴訟を取り下げるように勧めた。いわば本明院と大泉院とを分断させる切崩し策である。しかも、本寺役人の準備した和談案を押しつけようというものである。大泉院はこれに答えなかったところ、羽田熊蔵は再び本明院に対して、この願いが通ると思っているのか、と問うた。本明院は、通るものと思って願い上げているのだ、と答えると、羽田熊蔵は、手前の願いが通れば、梅之院は大罪人、本寺役人ども同様、若王子も不調法になる、そうなれば大泉院の役義は永々成らず、汝も修験道相成らざることになるが、それでも強いて願うのか、このような者は御奉行様にももてあましである、と本明院を責めた。

ついで八月十八日、寺社奉行役掛り小林典膳の吟味があった。小林典膳は、本寺の考えとして、梅之院に半年間触頭をつとめさせ、奉行が証人になってそのあと大泉院に渡させるようにするが、これで得心せよ、と本明院に申し渡した。しかし、本明院は得心しなかったところ、次に奉行堀田相模守の直吟味となった。この以下の部分は史料（『若王子江戸触頭明現院死後、梅之院と明現院二代大泉院并本明院と出入一件』）では次のように記されている。

本明院申上候ハ去六七月之事、何分御吟味被成下候様申上候処、殿様被仰候ハ、六七月之事ハ何れも疑敷候得共、何ニ而も証拠無之候、左候へハ難取用候、証拠有之候本明院申上候ハ急と証拠有之候、殿様書附印形等有之候証拠有之候ハハ可差出旨被仰聞候、本明院申上候ハ印形之証拠無之候得共急度致候証拠有之候、殿様差出候様、本明院乍恐奉申上候、当六月廿日直御吟味之節京都答合之義梅之院へ御尋之節、両様ニ申上候、猶又七月十日直御吟味之節右同様ニ申上候、左候得ハ印形書付之証拠ハ無之候得共、天下御奉行堀田相模守様証拠人ニ而御座候、殿様暫御思案ニ成本明院吟味中入牢申付候、本明院難有奉存候、

この部分は劣勢であった本明院が起死回生をはかったやりとりで、次のように解釈できそうである。すなわち、本明院は、どうか六月・七月のことを吟味してほしい、と申しあげると、奉行は、六月・七月のことは確かに疑わしいのだが、何にても証拠がない、と答えた。しかし本明院は、証拠はある、と申しあげたところ、奉行は、それならば書附・印形など証拠を差し出せ、と命じた。本明院は、印形の証拠はないがはっきりした証拠はある、それは本年六月二十日の奉行直吟味の節、奉行よりの梅之院への尋問の中で、梅之院は昨年七月中の本寺役人からの問合せ（大泉院が触頭に適任か否か）に対して「両様に申上げた」ことである。なおまた七月十日の奉行直吟味の節も梅之院は同様に申しあげた。すなわち、末期の明現院の前で悴大泉院の触頭推薦を約束した梅之院は、奉行吟味の場で、もしも大泉院が触頭に適格であると本寺に回答した、と答えたならば、本寺役人に非が生じ、その結果触頭は大泉院に決着する。また、大泉院が不適格であると本寺に回答した、と奉行に答えたならば、明現院らの約束に違えたこととなって敗訴する。結局、梅之院は「両様に申上げ」るよりなかったわけである。これこそが証拠である、と本明院は奉行堀田相模守にせまり、この梅之院の答えを訊ね出した「天下御奉行堀田相模守様」こそが証

拠人であると申しあげた。奉行はしばらく思案していたが、おもむろに本明院の吟味中の入牢を申しつけた。

八月二十四日、京都本寺役人二名・梅之院と大泉院だけが奉行に呼び出された。京都役人は、一両年梅之院に触頭を申しつけその間大泉院は見習いとして役義にあたるようにとの意見書状を二回、大泉院に下したところ、これを大泉院が受け入れなかったので、このような成り行きになってしまった、と奉行に申しあげた。奉行は、大泉院に訊くと、大泉院はその意見状は入手していない、と答えた。そこで奉行は梅之院を糺すと、梅之院がこれを止め置いていたことが判明した。役掛り小林典膳は梅之院を叱り、京都役人もことのほかの叱りを受けた。

八月二十八日、本明院は出牢。事実上の勝訴であった。奉行は本明院に対し、京都役人共は本明院に申し渡すことがあるという、定て手前方へ触頭跡役が相渡ることと思うが、了簡違いのないように、と申し渡した。小林典膳も、内済するようにとの言葉を本明院に与えた。九月に入り、本寺役人は再三、仲介人を遣わして和談をもちかけた。まず九月一日には、奥羽二カ国は梅之院、江戸は大泉院にて触頭を勤めるようにしてほしい、と京都役人は頼んだが、本明院はこれを断った。次いで九月三日、伊藤大弐の頼みで仲介者として千光院が本明院を訪れたが、本明院は内済扱いそのものを拒んだ。九月六日、千光院は再び訪れ、本明院を本寺御用に取り立てるよう推挙するとの本寺役人の考えを告げると、本明院は、一切無用である、本寺に取り立てられるために公訴したのではない、と答えた。九月八日、奉行所より本明院に呼出しがあり、本明院に京都役人から何も言ってこないか、との尋ねがあった。本明院は、三回の和談交渉の経過を話し、すべて断ったが、和談は殊により行ないたい、と述べた。奉行役掛り小林典膳は、断ったのはもっともであるが、内済になれば奉行は悦ぶ、ただ、強いばかりが能ではないから、京都役人の和談に応じるように、と語り、本明院はこれを承知した。

九月十六日、本明院は伊藤大弐に呼ばれ、本寺役人の面目の立つように結末をつけてよいが、ただし三上式部と梅之院をかばうことだけはしないようにと返答した。これをうけて、伊藤大弐の依頼した仲介人清重院・千光院は九月十九日、本明院方へ来たが、本明院は、和談の内容を聞くことを拒み伊藤大弐殿の思召次第に和熟をする、と答えて二人を帰した。一件落着である。

一方、陸奥国年行事たち（一二院、配下修験者千余名）は、天明六年五月十六日に大泉院からの書簡（天明六年三月付）を受け取り、初めて江戸での触頭跡職をめぐる出入りを知らされたのだが、その後、八月二十七日、梅之院からの書簡（天明六年七月二十八日付）と同封の触書（天明五年十月付）・書簡（天明五年十二月二十五日付）とを受け取った。かくして、争論の両者からの協力依頼を受けることになったのである。

そこで、陸奥国年行事たちは江戸触頭問題に積極的に取り組み出したが、それはもはや

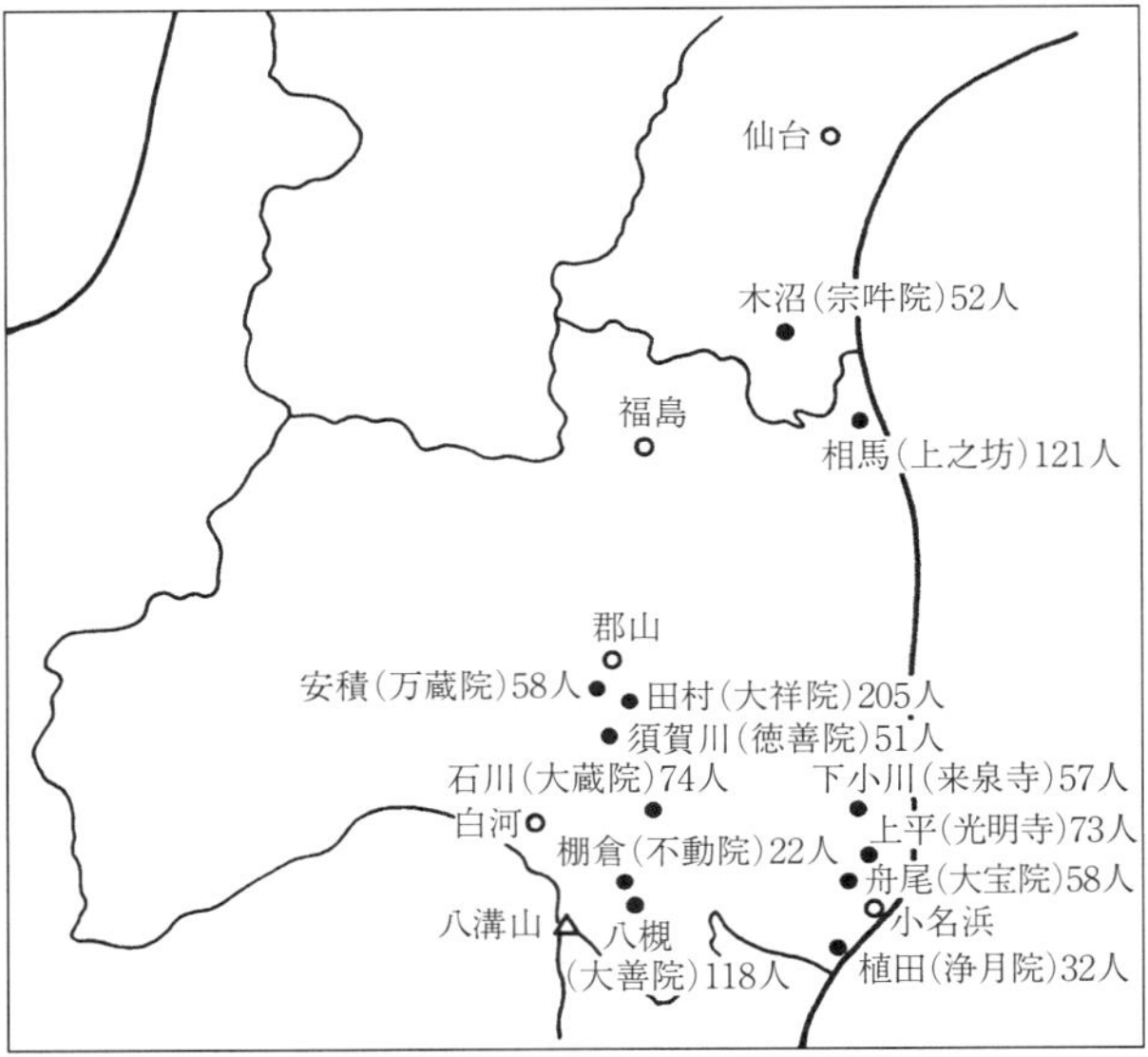

［註］　年行事名のあとの数字は，寛政２年『若王子配下修験人別帳』（東北大学附属図書館所蔵狩野文庫）による年行事配下修験者数である．

江戸での争論が本明院・大泉院の勝訴に決まったあとのことであった。江戸と陸奥国との距離は両地にこれほどの時間のズレを介在させていたのである。したがって、陸奥国年行事たちの動向は、江戸の争論に直接的な影響を与えなかったが、しかし、年行事たちの江戸触頭に関する考え方には注目させられるところが多い。

天明六年九月十五日、岩城上平の年行事光明寺秀運は八槻大善院・棚倉

不動院に宛てて書状をしたためた。その内容は、京都東山若王子役人（松坊ら五法橋）から天明五年十月付で触書がなされ、寺社奉行にも届けられた上で江戸触頭梅之院のことが決められた以上これをくつがえすのは難しいであろう。しかし梅之院は触頭には不足の人に存ずる。そもそも元禄年中までは大先達（駿州富士村山先達浄蓮院）が触頭をつとめ、その触下として納得していたが、宝永のころ、准年行事（武州神奈川大日堂別当重宝院か）が触頭に任じられたため、我々正年行事が触下におかれることになったのは心外であった。しかしこれまで、看過してきたことなので誰一人申し立てる者もなかった、だが此度、新規に梅之院を格式取り立てて触頭にするというならば、此節を幸いに往古の通り先達方を触頭に頼みたい、そもそも触頭が准年行事で、格上の正年行事を支配するというのは非義になろう。修験本山派では正年行事・御直院・准年行事と二段格下である、明現院がこれまで同様相続するならば是非もないが、新規に梅之院を取り立てるには奥筋・相馬・岩城筋も反対しているので、棚倉・八槻にても同心してほしい、という書状の趣旨であった。

八槻大善院・棚倉不動院は、十月九日、岩城光明寺へ返書を送り、梅之院触頭には得心せず、紙面の趣は承知したと述べた。また、江戸の争論については、大泉院の申し分が立ち内済にもなれば、京都表も穏やかに、相互に珍重であるとも書きつらねている。八槻大善院と棚倉不動院は相談の上、すでに岩城・相馬の年行事たちは梅之院触頭不承知で同心しており、自分たちも須賀川徳善院・蒲倉（大祥院）に呼びかけることを決め、十月二十九日に須賀川・蒲倉に使僧を送り書簡を届けさせた。その書簡には、岩城・相馬の同席中と同様、我々も梅之院触頭には得心していないので、須賀川・蒲倉も同心ありたい、ついては、現在京都役人の三上式部と伊藤大弐が在府であるから、江戸に断状を差し出したいので同意の返報を待つ、という内容が記されていた。閏十月二日、須賀川徳善院より同意の知らせがあり、京都役人あての断状を発送しようとしたが、大善院は蒲倉大祥院からの返書がまだなので京都役人への断状はもう少し待ったほうがよいと不動院に伝えてきた。その翌日、閏十月三日、江戸大泉院よりの書状（九月二十三日付）が届き、一連の訴状・吟味次第が知らされ、出入りの顛末が陸奥国年行事たちに知らされることとなった。

八槻大善院と棚倉不動院は、閏十月四日、三上式部・伊藤大弐の本寺役人に宛てた断状と、大泉院あての書状を、飛脚に託して江戸に送った。本寺役人二法橋への断状には、梅之院は近年の僧にて家柄とてもない、御役儀（触頭）相応の僧とは思えない、第一、若王子の御外聞にも関わることであるから、院跡（大泉院）を選ぶのがよい、梅之院をもって我々に触頭触流しをするのは以来御用捨下されたい、触頭は格別の役筋で、公辺并国々領主役所、かつ他門の掛合など一派の御外聞となるから宜しく評議を願いたい、元禄年中のような先達をもって充ててほしい、という内容が盛り込まれていた。また、大泉院宛ての書状には、奥州筋の梅之院触頭不承知のこととあわせて、本明院御丹精のほどに感激した、本明院に宜しく伝えてほしいことが述べられていた。

おわりに

天明五〜六年の江戸触頭跡職をめぐる争論の過程で、いろいろの立場の人間像とその考え方が浮かび上がってきた。寺社奉行所では、留役羽田熊蔵は、本寺に背くのはたとえ理があっても認めないという論理を押しつけることで強圧的な解決をはかろうとした。本明院の訴えが認められれば本寺・触頭が大罪人になることであり、これは決して受け入れられてはならない、という考え方が前提になっていた。これに比べて役掛り小林典膳は梅之院半年就任後、大泉院に触頭役を譲る案などの和談をすすめることで、本寺の面目が立つように斡旋した。本明院の訴えの強さによる合議の上での変化と考えるべきか、それとも同じ寺社奉行役人にも個人的性格の違いが見られると考えるべきかは、詳らかになしえない。しかし、いずれにしても、寺社奉行以下、本寺の決定（その届けを寺社奉行所も承認していた）をくつがえすことは考えず、これを強圧的に従わせるか、柔軟に妥協的に和談をすすめて本寺決定の立場を貫くかの違いがそこに見出せるにとどまる。ただし、本明院の証拠開陳の際の寺社奉行の態度に見られるように、理を窮めようとの姿勢があったことは、権力が強圧的な解決策のみに終止しなかった点で、当時の政治思想を考えていく上で着目してよかろう。

次に、本寺役人は、江戸修験者の惣連印愁訴は、御法度の徒党にあたり、これを公儀に届け出れば打首・遠島に処せられると脅したり、あるいはまた、その日暮しの修験者を連日呼びつけるといういやがらせをして、触頭梅之院を高圧的に認めさせようとした。ところが、本明院の出訴後には、触頭役得金を半分渡すことで内済を望み、奉行所の吟味がすすむと、次には奥羽二カ国触頭と江戸触頭とを分離支配させる内済案を提起した。本明院の出訴前と以後とでは、本寺役人の態度には極端な変化が見られるわけだが、そのことは訴訟を起こしたことが一定の効果を発揮したことを意味する。その限りでは、弱者の正当な権利を主張する場として、また不正を糺す場として訴訟が機能していたものと評価してよかろう。

さて、本寺役人・梅之院側も、また本明院・大泉院側も、ともに心添えを頼んだ奥羽の「御歴々」こと陸奥の年行事たちの主張は、本寺の申付けには背かないという前提をくつがえさないものの、それでも梅之院の触頭には不承知を明瞭に意志表示した。奥州年行事たちは、かつて中世期には在地山伏支配権と、一族一家単位の旦那の先達職をもっていたが、⑲上野国年行事などと同様、近世においては京都本山・本寺中心の編成によって、かつての在地霞所有権は形骸化する一方で、ついには派内の一格式として年行事職が補任されるに至っていた。その上、江戸触頭制度の導入によって、元禄年中の江戸触頭が自分たちより上位者の駿河国富士村山先達であったまではよかったが、その次の重宝院以降の触頭が年行事よりも格下の准年行事であったことから、大いに不満をつのらせることになった。江戸触頭をめぐる派内格式との矛盾に対する積年の不満が、じつは、天明六年の奥州年行事たちの地域的な結束と、その主張になって顕われたものと言えよう。しかし結局、本寺は、たとえ派内格式の低い者であろうとも、ひとたび触頭の任につけるや、年行事を超えた上位者になることを強制させたのであった。

それにしても、一連の出入りの過程における本明院の強靭な精神力には注目させられる。すなわち寺社奉行所役人の強圧や、本寺役人の圧力にも屈することなく、また奉行堀田相模守に対して臆することなく、勝訴に導いた起死回生の証拠開陳に見られた説得力の持ち主、本明院とはいかなる修験者であったのだろうか。寺社奉行所役掛りは勝訴後の内済をすすめるにあたり、「只、強きばかりが能にもこれなく」と述べたように、本明院はかたくななまでの意志の強さをもっていた反面、奥羽二カ国触頭と江戸触頭とに分離する内済案に対しては、もしそうしては本寺と奥羽の御歴々との間に新たな訴訟が起ころうと、本寺への配慮を示している。それは最終的に本寺役人の面目が立つようにと内済条件を一任した姿勢にも見られるものであった。奥州八槻大善院は、本明院の丹精のほどに感激していたが、しかしこの一連の出入りによって本明院が「殊之外心労」したこともまた事実であった。

それから四年経った寛政二（一七九〇）年、本山派江戸修験者の人別書上げが行なわれた。その人別帳「武蔵国若王子配下御府内之分　本山修験道酉年人別帳　若王子触頭梅之院[20]」によれば、江戸触頭梅之院のもと、四一名の修験者が記名されている中で、当年二十三歳の大泉院は触頭でも組頭でもなく、同行山伏として書き上げられている。それどころか、四年前には組頭として同行山伏を統率していた本明院の名前は、その人別帳のどこを探しても見出すことはできなかった。

天明六年九月の出入りの一応の落着のあと、寛政四年に至る四年の歳月にさらに本明院や大泉院と梅之院・本寺役人らの間にいかなる歴史の文《あや》が織りなされたものか、これを解きほどく素材には恵まれていない。

註

（1）杣田善雄「近世前期の寺院行政」（『日本史研究』二二三号、一九八一年）は、権力による地域的寺院掌握を例証し、寺院行政の中での位置づけを行なっている。

（2）豊田武『日本宗教制度史の研究』（第一書房、一九七三年改訂版）、二四頁。

（3）椙山林継「吉田家関東役所の創立と初期の活動」（『国学院大学日本文化研究所紀要』四五輯、一九八〇年）。

（4）大岡家文書刊行会編纂『大岡越前守忠相日記　中巻』（三一書房、一九七二年）。

（5）高柳真三・石井良助編『御触書天保集成　下』（岩波書店、一九三五年）四一九七。

（6）宇高良哲「浄土宗の触頭制度について」（『印度学仏教学研究』二九巻一号〔通巻五七号〕、一九八〇年）。
（7）広瀬良弘「近世曹洞宗僧録寺院の成立過程」（圭室文雄他編『近世仏教の諸問題』雄山閣、一九七九年）。
（8）圭室諦成監修『日本仏教史Ⅲ 近世・近代篇』（法藏館、一九六七年）近世篇第三章森岡清美執筆。
（9）宝永七（一七一〇）年四月に、勝仙院から住心院への名跡変更が幕府機関によって許可されたので、小稿でも同月以前は勝仙院、以降は住心院の名跡を用いるが、実態は同一である。この点に関して拙稿「修験本山派院家勝仙院について」（『東京大学史料編纂所報』一四号、一九八〇年、本書第六章）を参看下されば幸いである。
（10）宮家準『山伏――その行動と組織』（評論社、一九七三年）所収の近世における地方別本山派修験者数（天保二年「本山近代先達次第」より作製）によれば、単純に数だけ見れば、住心院の霞は二二カ国にわたり、若王子の霞は一一カ国にわたっている。
（11）修験本山派の組織については、拙稿(a)「修験本山派の本末体制」（『大月市史 通史篇』一九七八年、本書第八章）、(b)「幕藩制国家と本末体制」（『歴史学研究別冊（一九七九年度）』、本書第四章）、(c)「近世の僧位僧官」（『論集きんせい』四号、一九八〇年、本書第五章）で言説したことがある。
（12）山梨県大月市賑岡町岩殿、旧常楽院北条熱実氏所蔵史料。

(13)『住心院文書』(東京大学史料編纂所所蔵影写本)。
(14)註(13)と同。
(15)註(12)と同。
(16)京都大学文学部古文書室所蔵。
(17)拙稿、前掲註(11)(a)。
(18)素材になった史料は、はじめに述べた『若王子江戸触頭明現院死後、梅之院と明現院二代大泉院并本明院と出入一件』(福島県東白河郡棚倉町八槻淳良氏所蔵)であるが、紙数の関係もあり、そのほとんどを意約して叙述し、大部分の史料そのものは掲げないことにした。
(19)新城美恵子「中世後期熊野先達の在所とその地域的特徴——陸奥・伊予国を例として」(『法政史論』六号、一九七八年)・同「聖護院系教派修験道成立の過程」(『法政史学』三二号、一九八〇年)、奥野中彦「白河結城氏と修験組織」(『地方史研究』一六五号、一九八〇年)、拙稿、前掲註(11)(b)。
(20)『若王子配下修験人別帳』(東北大学附属図書館所蔵狩野文庫)。

第八章　修験本山派の在地組織
――甲州郡内地方を中心に――

はじめに

中央線大月駅から間近に見える勇壮な岩はだをもった岩殿山の山の東面、麓近くにはかつて円通寺が存在した。寺の起源は定かではないが、『甲斐國志』の編者松平定能によれば、承平三（九三三）年七月には円通寺が存在していたと考えられている[1]。現存史料からは応永六（一三九九）年六月、「甲斐州靍郡岩殿山円通寺」宛に大般若波羅密多経が進納され、その経巻の大部分が伝存しているのが初見である[2]。次いで、文明十九（一四八七）年春、聖護院道興は廻国の途次、岩殿山を訪れており、『廻國雑記』[3]にみえる。また、現存する岩殿山建立棟札には、永正十七（一五二〇）年、岩殿山大破に依って修理をした際、武田左衛門大輔信友以下の奉加を受けたことが記されている[4]。しかし、その後、天正年間までに円通寺は退転に及んだと考えられる。とくに、天正十一（一五八三）年十月、甲州山梨郡深沢住の源信成は『修験名称原儀』の写本を「甲州都留郡岩殿山妙楽坊法印坊」に納めたと記されている。[5] 妙楽坊法印坊が円通寺と無縁だとすれば、この時点ですでに円通寺は退転していたと考えて差支えあるまい。

天正十年十月より同十八年八月まで郡内領主であった鳥居彦右衛門元忠は、岩殿山七社権現その他社領に、「常楽坊召出され右之別当職仰付られ候」[6] といわれる。その後、慶長六（一六〇一）年八月二十八日、常楽坊は鳥居久五郎成次より「岩殿山社領として拾石之所進納せしむるもの也、仍て件の如し」の判物を与えられ、一〇石の地の寄進を受けている。この一〇石の地は、明治維新まで除地となって、山林（竪五町・横二町の杉・檜・松林）とあわせて常楽坊の経済的基盤の中心となった。

ところで、常楽坊明運は元和七（一六二一）年九月法印の僧位を聖護院より叙されている。明運は、本寺である院家勝仙院の執事職を務めていたもようで、その当時、将軍徳川秀忠の書翰を受けとっている。しかし、その書翰はその後享保十七（一七三二）年、住心院に召し上げられ、常楽院には書翰の写しのみが伝存している。[7] また、慶安三（一六五〇）年、勝仙院大僧正澄存は、常楽坊・大坊が「拙僧数代の同行、本山古跡之山伏」であるゆえ、岩殿山社領を朱印地にするよう、領主秋元越中守富朝や幕府寺社奉行安藤右京進・松平出雲守に積極的に働きかけたことなどは、常楽坊の本寺勝仙院との密接な関係を物語っていよう。

常楽坊明運は、元和末〜寛永初年（一六二一〜二六年ごろ）に没したとみられ、その跡職は後室が継いだ。よって、後室は常楽坊を名乗っていたが、正保三～慶安三（一六四六～五〇）年ごろ、明運の弟である小俣惣太夫の二人の悴に跡を継がせた。すなわち、常楽院明賢と大坊明尊とである。常楽院と大坊はそれまで常楽坊が支配してきた山伏と霞場（なわばり）を二分して、両者で岩殿山七社権現別当としてそれ以来、明治五（一八七二）年九月の修験廃止の布告により、翌六年六月に天台宗園城寺末に僧侶として帰入、八年一月廃寺帰俗するまで、修験本山派の郡内山伏支配頭や触頭を代々つとめることになった。

本章では、岩殿山七社権現社の別当であった常楽院・大坊を中心にして、修験本山派の在地組織（甲斐国郡内地方）の実態を明らかにしたい。

一　中世から近世へ

「お伊勢参り」と呼ばれた伊勢神宮参詣や、富士参詣の富士講などが、近世後期に大いに盛んであったことを伝える史料は各地に残されている。中世において、ちょうどそれらの盛行ぶりに匹敵するものは、蟻の行列をたとえて「蟻の熊野詣」とまで呼ばれた熊野参詣である。和歌山県にある山深い熊野三山には、熊野坐《います》神社（本宮）・熊野速玉神社（新宮）・熊野那智神社の三社がまつられ、熊野三山信仰の拠点となっていた。この熊野信仰は、平安時代中期以降、天皇・貴族の間に盛んになりはじめたもので、鎌倉・室町時代には武士・土豪へと参詣者の中心は移っていった。

中世の参詣者（檀那）は、熊野三社の御祈禱師（略して御師と呼ぶ）に、祈禱を依頼し牛王宝印・守札などを配付してもらい、布施を払う。また、宿泊に際しては御師の坊所を利用するので、御師に宿泊料を支払った。

檀那は諸国から、所によって数十日の旅程で参詣を行なうのだが、これら檀那を誘導し、出発の精進をはじめ、三山における参詣の一切の面倒をみるのが、先達と呼ばれた熊野三山を修行の道場としていた各地の修験者であった。先達は檀那と御師の仲介者として、苗字の同じ一族や、在所を一にする土豪を、各々集団に統一し、参詣の引率責任者として活動した。檀那は、御師のほかこれら先達に対しても、初穂料・祈禱科・参詣案内料などを得分として与えた。こうしたことから、御師・先達からすれば、檀那をもつということは、すなわち収入源を得るにも等しいこととなり、中世以来、ついには、得分を伴う檀那との関係そのものが権利として、檀那株として売買の対象ともなった。こうした動きは、大檀那をもち、あるいは檀那株を集中した有力な先達を登場させることになった。

有力な先達の一つに、京都の住心院がある。住心院は、康応元（一三八九）年、聖護院より甲州都留郡四八郷其外保内一四カ村の熊野参詣先達職《しき》（職とは権利という意味）を許された。[8] 聖護院門跡は、寛治四（一〇九〇）年、白河上皇によってはじめて熊野三山検校職に補任され、以来、全国の先達を統轄する任にあったと考えられている。住心院は、その他の諸国諸地域の先達職ももっていたが、しかし、自ら檀那を熊野参詣に導くことはしなかった。住心院は先達職をもつ地域を、自らの霞として、在地に居る特定の修験者を一国一郡単位で先達に任命し、実際の参詣の引導などを行なわせた。それに対して在地の先達は、先達職の権利をもつ住心院に一定の得分を上納することが義務づけられていた。

慶長十二（一六〇七）年には、常楽坊の地位は、郡内の先達とはっきり認められる。

従当郡熊野参詣之者共、如前代先達へ相届可致参詣候、京都より御理候間、常楽坊ニ申付候者也、

慶長十二年

未閏四月廿四日

鳥居土佐守

成　次（花押）

郡中　熊野参詣衆

郡内領主鳥居成次が、京都の勝仙院の依頼を受け、領内の者が熊野参詣をする際はこれまで同様、先達（常楽坊）に届けるよう命じたものである。(9)この命を受け、鳥居成次の家臣、佐久間三休は同日付で「郡内在々肝煎衆」宛に次の文書を出している。

巳上

郡中より熊野参詣之輩、貴賤共ニ先達へ為無届罷上事、従京都御理付、御城より堅御法度被仰付候、為其常楽坊へ御直判被遣候、在々肝煎衆、兼日村中へ可申付候、自然先達へ為無相届罷上者有之者、船津・山中・黒野田口々差押へ申間、先達より手形令

取可罷上候様ニ堅可申付候、以上、

慶長十弐年

丁未閏四月廿六日

三休（花押）

郡中在々肝煎衆　参

郡内よりの街道出口を差押えてまでも、領主は、熊野参詣者に先達へ届け出るように命じている。それは、先達職をもつ勝仙院が、在地の先達を通して檀那からの得分を上納させるというしくみが弛緩したことから、再度、権利を領主に確認・徹底してもらったためといえる。弛緩の最大の理由は、中世以来の在地に根ざした檀那が、戦乱や転封に伴って改編されたことにあろう。ために、郡内の新領主（鳥居成次など）に対し改めて中世以来の郡単位の熊野参詣先達の権利を確認させる必要があったものと考えられる。

常楽坊は、勝仙院から命じられた郡内先達という、いわば公的な地位をもつ一方、私的な関係として檀那衆をかかえていた。元和八（一六二二）～寛永二（一六二五）年のころと推定される常楽坊明運の死去に際した、勝仙院執事の内藤兵部より常楽坊後室・仁科図書・同清八宛の文書によれば、常楽坊明運死去後の跡職は後室が継ぐこと、常楽坊の時と同様に活動するよう檀那や同行衆（この場合、常楽坊の下で活動していた修験者）や親類に命じている。とくに、檀那衆への守札の配付は、常楽坊の使として遣わされてきた同行修験者たちが、これまで同様に回るよう命じている。これと同日付で、内藤兵部は、「常楽坊在世に相違せず、おのおの後室江奉公申さるべく候」旨を、常楽坊輩下の同行修験者である文珠院・大京院・養泉坊・西光坊・般若坊・不動坊・宝積院の七名に命じている。

以上、近世初頭の常楽坊のおかれた地位と役割とは、勝仙院によって、郡内における熊野参詣者（檀那）の先達としての地位が与えられ、参詣者から、先達に伴う得分をもらすことなく勝仙院に上納することが役割であった。また、一方、熊野参詣の先達以外に、日常的に守札の配付その他の活動を通して常楽坊は檀那と、いわば私的な関係を保っていた。これに対し、勝仙院は霞内のこれら修験者の檀那との関係を法度などを通じて擁護する立場をとっていた。以上の諸関係は、中世以来の檀那—先達の諸関係と同質であり、その継承であるということができる。

二　本末制度の成立

戦国期の戦乱と近世初頭の転封による移動とは、中世以来の在地性をもつ檀那を、修験者から失わせた。近世初頭、先に述べたごとく、檀那に対する諸規定や、郡内よりの熊野参詣者の先達への届出の徹底化を、郡内領主・奉行に対し、執拗に確認させようとしたのは、在地の檀那の変化・移動に対処するため、国郡単位の権利を主張することで、権利の維持確保につとめた先達（勝仙院）の姿勢と理解できる。

その上に、さらに中世以来の檀那―先達の諸関係の変化をせまったのが兵農分離であった。兵農分離は、家臣団の城下集住をその内容の一部としたために檀那は在地から離れ、結果的に、地域ごとの修験者―檀那の結びつきを切り離した。また、檀那である在地領主・地侍などの一族単位のまとまりは、すべて家臣として、領地を有する大名を頂点としたヒエラルキーに組み込まれたことによって否定された。

このような歴史的動向の中で、質量ともに乏しくなった檀那の争奪をめぐって、修験者はいずれも檀家をもたない社家・神子と争論をくり広げた。その結末が寛文三（一六六三）年の社家・山伏・神子・守子に対する幕府裁許であった。幕府裁許は、社家・山伏等の活動領域を決め、互いに侵犯しあわないよう決めた[10]。

一方、先達職をもつ勝仙院などの院家は、乏しくなったこれまでの檀那（在地領主・地侍）に変わる財源を確保する必要にせまられた。熊野参詣の檀那が主に東国に多く、その東国では近世の初～前期に農民の生活にまだ余裕はなく、熊野参詣どころではなかった。その後に、徐々に農業生産力の上昇とともに農民・町人の生活に余裕ができたあとでも、熊野参詣があまりに厳しい道のりを条件とすることから、参詣を遊興の対象と考えた農民・町人に好まれず、近世以降、熊野参詣そのものが衰退に向かった。

そこで勝仙院など各地の先達（修験者）をたばねる院家は、熊野御師との関係を離れ、もっぱら聖護院を本山にいただき、檀那に代わって末端の修験者そのものから、入峰役銭や寺格などの補任料を取り立てることに目を向けた。ために一人でも多数の修験者を組織内に組み込み確保すること、組織内規定を修験者に徹底させることが重要な課題となったのである。その具体的方策として、各郡単位に山伏支配頭を設置し、修験者の支配にあたらせた。

甲斐一国の先達職（ここでは、熊野参詣の先達という本来の意義は熊野参詣の衰微により薄れ、代わって同派末端修験者の支配権をも含めた、一国単位のナワバリ権という意味内容が強くなる）をもつ勝仙院は、八代・山梨・巨摩三郡の山伏支配頭を、元和八（一六二二）年二月八代郡一宮村の大覚院に任じた[11]。一方、都留郡（郡内）の山伏支配頭には常楽院・大坊を任じ、各郡の修験者を統轄させることにした。すなわち、〈聖護院―勝仙院―常楽院・大坊―郡内同行修験者〉の上下統属関係＝本末関係が編成されたのである。

この本末関係は仏教他宗派とは異なり、国郡単位の地域的なまとまりをもって編成しようとしたことが特色であった。修験本山派の、この本末関係編成は、当然、一国一郡内に居た修験当山派（醍醐寺三宝院を本山とする）の筋目関係を無視・侵略することになった。またこれとは逆に、肥前国杵島郡武雄内川古村の行蔵院は、それまで七代とも本山派であったものが、明暦元（一六六五）年に武雄の吉祥坊（肥前国佐賀領内当山方山伏之吟味役）によって取り立てられ、当山派に転向した例[12]のごとく、当山派の優勢な地域では、当山派によって本山派修験者が侵略され、当山派の組織基盤を確立しようとする動きが盛んとなり各地で両派の確執が生じることとなった。その帰結として、寛文八（一六六八）年の本山・当山両派修験に対する幕府裁許があった。裁許の内容の中心は、両派修験者の筋目を尊重し、互いに末端修験者の奪い合いをしないことであった。

次に、常楽院・大坊の郡内山伏支配頭の権限と役割とを命じた、勝仙院の執事内藤兵部よりの「覚」を示す。

覚

一従郡内入峯之山伏於有之者、常楽院大坊書状指添可被申候、無左ニは下山可被仰付候、

一入峯之節、吉野より罷帰ル者於有之ハ、急度曲事ニ可被仰付候、

一峯中役儀等已下、如前々無相違、急度相済可被申候、

一於郡内修験道法儀等、万端常楽院大坊下知違背有間敷候、

一無御補任者、虚官申輩於有之者、急度相改此方へ可被申上候、

一二月十月両度之行者講之節、万事常楽院大坊下知違背有間敷候、以上、

右之通、拙者相心得書付遣し、追而御法度之御條目可被遣候、其内、此旨相守可被申候、以上、

九月六日　　内藤　兵部（花押）

常楽院

大　坊

年不詳であるが、「追て御法度之御條目遣さる」までの暫定的な規定と考えられ、延宝三（一六七五）年に法度[13]が出されたことから右の「覚」は、延宝三年から、それほど遡らない時期に出されたと推定される。

これらの箇条は、ことごとく郡内の、檀那対象ではなく修験者に対する規定であること、その上、その内容として、修験者は入峰の際、支配頭に届け出て添翰を受けること、補任無しや虚官山伏を禁止していること、あるいは峰中役儀その他の役銭を済ませることなどであって、これらの諸規定は、修験者そのものを財源の基盤とする動向に照応した規定といえる。本末制度編成の意図も、そこに見出しうる。

一郡単位で山伏支配頭に郡内全山伏を支配させる修験本山派の本末制度は、都留郡（郡内地方）において、早くも元禄期には動揺しはじめる。山伏支配頭である常楽院・大坊に従わない修験者が出現し、常楽院・大坊はもちろん、勝仙院もその存在に苦慮した。元禄年中後半と推定される次の勝仙院権僧正内内藤兵部法橋玄秀・村井宮内法橋周清より、郡内領主秋元但馬守喬知家臣の、長山市郎左衛門・下江源左衛門宛の書状が、右の経緯を物語っている。

雖未得御意候、一筆令啓上候、然者其許但馬守様御知行所ニ罷有候常楽院・大坊義、従先年山伏之支配頭、勝仙院より被申付置候、然處小篠村吉祥院・花蔵院儀、我儘申候段、勝仙院令承知候、因茲吉祥院今度入峯仕候ニ付、右之段申渡候、弥各様より右

両人之者共ニ被仰付可被下之旨、勝仙院頼入被存候、為其以愚札如此御座候、恐惶謹言、

八月九日

勝仙院権僧正内
内藤　兵部法橋
玄秀（花押）
村井　宮内法橋
周清（花押）

長山市郎左衛門様
下江源左衛門　様

勝仙院は、郡内の山伏支配頭として任命した常楽院・大坊に従わない小篠村吉祥院・花（華）蔵院に対し、服従するよう自ら申し渡すのみならず、郡内領主秋元氏に、その旨を命じてもらうよう依頼している。

にもかかわらず、小篠村吉祥院・花蔵院は、その後、常楽院・大坊の支配下から離れ、勝仙院の直院となった。宝永三（一七〇六）年、常楽院・大坊が新発田丈左衛門（松平甲斐守の寺社取調掛）に、他の諸寺社同様に差し出した書上げ（「甲州都留郡岩殿山七社大権現由緒書」）によれば、**表1**のごとく、常楽院・大坊以外の四院（小篠村吉祥院・花蔵院・谷村三光院・田野倉村円林坊）も「勝仙院霞下」となっており、各々、都留郡内に何カ村もの霞

場をもち、同行山伏を従えている。

なお、この宝永三年段階の本末関係は、その後、幕末に至るまでの基礎となっていた。嘉永六（一八五三）年十一月、常楽院・大坊が住心院江戸役所に出した「御尋ニ付改書上帳」には、常楽院弟子一六院、大坊弟子一三院が記されており、これまでに、各々、二三院・一〇院が退転したと記され、宝永三年段階の三九院・二三院を基準としていたことがわかるからである。

勝仙院にとって山伏支配の機構は、常楽院・大坊のみによる支配時に較べ、四院の直院化によって複雑にはなるが、勝仙院を本寺とする本末関係の実質にはかわりがなかった。すなわち、**図1**のごとく、都留郡内八一名の山伏を、常楽院・大坊二院で支配する形を、六名で支配する形に変えたのにすぎなかったのである。

表1　郡内勝仙院霞下修験者

村名	修験名	同行	霞場
岩　殿	常楽院	39人	46村
〃	大　坊	23	46
谷	三光院	6	
田野倉	円林坊	4	17
小　篠	吉祥院	3	18
〃	花蔵院	2	14

ただし、それでは命令・統制のための系統がくずれ、先の書翰にもあったごとく、本寺にとって好ましいものではない。後に述べる触頭制の導入はその欠陥を大いに補ったのであろう。

しかし、常楽院・大坊にとっては、配下山伏の直院化によって、その筋目山伏も支配から離脱し、霞場・同行

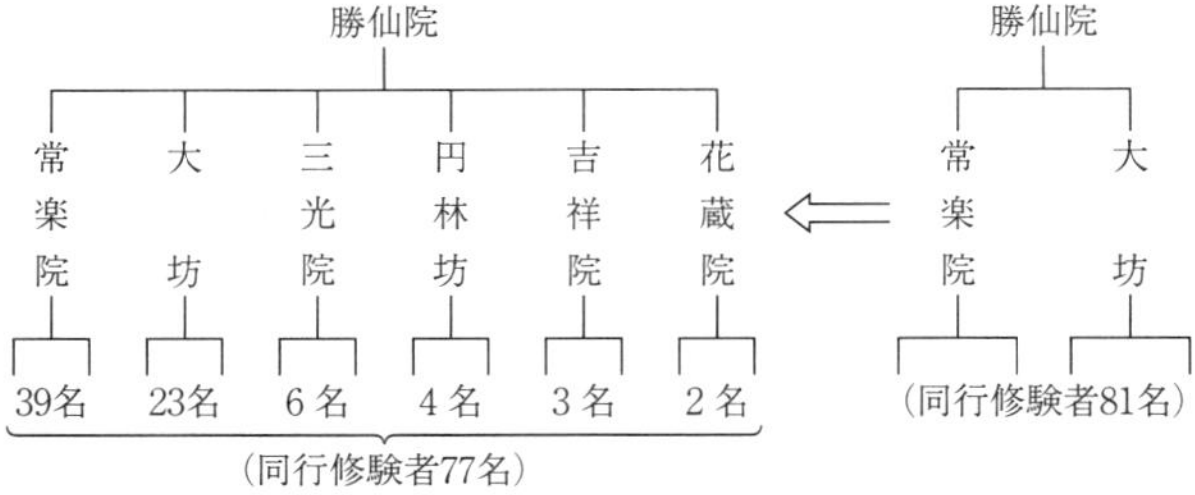

図1　郡内修験本末関係の変遷

山伏を失うことは、収入源を失うことになり好ましからざることであった。したがって、本寺勝仙院と支配頭との間には当然利害認識の相違が生じていた。

享保十四（一七二九）年、常楽院支配下の同行山伏であった松留村三光院は、本寺（住心院）の直院になることを触頭でもある常楽院・大坊に願い出たが、常楽院の反対にあい、翌年、江戸住心院役所明現院（江戸触頭）に訴え出たがこれも功を奏さず、享保十七年、上京して本寺住心院にこの旨を訴えた。住心院は直院化を許可し、「三光院儀其院預り支配之儀、自今以後相除かれ候条」を常楽院に下した。年不明であるが「住心院霞二　拾四冊之内」[14]には、都留郡は常楽院・大坊のほかに、六カ院が直院であり、**表1**の四院のほかに、右にみた松留村三光院と四方津村大乗院とが記されている。

右のことは、遅くも延宝初年には成立した修験本末関係（本寺—山伏支配頭—同行修験）が、早くも元禄期には動揺しはじめ、宝永三（一七〇六）年段階ではすでに一部改編されたことを示している。一方、同じ宝永期に、まだ本末関係の確立していない末派山伏が存在し、それらを勝仙院の下に組み込む一件が起こっている。それは、この当時でさえ、まだ本寺は、末端の修験者の必ずしもすべてを掌握してはいなかった事実を示しているといえよう。

宝永三年正月、勝仙院晃諄の執事、内藤兵部法橋玄秀・村井宮内法橋周清より、甲州郡内大御房宛の書翰によれば、駿州村山の先達浄蓮院の霞からはずれた地域に、「何方の手下と」はわからない修験者が八、九人おり、その地域は勝仙院の霞下であるから、常楽院か大坊が、駿州村山へ行き、浄蓮院と相談の上、右の山伏を勝仙院の手下に入れるよう依頼している。

常楽院・大坊は、その旨を受け浄蓮院に問い合わせた。それに対する、富士村山別当である大先達浄蓮院行存（池西坊とも称す）の宝永三（推定）年三月、常楽院・大坊宛の返翰によれば「富士境外ニ罷在候修験御引渡し申す義、委細、其意を得候。廿六・七・八日之内御勝手次第御出成らるべく候、直ニ愚院へ御越成らるべく候」とあり、浄蓮院の手引によって駿河国富士境外の修験者引渡しの日程が決まった。

これに応えて、大坊は勝仙院大僧正晃諄の使僧として、宝永三年三月の末に駿河国富士郡に赴き、富士村山別当である辻之坊・大鏡坊・池西坊の三房との間に二通の証文を取り交わした。一通は右三房から大坊宛である。

証文之事

一駿河国者洛陽勝仙院大僧正様御霞ニ而、従聖護院御門跡様御奉書有之、富士山除之御文言ニ而御座候ニ付、富士山村山社領之外ニ令居住候修験、今般御引渡シ申候、自今以後此方より構無御座候、為後証三坊致印形進之候、仍而如件、

宝永三丙戌年三月廿九日

富士山別当村山
辻之坊㊞
同断
大鏡坊㊞
同断
池西坊㊞

勝仙院大僧正様御使僧

甲州都留郡内
大坊御房

というものであり、もう一通は、逆に、大坊より三房に対して差し出された証文である。

証文之事

一富士山村山三坊之御支配之山伏、今度、勝仙院大僧正就為霞ニ而、御引渡シ御尤ニ被存候、則従京都、拙僧参候而相改受取候様ニと被申越候故、罷越候而各々江も世話仕、双ニ一札取置申候、此修験方自今以後、如何様之義御座候共、三坊御苦労ニ懸申間敷候、此方ニ而埒明可申候、為後日一札仍而如件、

宝永三丙戌稔三月廿九日

大僧正使僧甲州鶴郡内

表2　駿河国富士郡山伏

村名	名	旧名	年齢	持高	所帯人数・馬
			歳	斗 升	人 匹
駿州富士郡大渕村	刑部	清宝院	33	6.2	8, 1
同村	学膳	瀧本院	52	1.6	4
同村	宝山	正宝院	29	3.8	4, 1
今宮村	吉祥	吉祥院	61	5.3	5, 1
今泉村	普賢	瀧宝院	40	2.5	3
同村	観祥	観寿院	50	1	3
森嶋村	愛染	常宝院	41	除地 石 2.4.7	3
中里村	多門坊	多門坊	52	朱印地 11.	9, 1

大坊

辻之坊御房
大鏡坊御房
池西坊御房

右二通の相互に取り交わした証文から、駿河国は院家勝仙院の霞であること、しかし、富士山村山社領は、勝仙院の霞から除かれ、右三坊が先達職をもつこと、富士山村山社領の外に居住する修験が居り、これはしたがって勝仙院の霞下であるから勝仙院に引き渡すこと、その修験者の引取りには、京都勝仙院より申越しがあり、大坊があたること、などがわかる。大坊の支配する都留郡が、富士郡と近接していたこともあろうが、大坊（常楽院でもよかった）が勝仙院の信頼を受けていたことも、勝仙院の使僧になった理由の一つであろう。

この際に、勝仙院の末下に入った山伏は、八人である。各人は、

差上申証文之叓

一駿州者洛陽勝仙院大僧正様御霞ニ而御座候ニ付而、今度御吟味被遊、大僧正様御支配ニ罷成候、郡内大坊様御越被成、御吟味之上、如此証文差上申上、重而申分無御座候仍而証文如此、

一高弐石四斗七升　除地

人数三人

駿州森嶋村
愛染㊞　年四拾歳

宝永三年丙戌四月朔日

甲州都留郡内　大坊様

という証文を全員が各村ごとに差し出した。これにもとづいて大坊は「駿河国富士郡山伏改帳」を作成して、勝仙院の執事内藤兵部・村井宮内卿宛に差し出した。**表2**はその控えにもとづいた一覧表である。表中に旧名とあるのは「右ハ清宝院と申し候、今度改名申し付け刑部と申し候」と文中にあり、それまで、院号・坊号をもっていたものを、この際、改名させたためである。

なぜ改名を申し付けたのであろうか。院・坊というのは本山から許可を受けて初めて院号・坊号を付けられたのである。この八名の修験者がすでに院号をもっていたということはそれまでに他の支配筋をもっていたことが考えられ、この際、勝仙院末下になったことは支配筋が変わったのであって、それまでの院号はあえて否定され改名が申し付けられた

わけである。ただし多門坊[15]に限っては「代々多門坊と御朱印ニもこれ有るに付、今度も多門坊と申し付け候」という例外を認めた。おそらく、各修験者はその後、勝仙院より新たな院号を補任されたものと考えられる。年不明であるが近世後期になったとみられる「住心院霞二 拾四冊之内[16]」によれば、駿州富士郡は**表3**のごとく記され、各修験者は院号を付している。吉祥院・多門坊は旧院号を用いていることがわかる。

郡内地方では、前述のように遅くも延宝三（一六七五）年には編成された山伏支配頭制度は、元禄期後半以来動揺しはじめ、宝永三（一七〇六）年には、すでに四院が直院化し、次いで、さらに二院が直院となった。一方、修験本山派において触頭制度が導入されたのは、元禄後半～宝永期と考えられ、折しも山伏支配頭制度が動揺し、一郡単位の支配統属関係が崩れはじめた時期と一致している。常楽院・大坊は、宝永三年の史料中にはじめて、「触頭」の役職名が記され、以来、明治維新に至るまで一貫して郡内触頭であった。これに反し、触頭と記されはじめて以来、現存する史料上ではまったく山伏支配頭とは記されなくなる。

年不詳八月十日付の村井宮内・内藤兵部（勝仙院執事）より常楽院・大坊宛の書状に、「拙者共、大覚院、触下山伏中願之儀ニ付、……先月四日より蟄居ニ申付候、これに依り此

表3　駿河国富士郡山伏院号坊号

駿州富士郡大渕村	宝道院
同　村	保寿院
今宮村	吉祥院
今泉村	禅楽院
森嶋村	大泉院
中里村	多門坊

度之山伏支配之儀、当分小嶋大進江申付らる」とある。元和八（一六二二）年以来甲州八代・山梨・巨摩三郡の山伏支配頭であった大覚院は、この時、「触下山伏」の触頭でもあったが、蟄居を命ぜられたため、山伏支配は、当分、勝仙院の執事小嶋大進に命ぜられた。これは、触頭の任務に、山伏支配が含まれていたことをうかがわせる。

また、**表1**の三光院・円林坊・吉祥院・花蔵院は本末関係において「勝仙院霞下」ということで本寺勝仙院の直院であり、常楽院・大坊と対等であったが、すべて常楽院・大坊の「触下」と記され、触頭の権限下に包摂されていた。常楽院・大坊の霞下は、郡内全域ではなくなったが、その触下は郡内全域に及んだのであった。四院の直院化に伴う山伏支配頭制度（本末制度）の破綻による支配系統の補繕のため、これに代替する制度として、触頭制度の導入を位置づけることが可能であろう。

ところで、触流しの方法は、郡内の本山派修験者すべてに、触頭から直接、触書を届けるという方法ではなく、直院に回達して、その配下の修験者への回達は直院にゆだねた。常楽院・大坊は、各自の配下の修験者に順次に回達させ、最後の触留が、岩殿山に届け戻すという方法をとった。本山・本寺からの触れは、本末関係に関する内容が多く、地域における本末関係にもとづいた回達方法がふさわしかったのであろう。

幕府・本山・本寺の触れを伝達するという役割のほかに、触頭には触下の願い、訴えなどを本寺・本山・幕府等に取次ぐという役割もあった。したがって、享保十四（一七二九）年、松留村三光院が直院化を願った際の常楽院の行動は、常楽院―三光院が師弟関係にあったとはいえ、直院願いの取次をすべきであり、まして、もう一人の触頭大坊は、支配筋目も違うのに取次を拒んだとして、危うく触頭役を住心院から取り除かれそうになった。

その他の触頭の任務には、修験法度に記されている、補任なき虚官山伏の点検を、本山・本寺から要請され行なった。すなわち、同行修験者の所持する補任状改めを行ない、本寺にその目録を作成し届けた。

あるいはまた、修験人別改帳を作成した。これは、幕府・本寺の要請にもとづくものである。前述のように偽山伏を禁止した幕府は、本山・本寺の統制からはずれた修験者の存在をも禁じた。そのためには、修験人別改帳による登録を前提とする必要があったのである。

さらには、聖護院門跡の入峰の際、同行修験者の動員を促したり、各種、臨時上納金を徴収したりもした。また配下修験者の修行や補任の取次を行なった。これらの触頭の任務は、触頭制度そのものの任務のほか、従来の本末制度にもとづく機能をも含み込んでいたといえる。

三　本末制度の動揺

末端の修験者には、本山・本寺に対する恒常的な上納金の義務はなかった。その点、補説2「近世の村と寺社」で見るように、他宗派の本末関係とは異なっていた。あるのは臨時上納金で、聖護院への新門主入院祝儀・門主一品宣下祝儀や、住心院への新院主入院祝儀、院主の僧正転任祝儀などの祝儀料、住心院や新熊野権現社（別当は住心院）の火災後の普請料、住心院院主入檀の節の用途・手当の加力金、役行者（神変大菩薩）千・千百・千百五拾回忌の香典料と、その際の大峰修行御礼録などであった。修験者の最大の義務は、聖護院門跡（門主）が、大峰・葛城山修行をする際、入峰修行に参加することであった。門主は、「朝廷御安穏、関東御武運御長久、天下泰平国家安全御祈」や役行者回忌などを名目として入峰修行するのだが、これは聖護院門跡として、在職中に一度は行なわねばならないつとめでもあった。

御入峯之御事者、御法頭（門主）格別之御寺役御太礼ニ付、従関東茂御下行金被進候程之御事ニ而、実ニ莫大之御用度ニ付、容易ニ難被弁儀ニ候得共、一派一同より夫々、如先格御祝儀物致献上候儀、且又、右御祈御用入峯参勤上京之輩、御通相勤如御法式御礼録上納有之候事ニ付、以右等を（入峯の）御用度御手当に相成候儀、前々よりの御規格

二候

右は天保八（一八三七）年六月、京都本山よりの「御沙汰書」の一部である。近世初頭京都の公卿山科言経に、「事外美麗也[17]」と言わせた入峰の、莫大な費用（門跡以下千名をはるかに超える大行列を連ね、京都を出て京都に戻るまで、七五日の修行に要する費用）は、全修験者の祝儀物と御礼録とでまかなう慣例であったことがわかる。したがって、この一大行事には、全修験者が上京・入峰し、祝儀物・御礼録を上納するよう、組織をあげて促した。

単に促がされての入峰という側面よりは、末端の修験者側からはもっと積極的な修行参加の動機もあった。修験者の官位・院（寺）格は、修行回数を考慮して補任されたからである。延宝三（一六七五）年以来の寺法にある通り「金襴地御補任頂戴仕らず幷諸補任官位等これ無き虚官山伏」は禁じられており、したがって修験者の身分を保つには入峰修行を行ない官位等を得なければならないように仕組まれていたのである。このことが、中世以来の熊野参詣の檀那株が無力になってから、修験者そのものを財源の基礎におくようになったための本山・本寺の方策であったことはここでくり返し詳述する必要はあるまい。

聖護院を頂点とする修験本山派の寺格の主だったものには門跡―院家―先達―年行事―御直末院（聖護院の直院）―准年行事―同行がある。そのほかに、座階という、法会その他での着座の順序の格があり、これは入峰修行回数にもとづいて規定され、寺格を超えて設けられている。

すなわち、峰中出世（入峰修行三三カ度以上）・直参（二〇カ度以上）・参仕修学者（一〇カ度以上）・大先達（四カ度以上）・未先達（三カ度まで）である。

また、装束は寺格に照応して衣体・袈裟・指貫・修験衣・結袈裟の色が定められている。そのほかに、宗派を超えて共通にある僧位（法印・法眼・法橋など）や僧官（僧正・僧都・律師など）も聖護院によって、寺格に相当して叙任される。右のような各種の序列を、本山・本寺は設定し、官位などを修験者に補任することを通じ、補任料を得るとともに、教団組織を秩序づけ、全修験者の統制を行ないやすくした。

修験者であるための必要条件である諸補任を得る際、補任料が必要であった。年不明であるが、住心院の直院の場合、各種補任料等に**表4**の金額が必要であった。**表4**は木版刷りのもので、寺格に相当して獲得できる官位・装束等が固定していたことを物語っている。表中、「御殿御通御礼」とは、聖護院門跡入峰の際の御礼録でこれまた寺格に応じて定められていたことがわかる。

元治元（一八六四）年十一月十五日、大坊高順宛の小嶋壱岐法橋（住心院執事）の受取「覚」によれば、

一金八両三歩也　僧都ゟ金地迄昇進官職御礼録
　外ニ銭壱貫四百文　同断御礼銭
一銭壱貫七百文　継目御礼録

一金壱両壱歩也　白地御礼録
〆金拾両ト銭三貫百文也

とある。表4の僧都より金襴地まで、合計すると金八両三歩となり、右の受取額と一致する。表5の常楽院・大坊とその同行修験者の「御尋ニ付改書上帳」には多数の修験者が「御補任拾通金地迄頂戴」と記され、僧都より金襴地までがひとまとまりになって補任されていたことがわかる。右受取の「継目御礼録」も表4と同金額であり、先代の大坊永光から高順に代がわりした際のもので、継目の際には同時に官職等補任が行なわれるのが一般的であった。逆に言えば、修験者の身分を相続するには、上京、入峰の費用のほかに、これだけの補任料・手数料がなければできなかったと言える。ために、継目を望んでも、上納金に不足した場合は補任状が与えられず、不足金を完納してから補任状が与えられた、という例がある。

なお、「白地御礼録」とは、年行事格相当の結袈裟である白地金襴結袈裟のことで、年行事ではなかった大坊には、破格の補任であったといえる。

表4　直院各種補任料

御殿御通御礼	銀	匁 10
	銭	文 330
継目御礼	銭	貫 文 1.700
僧都	金	分 1
院号	〃	2
桃地	〃	2
権大僧都	〃	3
法印	〃	両 1
一僧祇	〃	2
二僧祇	〃	3
三僧祇	〃	両 1
貝緒	〃	2
金襴地	〃	両 3

支配神社		
両院持		七社権現宮 麓観音堂（三重宝塔・鐘楼アリ）新宮堂 上谷村大瀧山龍石寺不動堂
大　坊弟子		
常楽院	〃	
大　坊	〃	軍荼利明王堂
常楽院	〃	不動明王堂
大　坊	〃	愛宕山権現堂
常楽院	〃	
大　坊	〃	不動堂
常楽院	〃	
大　坊	〃	若宮八幡社
常楽院	〃	
〃	〃	御嶽権現社
〃	〃	御嶽権現社
〃	〃	御嶽権現社
〃	〃	薬師堂
大　坊	〃	厄王権現
常楽院	〃	
〃	〃	
〃	〃	庚申堂・囲籾蔵鎮守稲荷社・金毘羅社（川棚村）
大　坊	〃	山那社・本紀明神社
常楽院	〃	稲荷社
大　坊	〃	
常楽院	〃	摩利支天龍蔵権現社・八幡宮社
大　坊	〃	白石権現社
常楽院	〃	
大　坊	〃	
〃	〃	
〃	〃	
常楽院	〃	毘沙門堂・山神社・富士山鎌岩ニ堂アリ

表5　常楽院・大坊　諸同行書上げ

村　名	修験者名	年齢	補任状	補任年月
		歳	通	年　月
岩　殿	常楽院	41	金地迄10	天保10.7
			白　地1	嘉永 2.3
〃	大　坊	37	金地迄10	天保13.7
			白　地1	弘化 2.7
畑　倉	永正院	40	金地迄10	嘉永 2.3
瀬　戸	正法院	28	3	〃
井　戸	大正院	51	金地迄10	〃
尾　続	不動院	47	3	天保13.7
鳥　沢	正宝院	20	金地迄10	嘉永 2.3
〃	大林院	45	〃　〃	天保10.7
〃	正学院	28	〃　〃	〃　13.7
袴　着	常寿院	52	〃　〃	〃
宮　谷	大仙院	44	3	嘉永 2.3
小　沢	宝寿院	32	〃　〃	〃
西　原	三明院	43	金地迄10	〃
〃	十方院	40	3	〃
〃	大泉院	28	金地迄10	〃
宮　谷	東泉寺	32	〃　〃	天保10.7
駒　橋	大宝院	40	3	嘉永 2.3
古川戸	三光院	37	〃	〃
上　谷	万正院	23	〃	〃
〃	東正院	45	9	〃
小　沼	本学院	51	3	弘化 2.7
小明見	輪源寺	27	〃	嘉永 2.3
下吉田	大行院	40	〃	〃
内　野	光学院	67	——	文化12.7
上暮地	行宝院	31	金地迄10	嘉永 2.3
白　野	国宝院	37	——	——
成　沢	成宝院	41	3	嘉永 2.3
舟　津	本学院	72	——	文化 2.7
〃	円　晃	64	3	〃
川　口	大宝院	—	——	嘉永 2.3

同行修験者の場合、必ずしも金襴地まで一〇通の補任を得る必要はなく、**表5**の半数の修験者のごとく、御通御礼、大峰修行を済ませ、僧都・院号・桃地の三通のみの補任で修験者としての身分は保てた。とくに院号は最も基礎的なもので、宝永三（一七〇六）年三月の駿州村山外の富士郡山伏を勝仙院霞下に組み込んだ際、それまで用いていた院号をひ

とまず廃棄させ改めて院号をつけさせたことでもわかる。

ところで、上京・入峰修行費用・諸補任料などの支払いは、田畑や山林を広くもつ修験者はまだしも、農民との日常の関わりや諸活動の中からのみ収入を得て生計を立てていた多くの修験者にとっては必ずしも容易なことではなかった。補説2で述べるごとく、神職が平均四カ村の氏子圏を経済基盤として掌握していたのに比べ、**表5**の修験者は半数以上が支配神社・堂をもつものの、それらは氏神・産神社ではなく、修験者の活動の場にすぎなかったといえる。ために、これら修験者の中には、最大の義務である聖護院門跡の大峰修行に参加できない者も輩出した。

文化三寅（一八〇六）年御入峯之節不参之輩多分有之、御用度御差支ニ付、去ル亥（天保十・一八三九）年御入峯之節病気等ニ而無拠令不参候輩たり共、元来為供奉上京御通り御礼可相勤身分に候処、無余儀不参之事故、其訳を以御断申上、上京同様如御定其院格之御通り御礼録可差出旨、霞下一同江不洩様可被相達之旨前々年酉（天保八）年二月中被相触候、然ル処右亥年上京無之分、取揃上納相済候頭許も有之、又其後追々取立上納之向も有之候処、今以不納之院々不少候、右は全其頭許教諭不行届故之儀、難相済候、右不納之院々厳重被取調、明巳（弘化二・一八四五）年六月中迄ニ急度上納可有之候、此上等閑之儀於有之は頭許先達年行事幷弟子同行有之准年行事触頭等被召登御調之上急度御沙汰可有之候、

右の史料は、辰（弘化元年）十月付の住心院執事である小嶋治部法眼・小嶋大進法橋・内藤兵部法橋より甲州郡内岩殿山常楽院・大坊、小篠村吉祥院・花蔵院、田ノ倉村円林坊、下大野村太法院、四方津村大乗院の住心院直院に宛てた「廻達書　但帳面添」の一部である。

文化三年の門主入峰の節に不参の者が多く、入峰費用に差し支えたが、その後、天保十年の入峰の際にも不参の者が有り、これについては上洛しなかった修験者から相応の金を集め上納するよう、在地の頭許《かしらもと》（末端修験者を支配統轄する）に命じたものである。修験者不参という、修験者の経済的な困難ぶりがうかがえると同時に、修験者を財源基盤とした本山・本寺の、収入確保に躍起となっていた姿を理解することができる。

註

（1）松平定能編『甲斐國志』巻之九十、仏寺部第十七下〔岩殿山円通寺〕の項（甲陽図書刊行会、一九一一年）。
（2）「円通寺大般若経奥書」（山梨県大月市賑岡町岩殿、旧常楽院北条熱実氏所蔵史料）。
（3）『廻國雑記』（『群書類従』第一八輯日記部紀行部、続群書類従完成会、一九二八年）。
（4）註（1）と同。
（5）「修験名称原儀　一巻」（『日本大蔵経　修験道章疏一』日本大蔵経編纂会、一九一六年）。

（6）「宝永三年正月　由緒書」（前掲註（2）、北条熱実氏所蔵。以後、同氏所蔵史料には引用注を省略する）。

（7）『住心院文書』（東京大学史料編纂所所蔵影写本。なお同文書には、この書翰が住心院蔵として影写されている）。

（8）同前。

（9）中村和夫家文書一（大月市賑岡町強瀬）。

（10）その後も、両者には各地で確執があったことが報告されている。羽塚孝和「近世修験道史の一考察――特に社家との出入を中心に」（『宗教研究』二一四号、一九七三年）。

（11）『甲斐國志』巻之九十一、修験部。

（12）「信如院御順国ニ付由緒調子写并願書差出候下書一通　吉祥坊」（嘉永五年三月）（佐賀県武雄市教育委員会所蔵史料）。

（13）延宝三年に最初の法度五箇条が出されて以来、勝仙院晃諄の時（元禄～正徳期）に二箇条が追加され、この法度は幕末に至るまで代々の住心院（勝仙院）住職によって継承される。

（14）聖護院所蔵史料（京都市左京区聖護院中町）。

（15）駿河国須津庄八幡宮別当の多門坊は、神領拾壱石を、天文五年八月に今川義元より寄進されて以来、代々の領主によって寄進され、寛永十八年六月二十八日に幕府から朱印状が与えられ、貞享二年六月にも、朱印状が改めて与えられている（東京大学史料編纂所所蔵影写本『多聞坊文書』）。

(16) 註(14)と同。

(17) 東京大学史料編纂所『大日本古記録 言経卿記九』(岩波書店、一九七五年)慶長三年七月廿九日条。

第九章　近世陰陽道の編成と組織

はじめに

先天的に、あるいは病気によって盲いた人々は、農業の営みから離れざるをえず、しかも生の営みを続けるには、芸を身につけて例えば門附をするという途が存在した。盲目女性は瞽女《ごぜ》に弟子入りして三味線を習い、男は座頭になって門附《かどづけ》をし、村々を廻ることで営みを続けるという道である。彼らの門附は、座頭から見た時、それは当道座との関わりから官金を得るがための行為であり、これに対して廻村される農民からは、座頭官金が村入用によって賄われたように、出費を伴い、また隣村へと座頭を導く義務を負ったり、日暮れた場合には宿泊の世話をするという、一種の負担を伴う行為と考えられもした(1)。この双方の行為の前提には、領主権力による政策や農民のホスピタリティーも存在していたであろうが、そのほかに、農民やその子供たちが瞽女や座頭の芸を娯楽として待ち望み、彼らの門附のあとについて廻るような、彼らとその芸に対する親しみの気持が存在していたのでもある。

「土御門家神職座頭渡世出入一件」(2)によれば、武州入間郡入間川村にも一カ年に一～二度ずつの瞽女や座頭の廻村があるが、文化四(一八〇七)年八月四日、瞽女二人が入間川村に廻り、三味線を持って歌を謡い、老若男女子供までも附き慕っていた。門々を廻るうちにその瞽女が、同村陰陽師(一組惣代兼小頭役)石山美濃の門内二～三間入ったところで、「この神職へは参らざる門江這入」と独言しながら立ち戻り隣家へ移ってしまった。じつはこれ以前にも「毎度陰陽家之神職は下職なる者故、其家には不参由」を申し触らしており、陰陽家一派の者たちはそのために檀那相手の活動にも差障り、身分も立たないと年来むなしく感じていたのであった。そこで石山美濃は、なぜこのような行為をするのか、瞽女に問いただしたところ、瞽女が言うには、「穢多・非人幷髪結など」の家へは立ち入らぬよう自分の師匠から申し伝えられているのだ、と答えた。瞽女は陰陽師を立ち入らぬ家の一つと考えていたのである。

ついで、石山美濃の組下で近村の陰陽師斎藤数馬に対して、城慶という座頭が「陰陽家之者ハ下職之者故、門明すすぎ金」と名付ける金子を座頭に差し出さねば、瞽女・座頭は陰陽家への門附を忌避すると強要した。斎藤数馬は、瞽女・座頭に賤しめられ門附を避けられると「世間之外聞」が悪く、しかも、陰陽家神職の縁談は百姓との組合せもあり、せっかく現在、家族が睦まじくいっているのに離縁ともなることから、金子を差し出さざるをえないと苦慮した。[3]そこで石山美濃は寺社奉行所に、いかなるいわれがあって瞽女・座頭は陰陽家を賤しめるのか、このままでは陰陽家に対する俗家（檀徳）の帰依も自然と疎んずることになってしまう、どうか瞽女・座頭を召出し、吟味を下して、以来は陰陽家職業の者へ差障りのないように仰せつけてほしい、と文化五年に訴訟をした。

　訴えられた武州比企郡赤沼村瞽女帳本もよと入間郡小杉村座頭城慶による寺社奉行所への回答は、自分たちは田舎座頭のことゆえしかとはわからぬが、もちろん、陰陽師を賤しめるがためには毛頭していない、しかし、古来より陰陽師には門附をしてこなかったのである、この点について、頭役の城梅へ問合わせたところ、「享保三戌《ママ》年土井伊予守様寺社御奉行御勤役之砌、惣録役座頭共より出入不致職分之者」を書きあげており、それ以上のことは自分たちにはわからないので、その書上げを見てほしい、と答えている。

　享保三（一七一八）年の座頭が出入りしない筋目の者とは、猿楽・舞々惣而役者類・えびすおろし・あがたみ子・猿引・五輪切・青屋・おさかき・面うち・くらうち・かねうち・船大工・白輿屋・鉢たたき・あなくら屋・渡守・土器作・弦うちの一八種が書きあげられている。右の一八種は、各地の「河原巻物」に見られる弾左衛門支配二八座に含まれるものが多いが、間瀬久美子氏[4]の整理した各地の二一の「河原巻物」に記される弾左衛門支配二八座の中に、陰陽師を含めているものが一七あり、非人や猿引などと同様に、陰陽師も弾左衛門の支配下であるとの主張を弾左衛門が行なっていたことは明白である。現に、瞽女・座頭は「古来より不参」としてきたように、陰陽師に対する賤視感が存在していたことに着目しておこう。

このような賤視を伴う瞽女・座頭の慣行をはねのけるために、陰陽師石山美濃は寺社奉行所に訴え出たのだが、このように陰陽師をして寺社奉行所に訴え出させた文化五年当時の状況とはいかなるものであったのだろうか。この疑問が、近世陰陽道組織を主題にする本章の出発点となる。結論的に言えば、おそらくそれは、陰陽道が土御門家を中心とした全国組織であるとの認識を深めたことが、一人の陰陽師をして、訴訟を起こさせた原動力となったものと考えられるのである。

さらにまた、もう一つの真実が課題の出発点となる。それは、各年の『雲上明鑑』[5]の巻下には「諸社諸寺方伝奏」が記されているが、安永二年版や寛政六年版は広橋家や勧修寺家などの執奏家が記されたあと、最末尾に「伝奏無之神社社家官位執奏　吉田家」と記されて終わっている。それが、遅くも文化四年版では、「右之外於諸国伯家附属之社数多其外無伝奏之神社亦執奏　右　白川家」（ただしこれは寛政六年版から）と、「諸国大中小之神社幷社官執奏其数見執奏記諸家執奏之外無伝奏神社幷社官等亦執奏且依為神祇道長職之家諸国神社幷社官等之事被進退将又諸社之社家官位自何方執奏候共神道伝授幷無位之社家装束等之儀者可随吉田家之下知旨御規定依之諸家雖執奏受免授分数多　右　吉田家」との記述の変化があり、さらに初めて、

依為陰陽道管領之家陰陽寮執奏且諸国天文暦道天社神道陰陽家之輩可随支配下知之旨
御規定依之諸国一円被支配

右　　　　　　　　　　　　　　　　　　　　　　　　　　土御門家

が最末尾に記され、以後、明治維新までの『雲上明鑑』や『雲上明覧』には必ず同文の版行がくり返されるようになる。吉田家と白川家との「伝奏無之神社社家官位執奏」をめぐる、両家の分掌規定がなされ、両家の神職支配と並ぶように、土御門家による天社神道陰陽家支配が、これ以後、広く社会的にも流布するようになったと見られるのである。

この吉田・白川家支配下神職と並ぶ、土御門家支配下陰陽師が社会的に認識されたことが、一人の陰陽師をして、これまで忍従してきた瞽女・座頭による賤視をはねのけようと訴訟に踏み切らせた原動力となったことは否定できまい。では、寛政六年版から文化四年版に至るこの前後も含めた時期に、いったいいかなる動向と趨勢が陰陽道組織に作用したというのであろうか。

本章では、近世陰陽道組織について、寛政期を中心とした土御門家による編成過程と、具体的な組織の実態を明らかにすることを中心の課題にすえていく。

一　天和三年の綸旨と土御門家による編成

寛政三（一七九一）年四月、次の全国触れが幕府によってなされた。

大目付え

陰陽道職業いたし候輩は、土御門家支配たるへき儀勿論候処、近年甚乱雑ニ相成、陰陽道猥ニ執行候族も有之様に相聞候、以来右体之心得違無之、土御門家より免許を受、支配下知堅相守、可取行候、

右之趣、不洩様可被相触候、

四月(6)

この触れを梃子に、土御門家は諸国の陰陽師の編成を強く推し進めるのだが、その実態を述べる前に、この寛政三年に至る近世陰陽道組織の歴史的経緯を述べておかねばならない。

すでに村山修一氏『日本陰陽道史総説』(7)によって、陰陽道の日本伝来から律令的陰陽道の展開、さらに宮廷陰陽道から鎌倉・室町期の陰陽道についての詳述がなされたあと、近世における陰陽道の趨勢として、土御門家の復興や近世の暦道について触れられている。村山氏によれば、戦国期に古代以来の宮廷陰陽道の伝統は終止符が打たれたが、慶長五

（一六〇〇）年、土御門（安倍）久脩が徳川氏より陰陽道宗家として認められて以降、天曹地府祭その他の行事を、歴代天皇や将軍などのために執行するようになった、と述べ、さらに、幸徳井（賀茂）家の友景・友種・友傅の三代の陰陽頭のあと、土御門泰福が陰陽頭について、天和三（一六八三）年五月十七日、諸国陰陽道支配を安倍家に仰せつける霊元天皇綸旨が下され、これより土御門家は全国の陰陽師を統轄して免許を与える権限をもち、ゆえに陰陽師職掌の一つである造暦も同家の支配に任された、と指摘している。

天和三年の綸旨とこれを追認する将軍徳川綱吉朱印状は、土御門家と陰陽道組織にとって前後を画する意義深いものであった。土御門家『御家道規則記』(8)によれば、綸旨は、

陰陽道支配事自今以後所被付安家也、存此旨可令下知諸国給者依天気執達如件、

天和三年五月十七日　　左中将篤親

土御門兵部少輔殿

（附箋）「伝奏花山院亜相千種献納以格別之御懇厚連夜御参会、且局上﨟御懇篤、内実御取計粗相調候上、貞治御綸旨応永御教書達叡覧候上、以二卿関東江被仰入、可任叡慮之旨御答、五月十四日於御前、日本国中陰陽師支配之事被仰出、累代之面目、子孫之規則、全以泰山府君之神霊冥加不可忽、」

と記されている。綸旨のあとに付された附箋の文言によれば、花山院・千種の両伝奏によって連夜参会され、貞治年間の綸旨と応永十三（一四〇六）年の足利義満御教書の先例を

天皇に示した上で、武家伝奏がこれを幕府に知らせ、幕府から天皇の判断に任すことの回答を引き出して、五月十四日に天皇の御前で土御門泰福に日本国中陰陽師支配之事が仰せられたことを物語っている。『御家道規則記』は土御門家による後世の編纂物であるから、土御門家側の評価の入る附箋部分を、当時の記録で客観的に検討する必要がある。幸いなことに、天和三年に関白右大臣であった藤原冬経、すなわち一条兼輝の日記『兼輝公記』[9]が残されており、その四月十四日には次のように記されている。

(上略)御前両伝被申云、賀安両家相論諸国陰陽師支配事、賀家陰陽頭去冬令卒去、依闕安家任陰陽頭、然上者無他競望可為安家支配由可被仰出、其儀如何旨今度有勅問、関東将軍家於無他競望者不可子細歟、被下綸旨於泰福以件綸旨可申触諸国陰陽師之旨被言上、予云、将軍家勅答旨不可有異議歟、殊被下綸旨於安家以件綸旨可触諸国旨言上、是朝廷再興儀武家被崇敬朝廷故也、百年已来無大小恙以武家御教書触諸国、今度復旧貫君臣大慶不過之、勅云下官如所申綸旨儀朝廷再興御感不斜、偏将軍家被尊朝家故歟、此儀早速両伝可申渡安泰福、予其席可対席申畏承旨於休息所招兵部少輔泰福令両伝申渡了、泰福生涯面目先祖光耀朝廷恩沢不過之、開廿ヶ年愁鬱之旨申之、即右旨奏之了、泰福召御前泰福奏恐悦由了、小為予退朝、此相論儀数年未決定、先年過半泰福可為非分由公私評儀決定、近年有子細泰福不非分旨有沙汰、然賀茂友傅朝臣旧冬卒去、今及此沙汰与先年時勢如反掌此間儀不顕上非者依難述委細略了、然而綸旨儀自将

軍家被言上、朝廷再興復旧慣、尤珎重々々、

関白一条兼輝の記すところによれば、土御門（安倍）家と幸徳井（賀茂）家の両家は諸国陰陽師支配をめぐって相論を続けてきたが、陰陽頭であった幸徳井友傅が去冬（天和二年）に死去したことから陰陽頭が闕になり、そこで土御門泰福を陰陽頭に任じた、この相論は「数年来未決定」であったものであり、先年は土御門家の非分とされたものが、近年、子細あって非分にあらざる旨の沙汰があり、折しも幸徳井友傅の卒去によって落着したものので、土御門泰福は、二十カ年の愁鬱を開いたと奏上している、とある。また、一条兼輝はこの間の事情を、先年の時勢、手のひらをかえすがごとしと述べており、この幸徳井家から土御門家に有利に情勢が逆転した理由は、委細述べがたいので略す、と記している。いま、その理由を詳らかにすることはできないが、何らかの理由によって、例えば幕府の意図などによって土御門家に有利に事情が展開したのであろうか⑽。

さて『兼輝公記』の記事中に、朝幕関係を捉える上で注目すべき内容が含まれている。すなわち、天皇綸旨にもとづいて土御門家が諸国陰陽師に触れることの是非を関東将軍家に問うたところ、これを幕府が是認したことから、関白は「是朝廷再興儀、武家被崇敬朝廷故也」とか、あるいは「偏将軍家被尊朝家故歟」と喜んでいる。綸旨のみをもって諸国に触れうることを、関白はまた「朝廷再興復旧慣、尤珎重々々」と慶びを隠そうとしない。

この綸旨の出された前後の時期は、近世初頭以来の朝幕関係に、一つの画期をもたらす

時期であった。武部敏夫氏「貞享度大嘗会の再興について[11]」で指摘されるように、朝廷側の貞享元（一六八四）年からの働きかけによって、貞享四年に大嘗会が二百二十余年ぶりに再興されたことや、平井誠二氏「武家伝奏の補任について[12]」で、武家伝奏補任において幕府側の意向が強く反映していたのは貞享期まで（厳密には寛文期まで）で、元禄期からは朝廷の意向で人選がなされるように変化したという指摘のごとき、朝幕関係の一連の変化の中に、綸旨による諸国触れの幕府是認を位置づけることができよう。慶長十五（一六一〇）年八月五日、山城泉涌寺に諸国勧化許可の綸旨[13]が出されているが、おそらくその後は、天和三年に至るまで「百年已来無大小恙以武家御教書触諸国」と武家御教書＝幕府触書によってきたものを、いまここに綸旨による諸国触れの幕府による是認がもたらされ、関白はこれを朝廷再興と慶賀しているのである。

　その後、九月二十五日付で将軍綱吉から綸旨を容認する朱印状を受け（以後、歴代の将軍から同文の朱印状を受ける）、土御門家は諸国陰陽師の編成に乗り出す。これは、幕府の触れによるものではなく、綸旨の権限にのみ依拠した土御門家の諸国陰陽師支配であり、その編成であったことを、あえてくり返し述べておこう。かくして、おそらくはじめて試みられた土御門家による諸国陰陽師の編成は、「天和之節、当家ゟ陰陽道相改候趣者、有髪・束髪ニ而占考・祈禱・日取・方角等考致候輩は悉可為当家之支配候[14]」と後代に記されているように、有髪・束髪で占考・祈禱・日取・方角等を考致候者を陰陽師として土御門家が支配するというものであった。中世末期から近世前期に至る時期に、堀一郎氏[15]の指摘する、「三昧聖、勧進聖、鉦打、鉢屋、鉢叩、茶筅、生団子」などの念仏系民間宗教者、「説経、祭文、歌比丘尼、八打鐘」などの宗教的遊芸民、「夙（宿）、さんじょ、唱門師、陰陽師、あるき神子」などの巫祝的陰陽師、「里山伏及び妻帯修験」などの在俗山伏的民間宗教者が、多様に、しかも不分明な状態で存在していたものと考えられる。三鬼清一郎氏[16]が、豊臣政権末期における尾張の荒地開墾のための労働力として、陰陽師が集められたと紹介され、位置づけられた『駒井日記[17]』の記事によれば、文禄三（一五九四）年三月十日「一京都其外唱閑《ママ》尾州荒地おこしに被遣候様にと民法申上、上意には陰陽師書付上次第に尾州へ可被遣由民法へ申遣」、三月十一日「……尾州江罷下陰陽之書立従民法来写　一、百九人京ゟ　一、拾人堺南北ゟ　一、八人大坂ゟ　合百弐拾七人」と記されている。荒田開墾のための浮遊労働力として民部卿法印前田玄以に集められた陰陽師は、京都の一〇九人をはじめ、堺・大坂から都合一二七人にのぼる。これらの「陰陽師」を、近世後期の限定された意味での陰陽師（すなわち僧侶・神職・修験者などに伍す職分の定まった）と理解するよりは、三月十日の記事に「唱閑」とあるように、唱聞師とも陰陽師とも、あるいはその他の不分明な夙や散所の人々の総称として理解するほうが、ここでは妥当であろう。

　このような、京都・大坂・堺という都市に集住していた不分明な民間宗教者の中から陰陽師を選び出し、あるいは在地に定着して再生産をしている近江国伊香郡森本村[18]や和泉国信太郷舞村[19]などの陰陽師を取り込むために、土御門家は「有髪・束髪ニ而占考・祈禱・日取・方角等」を行なう者を基準にして、土御門家支配下陰陽師として編成しようと試みたものである。

天和三年十一月三日、河州触頭に滝井越中を、同月四日、摂州触頭に佐藤但馬を、同年十二月、尾州触頭に平野大和を、また同年に江戸触頭四人（菊川伯耆・杉井大隅・杉井因幡・正木織部）を任じる許状を土御門家は発行しているとみられ[20]、それら触頭を通して地域の陰陽師編成が試みられたものと考えられる。その他、貞享期に備中富原陰陽頭結城越後に許状を与え[21]、さらに、尾州国中は広いゆえ、小頭四人（杉江利兵衛・杉江伊兵衛・平埜喜左衛門・尾関市郎左衛門）で支配させ、摂州の場合も元禄三年十月三日に陰陽師小頭として佐藤但馬・武知石見を宛てている。このような触頭や小頭の下で、組織化はどこまで進んだものか、土御門家による編成意図はどこまで貫徹していたものか、未詳である。しかし、この当時、触頭の許状が発行されたと見られるのは摂津・河内・尾張・備中・江戸にとどまり、地域が限られている。この点に着目するならば、この地域限定を史料残存上の理由にのみ求めず、当時の土御門家による編成能力の限界と、同時に、編成の法制上の根拠となった綸旨の効果の限界によるものと理解する必要がありそうである。

二　宝暦～寛政期の土御門家の要請と幕府の対応

仏教諸宗派のごとく、すでに本末関係を中心にした教団組織が機能していたならば、本山・本寺の触れは末端の諸寺院まで到達されようが、綸旨を梃子にこれから組織編成を行なおうとした土御門家の場合、幕藩領主権力の触れの力を借りずに、綸旨に依存するのみでは、ほとんど畿内・尾張と江戸に編成の試みが限られてもやむをえまい。幕藩制国家の中で、綸旨のもつ限界は、朝廷の機能の限界と置換して理解することが許されるならば、関白一条兼輝が、綸旨の幕府による是認を、いかに「朝廷再興」と慶賀しようとも、所詮、幕藩制国家内で朝廷の機能がごく限られた範囲にしか実態を伴わなかった以上、形式的な空しい「朝廷再興」にとどまったことは言うまでもない。

土御門家は、天和～元禄期の地域的に限定された組織編成のあと、弛緩した組織、機能しない組織の活性化と拡大とを図るために、宝暦期以降、幕府より土御門家の全国陰陽師支配の触れを出してくれるように武家伝奏を通して願った。その際、土御門家からは天和年中の幕府触れの先例があるので、再び触れを出してほしいという願書であった。『陰陽道家職一件[22]』によれば、幕府の回答を受けた武家伝奏は、土御門家に対して、天和年中の公儀よりの触れとは、その年号・月日はいつか、また、京都触れかあるいは関東にて触れ出したものかと問い糺した。これに答えた土御門泰邦より広橋大納言・姉小路大納言の両伝奏に対する宝暦十二（一七六二）年三月二十四日付の答書には、土御門家の希望する公儀触れの先例である天和年中の触れとは、土御門家の日記によっても、年月日・文言、どこから触れられたかが判明しない、「定而御代官所ニは可有御座哉」と答え、今回の触れが出され次第、早々に陰陽師改めを行ないたいので宜しく御沙汰を願いたいと記している。

これに対して幕府側は、老中の命を受けて寺社奉行が、陰陽道家職についてや触流しの方法、あるいは触れを出すべきか否かの評議を行ない、その結果を明和二（一七六五）年に老中に上申している。すなわち、

陰陽道家職之儀申上候書付

酒井飛驒守

寺 社 奉 行

陰陽師家職

一判はんし諸事占方之事

一神道行事一切之祈禱之事

一地祭家堅五穀之祭之事

一四季之祓荒神之祓幷札守之事

一暦年筮配申候事

一秘符ましなひ矢除之守之事
一日暦十二神之札并神馬之札之事
一千寿万歳之事
右従古来陰陽家職分ニ而御座候、貞享元子年、元禄八亥年陰陽師職分相紀置候以来、
今以其通職分相続仕候、
右職分勤候もの共は土御門家ゟ右之職札近中陰陽師相勤候儀に御座候、
二月[23]

右は、陰陽師の家職についての評議内容である。前節で既述のごとく、それまで曖昧な、不分明な存在形態であった民間宗教者のうち陰陽師は、「有髪・束髪ニ而占考・祈禱・日取・方角等考致」ものを基準にして、土御門家は貞享元年・元禄八年に職分糺しを行なったが、その後、七十年経過した明和二年に、寺社奉行によって陰陽師の家職八カ条が認められたのである。七十年の間におのずから家職が定まっていったのであろうか。かくして、陰陽師の家職が具体的に確定されたものの、しかし、第二〜四条のように他の祈禱系宗教者と競合するまま公認されたことから、やがて、荒神の祓いを業とする盲僧と活動の抵触を来すことにもなった。

ついで、「神祇道陰陽道御触被仰出候節触渡之儀申上候書付[24]」を、寺社奉行酒井飛驒守は老中に評議上申している。その内容は、神祇道・陰陽道に関する触れを触渡す方法につ

いて、まず神祇道の場合、年数は掛るが、諸国の重立った社々神職には江戸城参上の節に触れ、軽き神職へは向き寄りの重立った神職より伝え、なお届き兼ねる者には、代官・領主・地頭より触れる方法を、次に、陰陽道の場合、「陰陽師之儀は当御地ニ触候様可仕哉、右体之例は無御座候へとも評議仕申上候」と記されている。幕府は神祇道の触渡し方法には、遅くも、延享元（一七四四）年には苦慮しており、歴代の老中・寺社奉行の課題になってきた。[25] この明和二年段階でも同様であるが、この問題は寛政三（一七九一）年の吉田家江戸役所開設によって解消される。[26] 陰陽道については、後述するように、関東陰陽家触頭が存在することから、寺社奉行は、各地の陰陽師への触れは当御地＝触頭を通して触れることでどうか、と上申している。ただし、そういう例はこれまではなかったが、と述べており、関東陰陽家触頭が、仏教諸派の江戸触頭と同様な寺社奉行と教団を繋ぐ窓口としての機能を、これまでは果してこなかったことを示している。

ところで寺社奉行は、土御門家の願望した全国触れを、出すべきか否かの評議も行なった。「神祇道陰陽道御触之儀ニ付評議仕候趣申上候書付」[27] によれば、老中は明和元年十二月二十三日に評議を命じ、その際、京都所司代よりの書付と吉田家・土御門家の書付を寺社奉行に渡している。これを受けて寺社奉行は、まず吉田家の願いを評議上申した。すなわち、吉田家の要望は、「寛文年中被仰出候以来諸国一統神祇道之筋相立来候処、近年社礼を乱不法之事茂有之及出入」んでいる、そこで、寛文五年の御条目（「諸社禰宜神主法度」）を再び触れてもらうことで吉田家による神職支配の強化を計りたい、という趣旨であった。これに対する寺社奉行の判断は、「諸国之神社悉吉田家之指揮仕候と申儀ニ而は無御座候」、したがって、吉田家の願いにより一統に御触を行なうようになっては、「吉田家之配下ニ而無之神職共ハ、還而指支候筋も出来可仕哉ニ奉存候」と触れを出すのに否定的であった。

次いで、土御門家の願書を検討した寺社奉行は、土御門家が言うところの「諸国陰陽道近年乱雑ニ相成、前々及出入難渋に付、天和年中之通御触之儀被相願候」という趣旨について、天和の触れとは、触書そのほかにも見えないが、どのようなものか、もっとも、土御門家も触れの文言は知らないというから、おそらく、陰陽師とは「職分之軽キ者ニ御座候得は、右職分ニ事寄紛敷儀を不仕候様之御触ニも可有御座哉」と、天和年中の幕府触れの存在を否定し、さらに、陰陽師の職分を軽んずる文言を並べたあとで、「神祇道陰陽道共ニ是迄之形ニ而被差置候而も差支候儀も御座有間敷哉」と上申している。

明和二年二月に評議上申を受けた老中は、吉田家・土御門家より申し立てられた触れの儀は、沙汰に及ばざる旨を決定した。ただし、京都より武家伝奏を通して願われたことを顧慮して、京都に回答するよう、老中は三月十五日に命じ、寺社奉行はこれを承知している。

これに対し、土御門家はあくまでも幕府全国触れを願い続けた。明和二年から二三年後、寺社奉行も老中も松平定信を中心に一新され、また、土御門家の当主も代わった天明八（一七八八）年、九月二十八日付で、土御門泰栄は万里小路大納言・久我大納言の両武家伝奏に宛てて次の願書を差し出した。

土御門家所知候諸国陰陽道之儀、近年甚乱雑ニ相成、一派格例も難相立、其上年々及衰微候ニ付無拠差支候儀も有之、旁以甚心配全難渋候ニ付相改申度候条、天和年中諸国御触流被成下候例も御座候条、何卒今般諸国御触流有之候様願存候、右ニ付猶又演説之趣意別紙ニ相認、貴卿方迄令進呈候間、此等之趣関東表江可然御沙汰之儀頼入存候也、

九月廿八日　　泰　栄

万里小路大納言殿

久　我　大納言殿(28)

陰陽道組織が乱雑になったために、土御門家は年々衰微し、拠《よんどこ》ろない差支えも生じる状態に陥るに至り、何とかして全国触れを実現させたいという気持が顕われている。同時に差し出された別紙演説は「口演之覚」と題され、武家伝奏を介して幕府に宛てられた全国触れの願書である。この「口演之覚」は長文であるため要約をして以下に示す。

土御門家による諸国陰陽道支配のことは、綸旨・朱印状をもって下知してきたことを公儀においては御存知であるが、近年、諸国において弁《わきま》えざる輩が数多あり、格別乱雑にな

って、土御門家に届けずに猥りに陰陽道職業を取り行なう族も数多いるのが現状である。これを取締るにも、当家は元来小禄で人も少なく、諸国まで取締りが行届かないため、ますます年を追って乱雑、理不尽になっている。ために、取締りが緩み、収納物も年々減少して差支えている。当家は近世において小禄のため、もっぱら陰陽道支配の助成によってようやく相続いたし、「公武長日御祈禱以下七十余ケ度之神事調進」もしてきた。天曹地府や名越の祓い、その他の御用向、あるいは天文暦方なども規格のごとく懈怠なくつとめてきたのに、陰陽道支配が緩み収納物が不足すれば、御祈禱以下の御用向に差支えるのは顕然である。取締りのために、綸旨・朱印状を猥りに拝見させることもできず、土御門家の支配に狐疑を抱いている族を納得させるには、願いの通り御触流しをして下されば、「国津々浦々まで帰服させ、取締ることが可能になる。これは、私の家のためではなく、「国家之御用」に関わることであり、願い上げる。ことに、「吉田家門下社家共之儀も乱雑ニ付、近年御触流も有之候趣」であるから、陰陽道についても早々、御沙汰を願いたい。とくに現在、長崎において問題が生じている。それは陰陽道をもっぱら取り行なう者があり、当家の支配を願い出たので亡父在世中に許容したが、盲僧たちが土御門家支配に反対して争論となり、天明四年以来、長崎奉行所に数カ度往復に及んでいる。かように「西国筋就中混雑」であるから、当家支配を確立したいが、これまで公辺の仰出しや寺社奉行の沙汰も一向にないため、取計らいがたくなっている。当面しているのは長崎表の問題であるが、遠国、私領の末様の者においてはなおさらであり、どうか当家支配の触流しを願い上げる、という内容であった。

明和初年にともに願い出た吉田家の全国触れだけが、天明二年[29]に実現されたことを梃子に、そして現在、長崎で支配をめぐっての問題を抱えているのを直接の要求課題に、そして根本的には、公武御用（役儀）を果すための財源を収納物に求めるという理由で、土御門家は、幕府による全国触流しを要求したのであった。

翌、寛政元年、右の土御門家の願書は武家伝奏から京都所司代を経て幕府に伝えられ、老中は寺社奉行に評議を命じるに至った。寺社奉行松平右京亮による「土御門家相願候支配下之儀付御触書之儀猶又評議仕候趣申上候書付[30]」によれば、寺社奉行の評議内容の骨子は、次のごとくである。すなわち、今回土御門家より差し出された天和年中の触れの写というのは幕府の触れとは異なるゆえ、したがって今回願っている全国触れは「新規」に出されるものになる。また、土御門家より差し出された願書（「口演之覚」）はもっともであるから「支配下取締之儀付被相願候趣御触流御座候而茂指支之筋有御座間敷哉ニ奉存候」と、触流しを行なっても差支えないというものであった。

この八月付の評議の上申を受けた老中は、寺社奉行に触書案の作成を命じたところ、同年十二月付で、寺社奉行松平右京亮は「土御門家被相願候陰陽道之儀ニ付御触書案之儀猶又申上候書付[31]」を老中に上申した。その内容は、「御触書案取調差上候様」に老中が仰せられたのだが、これは新規の触書でもあり、まず陰陽師触頭へ職業の儀を尋ねたところ、「職業之ケ条」や配下の掟もあると答えたので、今一応土御門家に「陰陽道職業之ケ条幷掟書」を問合わせ、取調べた上で触書案の作成をいたしたい、というものであった。

そこで、寺社奉行は京都所司代を通して問合わせをすることになるが、問合わせ文言も逐一、老中に呈出して了承を求めている。寺社奉行松平右京亮より老中に十二月二十日付で上申した「土御門家被相願候儀ニ付所司代江之御書面案之儀申上候書付」の書面案は、ほとんど文言の修正も加えられずに、十二月二十五日に、京都所司代太田備中守に宛てて差し出された。

先達而土御門右衛門佐より陰陽道取締之儀ニ付天和年中之例茂有之趣を以、触書差出候様致度旨書付差出候付、天和年中陰陽道之儀ニ付触書之写留差出候様申達候趣伝奏衆江懸合、右衛門佐江被相尋候処、其節之書留写三通差出候由、伝奏衆被差越候付被越之候間取調候処、右衛門佐差出候書面は触書と申筋ニは無之、左候得は触書出候と申茂不分明ニ相聞候、然ル上ハ先達而相願候触書ケ条は新規之儀ニ而天和年中以来陰陽道之儀ニ付触等も無之済来候事ニ付、此度触之儀ハ難被及御沙汰候間、其段伝奏衆江可被相達候、以上、

すなわち、土御門家の呈出した天和年中の触書は、幕府触れではない、したがって新規の触れを願ったことになるが、これまで天和年中以来、幕府触れもなく済ましてきたので

あるから、今回の触れは沙汰に及ばない、この旨を伝奏衆に達するように京都所司代に指示した内容となっている。

寛政元年八月には、寺社奉行は土御門家の願いと主張はもっともであり、触流しも差支えないと上申し、老中はこれを受けて、寺社奉行に触書案の作成を命じたところ、いざ触書案作成となってから寺社奉行の姿勢は後退し、京都所司代に陰陽道職業・掟書を問合わせた上で、と答えながら、実際には新規触書は行なわずに従前通り、と武家伝奏に回答させるに至った。この姿勢の後退が何に因るのかは不詳である。ただ、吉田家のような再触れではなく、新規に触書案を作成することの抵抗感が、より慎重にさせたのは一因となったであろう。

しかし、一度は老中・寺社奉行によって、陰陽道支配触流しの必要は基本的に合意されていたのもまた事実である。土御門家はさらに愁訴をくり返し続け、ついに寛政三年に触流しを幕府に実現させるに至った。

陰陽道配下取締御触案寛政三亥三月十日
丹波守殿江以佐藤又八郎進達同四月十二日
御下承付十四日再達

土御門家被相願候陰陽道之儀ニ付御触書案之儀猶又評議仕候趣申上候書付

松平右京亮

亥四月十二日
書面之趣御触被仰出
候段被仰聞承知仕候

寺社奉行

土御門家配下近年乱雑ニ相成候趣ヲ以、御触之儀再応被相願候ニ付評議仕候趣追々申上候処、御触之儀ハ難被及御沙汰候段所司代江茂被仰遣候処、其後モ頻而被及愁訴候由、依之今度先御触書之案相認懸御目候様ニトノ御沙汰ニ付猶又取調候処、先達而申上候通陰陽道之儀ニ付前々ヨリ私共方申送書留等無御座候得共、明和二酉年酒井飛騨守寺社奉行勤役中節、吉田土御門両家ヨリ配下取締度趣ニ而彼是評議仕申上候儀モ御座候処、其節モ御触之儀ハ不被及御沙汰由ニ御座候得共、委細書留等者相見不申候、然処如何之御趣意ニ御座候哉、其後天明二寅年ニ至吉田家配下職業之儀ハ寛文之度之御触書ヲ以再御触御座候、土御門家配下職業之儀ハ明和之度先同役共申上候通御定ト申モ無之、土御門家陰陽道之支配勅許之御朱印而已ニ而、外ニ職札ト申候者彼家自己之掟書ニ御座候得者、寛文天明両度吉田家配下江之御触御座候准据ニハ難相成哉ニ奉存候、併先役共評議書面ニモ土御門家職業之箇条者貞享元禄両度迄職分相糺置候已来相続仕違変モ無之趣ニ相見候之間、先達而上置候触頭吉村市正差出候職業書之箇条ニ引合候処、是亦相違モ無御座候、然上者前々ヨリ一派之規則モ大抵相極リ有之様ニモ相聞申候、依之天和之度御朱印之御文面ヲ受、先御触之案取調掛御目申候、

三月　　　　松平右京亮

御触書案

寺社奉行

陰陽道職業イタシ候輩者土御門家支配タルヘキ儀勿論之処、近年甚乱雑ニ相成陰陽道猥ニ執行候族モ有之様ニ相聞候、已来右体之心得違無之、土御門家ヨリ免許ヲ受支配下知堅相守可取行候、

右之趣不洩様可被相触候(32)、

すなわち、寛政元年に京都所司代に触れに及ばずと伝えたものの、土御門家よりの愁訴によって、今度、老中より触書案の作成が命じられた、かつて明和二年、酒井飛驒守によって吉田・土御門両家への触れには及ばずとの沙汰であったが、天明二年に吉田家には寛文年中の再触れを行なった、他方、土御門家には、触れの先例なく新規であり、吉田家は準拠に及ばないのだが、天和・元禄以来、土御門家による支配に違変もなく、一派としての規則も決まっているようなので、寺社奉行は天和の御朱印文面を受けて御触書案を作成した、という内容である。老中は、寺社奉行の評議上申を承認し、かくして、寛政三年四月、三五九頁に掲げた全国触れが達せられるに至ったのである。

あくまでも消極的な姿勢を保ち続けた寺社奉行の意向を上回って、土御門家による陰陽師支配の全国触れを出させようとした老中の政策意図とは奈辺にあったのであろうか。それはおそらく、寛政三年に吉田家関東役所を開設させ、仏教諸派や修験宗と同様に江戸触頭（役所）を通して、幕府は一派に触流しを可能にした施策と同じく、関東陰陽家触頭を

通して触流し機能を果させると同時に、全国組織の整備の不可欠を感じとったものゆえと推測される。そのことは、この時期に各宗派ごとの人別改めを強行させているように、宗教者の人身掌握を強め、組織強化を企図した政策の一環と捉えることが可能であろう[33]。

三　寛政三年以降の土御門家による編成

宝暦十二（一七六二）年ごろより、武家伝奏─京都所司代を通して、約三十年間、再三の嘆願を続けることで、やっと出されることになった寛政三（一七九一）年四月の触れは、ただちに全国に触れ流された。例えば、盲僧との争論があった幕領長崎にも達せられ、翌五月に長崎奉行所から同文言の触れがなされている[34]。私領の岡山藩においても、同文言の触れが藩により移達されている[35]。

かくして土御門家は、幕府の全国触れの威力を梃子に組織編成（強化と拡大）を展開しはじめたのである。貞享～元禄期の限定された編成で、すでに触頭のおかれていた国々（畿内・尾張・江戸）などでは、配下陰陽師に土御門役所への出頭が命ぜられた模様である。武蔵国比企郡毛塚村の坂本家に残された史料によれば「私儀、天和年中ゟ代々土御門支配ニ而陰陽道職業相勤罷有候所、近年病身罷成候間、右之職も相勤不申候……当丑（寛政五年）ノ二月中、右土御門御役所江早々罷出候様被仰付候ニ付、種々養生仕候得共只今以宜敷も無之、殊此節不眼罷成耳も遠ク甚恐入候得共、土御門御役所江罷出候儀、当時相成兼候間此段御届奉申上候」[36]と、寛政五年の土御門役所への出頭命令を病気のために果すことができないことを届けている。このように、陰陽師たちが触れを受けて、土御門役所に罷り出て改めを受けるという編成の形が一つあった。これは、土御門家にとっては最も安易な方法であったが、これはすでにある程度の組織化がなされた地域や、土御門役所（京都と江戸）の近国の場合に限られていたと見られる。

そうではない場合、すなわち遠国であったり、組織化が遅れている場合には、土御門家は使者を差向けて吟味をさせる方法をとった。南部藩へは、二人の使者を土御門家は差向けたが、南部藩では領内におけるこの二人に疑義を抱き、南部藩京都屋敷役人をして、土御門家に照会を求めてきた。寛政六年閏十一月七日付の、南部藩京都屋敷清水源蔵より国元の工藤泰右衛門宛ての書状[37]によれば、清水源蔵は京都の土御門家に参上して土居男也（井）（雑掌）に聞いたところ、土居が言うには、南部藩を廻っている二人は土御門家配下の者に相違なく、「国々を往辺仕候者」で、どの国にても不埒の儀を仕らないよう毎々申し渡している、とのことである。これに対して清水は、南部領内では二人は面倒の筋もあって、ことによれば急度申しつけるべき次第もある、と伝えると、土居は、この二人が領内でどのようなことをしたのか、今後の心得のためにも教えてほしいと述べたあと、これから使者を送る場合、割印を持参させ、領内で割印を引合わせて滞留日限を決めるように配下の者に申しつけるがどうか、と答えた、さらに土居が述べるには、南部領内に陰陽師体の者があるが、罷り登り許状を願う者が一向にない、吟味を行ないたいのだが、南部は遠国ゆえに行届かない、どうか南部領内の右行体の者たちが許状を願いに京都に罷り登るように藩から命じてほしい、もしまた困窮者の場合は、京都に上らずとも書中で申し越せば、土御門家より許状を差し出す、これらの趣を国元の役人にお願いしてほしいと土居が述べた、と清水は書き送っている。

清水源蔵の土御門家への到来が刺激になり、寛政七年正月二十二日付で土御門家は南部藩京都屋敷役人に宛てて次のように書き送っている。すなわち、①今後、南部領内で当家支配の趣を申し立て、許状・判物の類を所持していようとも、添印鑑のない者の領内廻勤は藩の勝手次第に差し留めて結構である。また印鑑を所持していても、御領法に差障り、ふつつかの筋があれば遠慮なく取計らってほしい、それがお互いのためである、と述べて添印鑑の押印例を記している。②さらに、

奥州南部領廻勤　　何国……

何之誰

右之者当家支配相違無之候、以上、

（割印）

土御門殿

年号月日

陰陽道役所 印

という一紙を廻勤の者に一人ずつ渡しておくので、御領内お改めの際、これを所持する者は当家支配下の者である。ただし、寛政四年閏二月に許状を与えた盛岡十三日町阿野斎宮は、近年、土御門家支配下に入った者で、万端不案内であり、少々差支えの筋もあるので、この者に領内陰陽師の改め掛りを命ずるのはしばらく見合わせ、追て御案内までは藩の御役手にて直接に取扱い下さるよう願い入れる。③領内で陰陽道取扱いの輩で本所のない向々は、早速当家が支配いたすについて、もしまた本所のある身分であれば、それは兼職陰陽道であるからこれも当家免許支配を請けるよう、御領内に下知してほしい。当家は古来より綸旨・御朱印をもって諸国支配をしてきたが、何分にも小禄ゆえ、遠国等は手届き兼ね、等閑になっている所もあり、とくに近年は乱雑になり御用向の差支えにもなっていた。寛政三年四月、公儀の諸国への御触れによって、追々取調べているのだが「諸国之儀故、中々以難行届」、御領内の辺末までは一向に取調べも達成しない。別段、改め役などを差し向けずに藩の御世話をもって「筋合」もたてばはなはだ当家にとっては大慶の至りである。当家支配は、まったく私の利用勝手筋にはなく、公儀御用向の御手当にするもので綸旨・御朱印厳重のものであるから、今回の御触れの御趣意も立つように宜しく取計らってほしい、というものであった。差出人の土居男也・岡監物・壱岐長門介三名のほかに、土御門家家司三名（小泉陰陽大允・星合陰陽小允・三上駿河守）も願い入っている。

土御門家にとって、南部藩領は遠国であり、触頭となるべき領内の中核たる陰陽師との関係も結んでおらず、寛政三年の全国触れ後、急遽、領内支配のために重立った陰陽師を設定したところが、これも不調に終わり、結局、藩権力に陰陽師の統制を委ねたい、というのが趣旨であった。

南部藩のような、土御門家による直接の編成が必ずしも功を奏さなかった例もあったであろうが、それでも土御門家による編成の作業は各地で続行された。文政八（一八二五）年九月、備前岡山藩に対し、土御門陰陽頭殿使者岡監物は「(上略) 今般其御国陰陽道為取締、家来鈴木図書被指下候、御領分致通行候付てハ其御領分罷在候当家配下之者へ立寄取調之事も可有之、逗留も可致候間宜御取計御心添之儀頼入被存候、此段御頼可得貴意、以使者被申達候事(38)」と、陰陽道取締りのために土御門家は使者を派遣しており、これに、岡山藩としても便宜を与えている。

南部藩の例はもちろん、盲僧との争論の解決しなかった長崎においても、あるいは岡山藩においても、幕府の触れが伝えられ、その威力によって、はじめて問題の解決や組織の編成が進捗したと言っても過言ではない。かつての綸旨をのみ根拠に、限定された編成にとどまったのとは違い、今回は、全国的に、それ以前には土御門家との関連も薄く根拠に欠けた地域(39)にも、幕藩権力に依拠しつつ編成を進めたことが特徴的である。

とはいえ、抵抗もなく編成が進行したのではなかった。それまで、組織とは無縁に、陰陽師的活動＝「陰陽師体」をしていた個々人からすれば、これまで、何ら支配を受けていなかった土御門家の支配下に組み込まれ、掟に従い、貢納料を納めることが義務づけられるのであり、編入に抵抗をする陰陽師は存在した。抵抗する者に対して土御門家は、争論に持ち込めば「双方共無益之費用も有之、旁以幾重ニも双方共差支なく筋合相立候趣致度、随分和熟之儀相好申儀ニ候得者、大抵之儀者見捨ニもいたし被置度候得共、左候得者其向に一人二人而已之義ニ無之、諸国一統江引移りと相成矢張混雑不取締之基と相成」る、そこで、「何分繁雑成職業故、手狭ニ支配下知相成候而ハ彼是差支之廉も有之候間、右之次第故混雑之向々江此意味ヲ以何分公儀御触流之御趣意も相立、且当家職掌支配向混雑無之様御示願御取計度頼被存候事」と、武家伝奏千種前大納言へ、寛政七年六月八日、取計らいを依頼している。その時の直接の対象は、丹後久美浜代官野村権久郎殿御支配所の但馬気多郡上之郷村の太良右衛門・小兵衛・甚右衛門・父助・市介・長介の六名である。

右之者従古来当家支配下有之候所、職業筋之儀付被申渡候儀有之候間、当家江罷出候様、野村権九郎江被仰渡被下度、此段武辺宜御通達之儀頼入存候、以上、

卯六月八日　　土――星合　陰陽少允(40)

と、六名の者を土御門家に出頭するよう支配代官に命ずることを、武家伝奏から武辺へ通達するように依頼したものである。抵抗する者に対して、土御門家が直接に、当事者となって支配を強行するのではなく、土御門家―武家伝奏―幕府―支配代官↓陰陽師のルート

を通して陰陽師編入を進めたのであった。

四　近世陰陽道の組織機構

寛政三年の全国触れが出されたことで、土御門家による陰陽道支配は急速に伸展したものの、だからといって全国津々浦々まで、ただちに及んだものではなく、依然、支配の及ばない地域や不分明な存在を残し続けていた地域もあった。しかし、「はじめに」で述べた文化四年版『雲上明鑑』巻下記載の諸国一円陰陽道の土御門家支配の版行に見られるように、社会的にもこれが共通の認識として普及していったことは、それ以降の土御門家による編成を容易にしたものと思われる。そこで、寛政期以降の一定度の編成がなされたあとの、陰陽道組織の具体像を素描してみたい。

陰陽頭である土御門家を支えて、本所を形成していたのが、小泉陰陽少允・若杉能登守・土井主殿・三上駿河守・広庭兵部・壱岐美作守らの家司と後藤民弥・吉田若狭守・白岩権之允・大黒民部・竹内筑後・小嶋典膳・岡音之進らの雑掌である。官職名は文化元年正月の「晴明御霊社八百歳御神忌」[41]の際のもので、年により人名・官職名の変化が見られるのは言うまでもない。本所を構成する家司・雑掌は、陰陽師支配にあたるほか、幕藩権力との折衝や武家伝奏への使者となる上、公武の諸儀式（祈禱・祓い・祭事）を執行する。

これが中央組織であるのに対して、地方組織は、触頭の存在する国々と存在しない国々に大別される。触頭は後述する関八州支配の江戸触頭（関東陰陽家触頭）のほかに、京都（洛西）（竹内近江・村上丹後など）・摂津（佐藤但馬など）・河内（滝井越中など）・尾張（平野大和など）の触頭は天和二（一六八二）年には任じられ、その後、天保四（一八三三）年七月に越後国触頭に藤川讃岐が、同七年八月には甲州触頭として阿川伊予の江戸役所の重立った二人が任じられている。おそらく触頭の設置された国々は、右の六カ国程度に限られた模様である。この触頭とは、いわば陰陽師支配頭という地位であり、一国の陰陽師を束ねる立場にあった。したがって配下陰陽師が犯罪を犯すなどで咎を受けるような時は、その支配責任が問われることになった。文政十（一八二七）年、大坂において、京都八坂上町の陰陽師豊田貢が「邪宗門一件」で不届の筋を糺された際、触頭竹内近江は、附武家を通して大坂町奉行所に呼ばれ、取調べの上、豊田貢は仕置に、竹内近江は「陰陽師共江申付方は勿論、改方疎略候儀不埒ニ付押込」(42)の咎を受けた。この場合、本所は責任を問われなかったように、触頭の存在する地域の陰陽師に対する支配・統制は、本所である土御門家からは間接的なものになる。これに対して、触頭の存在しない地域——土御門家による編成が遅れた地域とも言える——については、本所からの使者が出役として出向いて吟味・統制にあたった。前述の南部・岡山の例などである。

表1　江戸触頭（関東陰陽家触頭）

天和年中	杉井大隅・正木織部・杉井因幡・菊川伯耆
元禄年中	菊川伯耆・正木織部
宝永年中	菊川伯耆（杉井・正木は断絶）
宝永4年8月	菊川権頭（伯耆老年退役，権頭は悴）
享保2年	菊川権頭
宝暦2年	菊川権頭・吉村主計
天明6年7月	吉村権頭・吉村市正（加役）
天明7年3月	吉村権頭・吉村市正
寛政元年閏6月	吉村市正（権頭病気退役）
寛政3年2月	吉村市正
寛政4年	吉村市正（吟味につき差留） 藪兵庫・吉川将監・吉川式部（代勤）
寛政7年正月	藪兵庫
文政13年12月	吉川主計・菊川大隅・藪兵庫（加役）
天保3年正月	吉川主計
天保9年閏4月	藪兵庫・吉川筑前（加役）
天保13年5月	藪兵庫・吉川筑前（加役）

関八州を支配する江戸触頭は、寛政元年・同三年のほとんど同文言の江戸触頭より寺社奉行に宛てた書上げ「関東陰陽家触頭相勤来候規矩共可相成儀御尋ニ付左ニ奉申上候」(43)によれば、およそ次のような機構・職掌をもっていたと見られる。触頭は関八州陰陽師（万

表2　古組と新組

古組	寛政元年10月(1789)	吉川式部・吉川内蔵之進・吉川斎宮・吉田主悦・吉田源内・吉川将監・藪兵庫
	寛政４年３月	吉村市正（触頭）・吉川式部（触頭代勤）・吉田主悦・吉川斎宮・吉川将監（触頭代勤）・藪兵庫（触頭代勤）・吉村権頭・吉川主馬・吉田源内
	天保13年５月(1842)	藪兵庫（触頭）・吉川筑前（触頭加役）・吉川主計（触頭格）・吉村織部・吉村権頭・菊川大隅・吉川民部・吉田主殿
新組	天保13年５月	那須加賀（古組格，関東陰陽家取締役）・阿川伊予（関東陰陽家取締役）・白井内記（関東陰陽家取締役）・阿川蔵人（関東陰陽家取締役）・井口雪斎（新組与頭）・関飛騨・加藤播磨・山家主殿・榊原左源太・阿川相模・那須下総・梅原中務

歳も含む）職業の者の支配・取締りにあたり、職業作法などに異乱の輩は、早速、触頭の存寄をもって申しつけ、その上、寺社奉行所へも届け出る。触頭は寺社奉行所に対して、他の宗派江戸触頭と同様な、組織・教団の窓口としての機能を果す関係をもっていたと思われる。関八州の陰陽師については触頭に支配が任されていたが、年中の取計らい方については、京都土御門家より毎年、上巳と名越の祓の使者（雑掌）が江戸に来た際に相談をしたり、また月々、書状を往復させて役向き万端について懸合を行なった。

管見の範囲で整理した歴代の江戸触頭（**表1**）によれば、触頭の家筋である杉井・正木・菊川のうち菊川のみが残って、宝暦年中まで触頭をつとめ、その後、古組の吉村・藪・吉川が触頭を勤仕している。古組は、徳川家康入部以来、江戸表にて家業仕ってきたといわれる古格の陰陽家たちで、触頭が病気または故障などの節に代勤するのだが、触頭の筋目家々の断絶などによって、代勤のみならず触頭に就任するようになったものと見られる。

表2は、各年当時の古組と新組の人名である。江戸触頭のみでは関八州全域の陰陽師支配は行届かないので、触頭の見立てをもって取締役（取締改役）を新組（古組の次の古格で、新組の次には新々組がある）の中から選び、関八州の陰陽師の統制・支配にあたらせていた。**表2**の天保十三年では、那須加賀・阿川伊予・白井内記・阿川蔵人の四名が関東陰陽家取締役であったが、彼らは江戸役所で勤仕するだけではなく、出役として関八州を巡行して取締りにあたった。

（封紙ウハ書）
「毛塚村
　　坂本半兵衛殿
　　　　　　　　　　関東陰陽家取締出役
　　　　　　　　　　　　阿川主税」
　御用向
今般関東筋陰陽家為取締最寄致巡行候所、貢納料持参之上高坂村名主茂平次方迄早々
可被相越候早、
　五月廿一日

土御門殿江戸役所
出役　阿川主税（黒印）

坂本半兵衛殿

猶以取合有之候ハヽ、代之者可被差越候、以上[44]

関東陰陽家取締改役の阿川主税は、取締りのために出役巡行致し、陰陽師坂本半兵衛（武州比企郡毛塚村）に対して、近村まで貢納料を持参するように命じている。

関東陰陽家触頭役（江戸触頭）―関東陰陽家取締役という、江戸役所を構成するメンバーが、いかに出役で廻村巡行しようとも限界がある。そこで、取締役の下に取締小頭役を設けて、おそらく関東を二〜三のブロックに分けて、取締りにあたらせた。弘化二（一八四五）年からの記載がある『陰陽家公用控』[45]によれば、嘉永元年五月、土御門殿江戸役所（陰陽家触頭役）より下総国結城の中里対馬にあてて、以下の下知がなされた。

下知書之写

常陸国真壁郡下妻町田中助言と申者、同所若狭屋兵蔵請人ニ而吉村権之助方江天社職之事今般職業ニ致度願出、当春出役之砌迄吉村方ニ而見済候由、尚又仁連村周吉と申者田中助吉加判を以差出候書付等、此度吉村権之輔就住居替出役願出候処、公辺甚御用多ニ付出役之儀及延引間、其許取締之場所之義、早速致出役取調可給候、

一、下野常陸下総三ケ国之分、稲葉山城両人ニ而番手替候、江戸出役之心得を以、夫々廻村可被致候早、

嘉永元申五月

土御門殿江戸役所[印]

結城　中里対馬殿

すなわち、下野・常陸・下総三カ国を中里対馬は稲葉山城と両人で、江戸からの取締出役と同じ心得をもって廻村するように、江戸役所触頭より下知がなされたもので、したがって常陸国真壁郡下妻町の件は、中里対馬の取締りの場所であるから、早速出役して取調べるようにと命じられたものである。

また、嘉永元年五月十七日付の阿河（川）蔵人・白井内記・那須加賀の三名の陰陽家取締役から中里対馬に宛てられた書状（「御役所ゟ之御状」）によれば、

（上略）

一其許取締ハ国郡之内仮免札相渡置候者幷御免許願出有之者、尚亦加持祈禱致候者、諸占考之者取調職札頂戴有之様可申付候事、

一御配下之内其許ゟ御貢納御取立場所之分、未取立不申候ニ付、後便迄ニ上納仕候様被申越候、其旨触頭衆江も申、心置候間、早々取立相納可申候事、

（中略）

一加持祈禱致候者ハ職札願出候時は天社巳上ニ無之候而者職業不相成候間、其心得を以取計可申事、

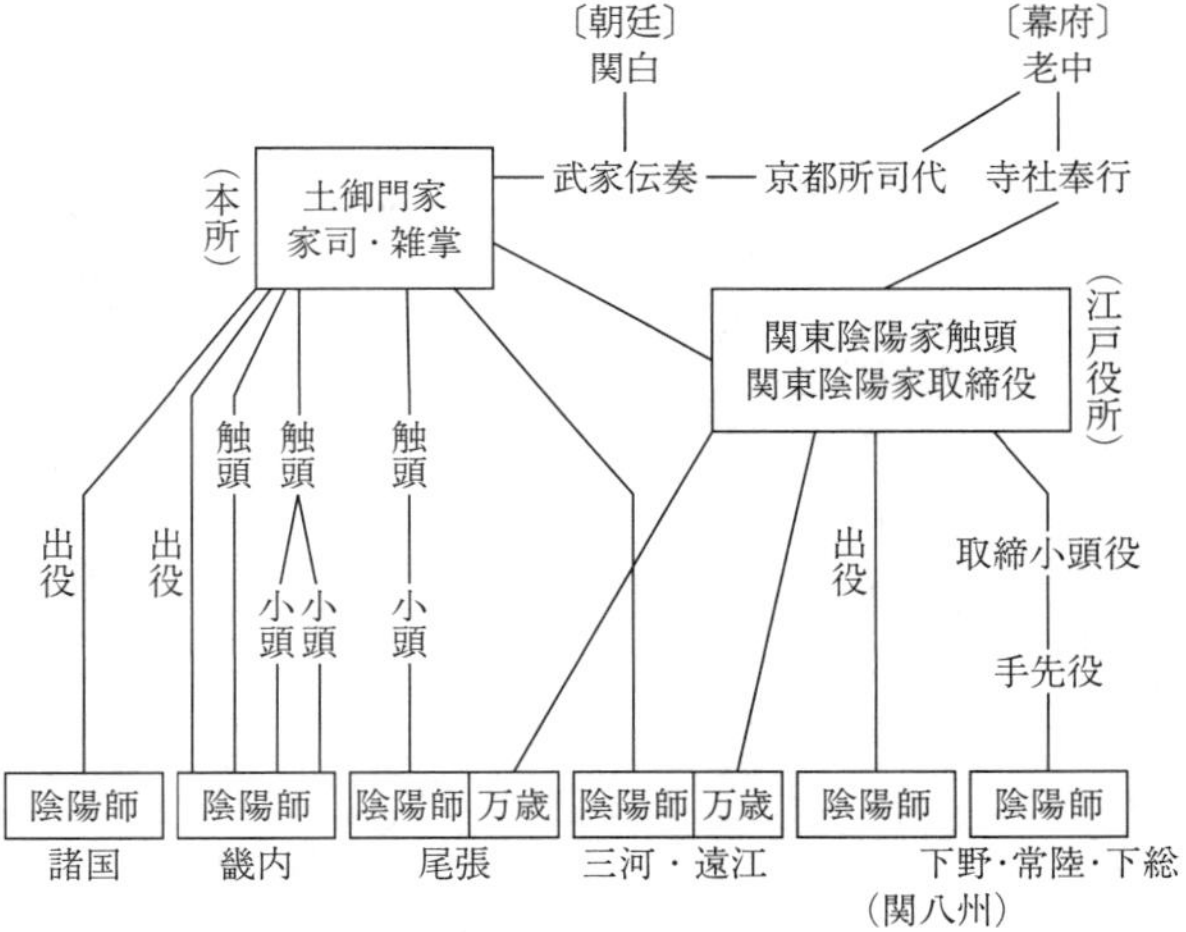

図1　近世陰陽道組織図

とあり、取締小頭役中里対馬の職務内容が判明する。すなわち、下野・常陸・下総三カ国の配下陰陽師（仮免札・免許のある者）の取締りにあたり、その他、加持祈禱や諸占考をする者を取調べて職札を土御門家より頂戴するように申しつけること、配下陰陽師から貢納料を取立て江戸役所に上納すること、などであった。中里対馬や稲葉山城の取締小頭役は、さらに配下陰陽師の中から重立った者を手先役に任じて職務遂行を図った。

以上の、寛政期以降の陰陽道組織の概念図を試作すれば、**図1**のごとくに描けよう。

五　陰陽師の身分・階層と活動

寛政四年五月、下野宇都宮藩戸田因幡守の家来相良甚五左衛門から、寺社奉行に次の問合わせがなされた。城下町宇都宮の屋並にある売卜渡世の者が、往来より見える表通りに神前を餝《かざり》置いているが、これを許してよいものかどうか、当人たちが土御門家より与えられた職札の写（史料(A)・(B)）を提出して伺っている。(46)

(A)　定

一天社神道占考広可相勤事、
一御公儀御法度之儀者不及申出、家作法之通正敷可相勤事、
一非儀非道異法新法之行事不可致事、
一雖為弟子無届不可致免許事、
右之趣堅相守職業正敷可相守者也、
　寛政三辛亥年二月廿七日
　　　　　　　　土御門殿江戸役所 印
　　　　　　　　吉　村　市　正 印
　下野国宇都宮馬場所
　　平沢周司殿

(B)

定

一占考広可相勤事、

一御公儀御法度之儀者不及申、当役所作法之通り相守非義非道之儀無之職業正敷可相勤者也、

安永三甲午年十一月　　土御門殿　江戸役所　印

寺田左仲とのへ

寺社奉行は、右の旨を陰陽家触頭に尋ねたところ、陰陽家触頭代勤藪兵庫・吉川将監・吉川式部は次のように答え上げている。すなわち、史料(A)の平沢周司は居宅に神前を餝ってよいが、史料(B)の寺田左仲と、同様の前田玄順の二人は、餝ってはならない、ただし、白川家・吉田家から神道職を授かっている兼職の者ならば、その点での糺の上、取計らうべきである、と直接問われた回答をしたあと、①史料(A)のような陰陽道の輩が宅内に神壇を備え祈禱をするのは、それが職業なのである、しかし参詣を請けることはない、したがって表に鳥居を立てたり手水鉢や散銭箱などを出すことはない、もっとも、在方で鎮守・氏神などを古来より持ち来った者もあるが、これも新規に参詣所をとりこしらえた者はない、②史料(B)のような売卜組の者には、祈禱を許可せず、したがって占考のみを職業にするので社壇餝は行なわない、と答申している。[47] 史料(A)は新組・新々組の陰陽師に与えられる職札であり、史料(B)は売卜組の職札である。新々組以上は、占考のみならず祈禱を行な

うことができ、一つの階層（上位）を形成している。他方、売卜組は祈禱を行なえず、活動は占考に限られた。三九〇頁の取締小頭役の職務にあるように「加持祈禱致候者ハ職札願出候時は天社已上ニ無之候而者職業不相成候」と規定されていた。この売卜組がまた一つの階層を形成していたのである。

土御門家支配（江戸役所支配）下には、もう一種、年始万歳があったが、万歳に与えられた職札は、次のごとくである。

定

一参河尾張遠江三箇国中当家末流之年始万歳職先規於寺社御奉行所相定候通、関東於何国も広可相勤事、

一旅中於先々非義放埓之儀無之、仲間相互弥吟味正鋪相嗜可申事、

一此職札無所持年始万歳相勤紛鋪者有之歟、若又従外職分差妨候儀於有之ハ、其所々役人中江遂断、無滞様可事済候、猶難渋之筋有之者委細其所之役人中江届置、早速江戸役所江罷越可請差図事、

右之条々堅相守職業正敷可相勤もの也、

年月日　　土御門家江戸役所(48)

三河・尾張・遠江三カ国の年始万歳は、関東の何国においても勤める権限が与えられ（実際には信州・甲州などでも活動）、もし職札を不所持の者があったり、難渋にあえば所の

役人に届けて江戸役所の指図を受けることが決められていた。

土御門家支配下には、大きく右の三階層が存在したが、各階層のそれぞれには掟が存在した。新組・新々組の掟書と売卜組の掟書とでは若干の差異があるが、共通して、公儀法度・土御門家の家法の遵守、修験者・神職など他の祈禱系宗教者と混乱しないこと、必ず職札を受けること、決められた貢納料を土御門家に遅滞なく納めること、などの諸点が定められていた。

ところで、新たに土御門家に入門を願い、陰陽師になるために、願人は陰陽師師匠と請人ともども連印で次の三カ条を誓約する。

一私儀是迄占考稽古仕罷在候処、此度渡世仕度奉存候、御配下被成下、御職札被下置候様奉願上候、
一御公儀御法度之儀者不及申上、当御役所作法之通相守、非義非道之儀不仕、職業正敷相勤可申候、
一貢納料之儀者御定之通リ毎月廿五日限、無遅滞急度上納可仕候、依之何卒御職札被下置候様、偏ニ奉願上候、
以上、(49)

すなわち、職札を願い、公儀法度・役所作法を遵守し、貢納料を上納することを誓約して、陰陽師の身分（その免許状が職札）が得られるのである。この三カ条は、前述した職

札や掟書の内容の基本事項であり、他の宗教者身分と共通した性格である。例えば、修験者が修行をして官金を上納し、諸補任を受けることで身分が保たれるように、あるいは神職が吉田家の許状を上納金で得て、身分が保たれるのと共通している。

本所である土御門家は、公武御用の費用に充てることを名目にして、職札を与える際に御礼録金を、さらに毎年、貢納料を取立てた。江戸役所では、関東取締小頭役中里対馬の取扱う配下に対して、次の方式で徴収していた。すなわち、中里は配下陰陽師から貢納料（年に金五十疋）を取集め、職札願いには、仮免札を発行して御礼録金の全額か半額を受取り、これらの金を江戸役所に渡して、本職札を受取り、配下陰陽師に渡す。あるいは嘉永七（一八五四）年の場合には、

差上申拝借之事

一打御職札　　拾五通

一天社御職札　　拾五通

右之通り拝借仕候処実正ニ御座候、然上者私組下之分早々出精書替仕、書替料并古職札共来卯年早春ニ急度上納可仕候、為後日一札仍而如件、

嘉永七年寅十二月

取締小頭役
中里対馬正

陰陽道取締出役
山家主殿殿(50)

と、売卜職札より上位の天社職札、さらに上位の一打職札を各一五通ずつ、小頭役は取締出役から預り、これを配下陰陽師に配付し、追って、翌年五月二十二日、「山家主殿殿廻村有之入来候付、職札借用之分、一打壱通、天社四通返納相済、(中略)御貢納取立分金弐両也、山家氏江渡、請取書取置之」と、取締出役が自ら廻付して小頭役から金を受取る方式もとられていたことがわかる。

天保六(一八三五)年には、陰陽家取締助役と詐称して職札を偽造して占考者へ交付し、「土御門家へ相納候礼録金と偽金銭欺取候」者が引廻之上獄門になっている例[51]からも、職札の制度が浸透していた様子が窺える。

陰陽師は、身分を維持するための礼録金や貢納料などを、日々の占考・祈禱活動によって獲得する。陰陽師の活動(家職)は、判形改正并墨色吉凶等を占い、神道行事を行ない、新家造作の節に地鎮祭礼や家堅を行ない、五穀成就の祭りや止雨・乞雨の祭礼も勤める。あるいは四季(正・五・九・極月)の祓いや竈・門の清めを行ない、年暦・板暦などを檀家に配ったり、個々人の年卦・年星を考えて配付する。また、一切の病難や災変から護るまじないもする。これらは、寺社奉行に届け出た「陰陽師家職」の数々であるが、これらのいずれもが、檀家である農民・町人の需要があってはじめて、陰陽師の活動の場となり、金銭入手も可能となったのである。したがって、例えば休職していた陰陽師が「昨年中(弘化四)疱瘡悉流布仕、加持祈禱親類或ハ近所之者ゟ立而被相頼候ニ付[52]」陰陽師の活動を再開するという下野国芳賀郡中村の柳田定吉の例のごとく、疱瘡の流行などによる人々の不安を背景にした要請と密接に呼応しながら陰陽師の活動は展開していったのである。

武蔵国比企郡毛塚村坂本家の場合、天保期から幕末・明治維新期に陰陽師の活動をしていた半兵衛—孫三郎の父子に対する近在からの易の依頼は、現存史料でも二四〇通以上も数えあげられている(53)。その中では、家・屋根・諸普請の日取りや居宅・雪隠・井戸などの方位占い、あるいは、縁談・姓名判断や病気除け祈禱などが多数を占めている。これらの活動に対する報酬は、「榛沢郡血洗島名主渋沢宗助書状(54)」によれば、一件に金二〇〇疋のお礼が坂本半兵衛になされたことがわかる。

おわりに

近世陰陽道組織は、明治四(一八七一)年八月十四日、維新政府によって廃止された。土御門家は「従来之家職被廃候ニ付格別之思召ヲ以目録之通被下候事」と金五〇〇円が渡された(55)。

本章で述べてきたように、天和三(一六八三)年の綸旨と朱印状によって近世陰陽道支配の根拠を得た土御門家は、陰陽師の編成を試みたが、それは畿内周辺と江戸にとどまった。諸国の陰陽師支配は、その後の再三にわたる土御門家の要望と幕府老中の政策(江戸触頭制度の充実と人身掌握強化を意図）によってなされた寛政三（一七九一）年四月の幕府全国触れによって、格段に組織編成が進展した。しかし陰陽道組織は、他の宗教組織（仏教諸派・修験道・神道）と比べ、地域的にも限定があり、組織内容も未熟な状態にとどまっていたと言える。ために土御門家は、慶応二（一八六六）年五月、「諸国陰陽師乱雑ニ付関白殿御命相願、且武伝飛鳥井、野宮等之黄門江諸国江触流シ相願候事」[56]と朝廷を通して幕府に触れを依頼した。これを受けて幕府は、慶応三年二月二十四日、寛政三年の触れを再びくり返し触れたが、この時期に至るまで土御門家は全国触れに依存した組織の強化を必要としていた。

　全国的な広がりを見せはじめたのが、寛政三年からとしても、明治四年の廃止まで、約八十年間の陰陽道組織であり、また、未熟な状態を残す組織であったとしても、それが、幕府による全国触れと『雲上明鑑』の記載に象徴的なように、政治的公認と社会的認識の広がりによって、陰陽師に対する賤視感からの脱却に作用したことは確かであろう。換言すれば、かつて近世中期ころまでは、支配関係の重層した、しかも活動自体不分明な状態を残していたと考えられる下層陰陽師たちにとって、土御門家による単一の支配関係が進行することで、陰陽師身分の確立をもたらす効果をもったと言えよう。このように、賤民身分と重なった不分明な部分が透析されたことが、賤民組織を他からより明瞭に浮き立たせる作用を果したことも付言しておく必要があろう。

ところで明治四年の陰陽道廃止は、翌年の修験道廃止と同様に、明治政府による神道国教化政策のもたらしたものである。公権力による廃止命令によって、陰陽師という職業は表向き存在しえなくなったはずである。しかし、昭和六（一九三一）年ころ、小柳司気太氏が「現今は俗神道行はざれど、陰陽道から起る各種の迷信は、なか〳〵勢力を振つてをる。時日の吉凶、家相、姓名判断、男女の合性、加持符水など、いろ〳〵形を変へて信仰せられてをる。（中略）されば神職の人々は、教化の際、かかる迷信を打破し、愚民をして詐偽にかゝらしめないやうに誘導しなければならぬ[57]」と、神職に講話をしているように、国教たる神道をもってしても、民間の陰陽道信仰を否定することができなかったことを物語っている。現に、武州比企郡毛塚村坂本家の場合、昭和三年、一年間の方位鑑定来訪者は一九九名あり、一八一円三〇銭の鑑定料が支払われている[58]。

近代の国家権力によるイデオロギー政策と民衆の信仰に関連する興味深い問題であるが、もはや本章の課題範囲を超えている。

註

（1）加藤康昭『日本盲人社会史研究』（未来社、一九七四年）。

（2）国立国会図書館所蔵。

（3）賤視されれば、婚姻は避けられるという状況を前提にしている。

年）。

（4）「幕藩体制下における「河原巻物」の成立と変遷」（『部落問題研究』六四輯、一九八〇

（5）東京大学史料編纂所所蔵。同所には、寛政六年版の次に文化四年版が架蔵されているが、両年の中間の版については未詳である。

（6）高柳真三・石井良助編『御触書天保集成 下』（岩波書店、一九四一年）五五二五。

（7）『日本陰陽道史総説』（塙書房、一九八一年）。

（8）東京大学史料編纂所所蔵写本。『土御門家記録 一』として架蔵されている。

（9）東京大学史料編纂所所蔵写本に依った。

（10）木場明志「江戸時代初期の土御門家とその職掌」（『尋源』三三号、一九八二年）は、「土御門家が暦道を含む陰陽道を主管していたことから、これを核として諸国暦師の統率を許し、暦の一本化を押し進めていこうとした幕府側の意図がみられるのではなかろうか。来たるべき改暦（翌年の貞享暦）を混乱なく運ぶための前奏曲として、改暦前夜に行なわれた施策であろう」と、将軍綱吉の朱印状交付の理由を推測されている。推測の論拠には乏しいが、その可能性は十分に考えられる。

（11）『書陵部紀要』四号、一九五四年。

（12）『日本歴史』四二二号、一九八三年。

（13）『大日本史料』第十二編之七。

（14）『陰陽道家職一件』（東京大学史料編纂所所蔵写本）。

(15)『我が国民間信仰史の研究（二）宗教史編』（東京創文社、一九五三年）。但しそれぞれのグループ名は改めた。
(16)「田麦年貢三分一徴収と荒田対策」（『名古屋大学文学部研究論集』史学一八、一九七一年）。
(17)『改定史籍集覧』第二五冊（すみや書房、一九六九年）所収。
(18)『森本村共有文書』（東京大学史料編纂所所蔵影写本）。
(19)三浦圭一「中世から近世初頭にかけての和泉国における賤民生活の実態」（『歴史評論』三六八号、一九八〇年）。
(20)註(8)と同。
(21)『撮要録』前編巻二十一雑事之部（日本文教出版、一九六五年）。
(22)註(14)と同。
(23)同前。
(24)同前。
(25)拙稿「近世奉幣使考」（『歴史学研究』五〇〇号、一九八二年、本書第二章）、「江戸触頭についての一考察」（『学習院史学』二〇号、一九八二年、本書第七章）。
(26)椙山林継「吉田家関東役所の創立と初期の活動」（『国学院大学日本文化研究所紀要』四五輯、一九八〇年）。
(27)註(14)と同。

(28)『御家道規則記』(註(8)と同)。
(29)『御触書天明集成』二三九二。
(30)註(14)と同。
(31)同前。
(32)『祠曹雑識』巻六十(内閣文庫所蔵)。
(33)寛政元年十二月、幕府は、明年五月を限って出家・山伏の人数姓名を録上するように令している(『大日本史料稿本』)。修験道本山派院家の若王子は寛政二年五月に配下修験者の人別書上げを命じ、同年十月に『若王子配下修験人別帳』(東北大学図書館所蔵狩野文庫)を作成している。
(34)長崎市立博物館所蔵史料。
(35)岡山大学池田家文庫刊行会編『市政提要』下巻(福武書店、一九七四年)。
(36)埼玉県東松山市坂本宗三郎家蔵史料三六五番(『東松山市史編纂調査報告集』第五集所蔵文書目録番号)。
(37)『普化宗門掟書』(東京大学史料編纂所所蔵謄写本)。
(38)註(35)と同。
(39)木場明志「防長の陰陽師」(『仏教の歴史と文化』同朋舎出版、一九八〇年)は、防長における土御門家による編成例と見なすことができよう。
(40)『御家道規則記』(註(8)と同)。

(41) 同前。
(42) 同前。
(43) 註(14)と同。
(44) 註(36)と同。坂本半兵衛は天保五年に養子入りして、文久二年十二月に病気を理由に家督を譲っている。
(45) 東京大学法学部法制史資料室所蔵。
(46) 註(14)と同。
(47) 戸田因幡守からの問合せも、陰陽家触頭代勤の者たちの回答も、ともに天明八年七月の触れ(江戸に借地借宅する寺院社家修験共の仏壇・神具等荘厳目立候様取餝、或いは手水鉢・挑灯等表え差出置くことの禁止)『御触書天保集成』四一九七に関わる。
(48) 註(14)と同。なお万歳の活動や存在形態については拙稿「前近代日本の宗教と国家」(『人民の歴史学』六六号、一九八〇年、本書補説1)で触れたことがある。
(49) 註(14)と同。
(50) 『陰陽家公用扣』(註(45)と同)。
(51) 司法省調査課編『徳川時代裁判事例 刑事ノ部』第八十三。
(52) 註(50)と同。
(53) 『東松山市史編さん調査報告』第五集・第六集の坂本家所蔵文書目録による。
(54) 『東松山市史 資料編第三巻 近世編』(一九八三年)、三三六。

(55)『土御門家譜』(東京大学史料編纂所所蔵)。
(56)同前。
(57)小柳司気太「神道と陰陽道との関係」(三宅米吉・宮地直一監修『神道講座』第四巻歴史篇、神道攷究会、一九二九年)。
(58)「昭和三年　方位鑑定来訪者扣帳」(註(36)と同)。

補説1　近世の祈禱系宗教

はじめに

皆さんが、タクシーに乗ったり、人の自動車などに乗ると、よく、自動車の車体や窓に、成田山や大山不動などの交通安全のお札が貼られたり、お守りがぶらさげられているのを、目にすることがおありだと思います。お札やお守りどころか、以前に、私は仙台市の近くの塩竈神社に行った時に、自動車を丸ごとお祓いする場所がしつらえられているのを見て、びっくりしたことがあります。

高度経済成長によって急増した自動車は、現代の科学技術を象徴するものの一つでありながら、自動車を運転する人々の心は、近代科学技術とは無縁な、祈りやまじない、つまり祈禱や呪術の精神を保持しているかのようです(1)。現代人の精神構造や心理状態を分析することは、専門の研究者にゆずるとして、ここでは、前近代に生きた人々が、科学技術や医療水準の今よりはるかに低い時代にあって、なおさら祈禱や呪術に依存していただろうと単純に推測するわけですが、そうした祈禱という宗教活動を素材にして、限られた時間内で、身に余る「宗教と国家」というテーマを考えて行きたいと思います。

今、たまたま引き合いに出した自動車と運転者の祈禱の例は、大山不動（大山寺・神奈川県伊勢原市）が山伏すなわち修験寺院であり、成田山（新勝寺・千葉県成田市）は祈禱系の寺院（新義真言宗）であり、塩竈神社（宮城県塩竈市）はもちろん、神社（旧陸奥国一宮）であります。現在、車のお祓いを、間違っても葬式を執行する檀那寺などにお願いすることはありません。

前近代において祈禱を行なった宗教者には、天台宗・真言宗などの加持祈禱を行なう密教系の僧侶や、修験者・神職のほかに、陰陽師・盲僧・万歳・猿引などがありました。今では見られなくなったものの多い、これらの祈禱をする宗教者が、前近代においてどういう活動を行なっていたのか、少し具体的に述べて見ようと思います。

一　祈禱系の宗教

まず猿引ですが、柳田國男氏はこう言っています。「猿廻しも今では女子供の眼を楽しませるもの丶一となつてゐるが、昔は立派な一つの儀式であつた。かのマンザイなどよりも、もつと厳格な儀式であつた。京都では朝廷に於ても正月の三日に之を行はせられ、江戸の幕府でも年々その儀式が行はれてゐたのであつた。それは何のための儀式であつたかと言ふと馬の安全息災を祈る為のものであつたのである[2]」というものです。前近代の農民にとって、農業労働に必須の馬の病気は何とも恐怖であり、農民は猿引に来てもらい、廐の祓い・馬の安全息災を祈禱してもらっていたのです。狂言の「靫猿」のように、室町時代にはもう活動していたようですが、近世になってからの活動は『駿國雑志』巻七に少しくわしく見られます。駿河国府中伝馬町の半にある猿屋町に住む猿引たちは、猿引唱を唱い、猿に衣装を着け、摺鉦《すりかね》をならし、拍子をとって舞わせます。ほかに管と絃とを鳴らすこともあり、猿は牝を養って馴します。食餌は飯あるいは菓を用います。正月・五月・九月の三月、廐に詣り、勝膳経（勝膳神は廐の神）を読誦して、猿を舞わせ、祈禱をします。これは馬に病災なからしむるために、また、小児疱瘡を病ざる以前に猿と盃すれば、必ず軽くなると述べられています。これに対し農民たちは祈禱料として、猿引に神酒・初穂の銭・白米・幣に用いる白紙を与えます。一例として、神酒一升・初穂銭三百文・白米三升三合・半紙一帖を与えた例が記されています。

次に盲僧の場合です。盲僧は中世以来、九州・中国地方・大和などに分布していましたが、加藤康昭氏の研究[3]によれば、近世中期の享保十七年に、九州で四一〇坊の盲僧が存在したようです。明治に入ってから、佐賀県下でも一三三人の盲僧の存在が確認されます[4]。大和盲僧は、寛永十八（一六四一）年に三六名を数えています。

盲僧の祈禱活動の中心は、『祠曹雑識』[5]巻二十三などから、地神経を読んで地神を祭る耕作のための祈禱であることがわかります。盲僧を「地神経読み」とも言うわけです。その他、荒神・山神・水神等の祭祀祈禱や、依頼されて息災の祈禱を行なうほか、とくに、竈祓いを行なっており農民等に受容されました。

次に万歳は、千秋万歳と言って、すでに平安末期には存在し、中世に入ってから、年頭の祝言を中心にするようになりました。[6]近世では、大和・越前・伊予などに分布していましたが、[7]とくに尾張と三河・遠江の万歳は、その三国のほかに関八州・甲州・信州などで活発な活動をしていました。彼らは、年頭から三月までの期間のみ、万歳師として特定の檀那場を廻ったり、あるいは何の縁故もない家々の門附をしながら、新年の寿祝と家内の繁栄を祝い、うたい、舞ってかせぎます。例えば、尾張知多の万歳の例ですと、日蓮宗の家では法華経万歳を、浄土真宗の家では六条万歳を、というように相手の家の宗旨によって万歳の種類をかえて、家々に祭られた神棚や仏壇に対して年頭の祝詞を奉り、一家の安泰を祈念します。こうした厳粛な宗教的な祈禱が終わると、ユーモアを交じえためでたい万歳に移っていったようです。[8]

万歳師は一方で農民であり、[9]領主に年貢を納めねばならなかったわけですが、三河国宝飯郡宿村の庄屋彦太郎以下の村役人は、年未詳寅十二月付で、河合勘平に宛てて次のように嘆願しています。すなわち、万歳師作太夫以下しめて八五人に付て「右者当村万歳師にて、江戸表稼ニ罷下り候ニ付、御米百六拾五俵来卯之三月迄御延米奉願上候、罷帰次第取立急度御上納可仕候、願之通致作付可居下候、以上」と。一月から三月まで江戸で万歳師として稼ぎ、三月に帰り次第上納するから、米一六五俵を延米してくれるよう願っています。万歳は一種の農間余業とも捉えられましょう。[10]

次に、陰陽師の活動についてです。陰陽道は推古天皇十（六〇二）年十月に、百済の僧観勒来りて、暦の本・天文地理の書・遁甲方術の書を伝えたとされ、以来古代〜中世と信仰されてきましたが、近世に入ってからの陰陽師の活動の第一は占考です。これは、実名・判形改正・墨色吉凶等を考える占いのことです。第二は神道行事で、いっさいの祈禱を行ないます。中には神社持ちの陰陽師も居ります。さらに、地祭・家堅・五穀祭や四季の祓い・荒神祓い・札・守配付などですが、とくに暦（年暦など）を、檀家に売ります。三浦圭一氏が一九八〇年歴史科学協議会大会で紹介された和泉国信太郷の中世の陰陽師は、勧進聖の執行で行なわれた葬式で、葬式の日取りを占っており、近世に入ってからは岸和田暦を板行・頒布しています。[11][12]

暦は中世以来需要が高まり、各地に地方暦が出現し、近世に至ってさらに普及しました。暦は陰陽寮の管轄だったこともあり、陰陽師が取扱いましたが、伊勢暦を陰陽師以外に伊勢の御師が配り、あるいは現在、靖国暦なども配られていますが、これらも含めすべてが農事暦として、農民にとっては欠くべからざるものでした。[13]

陰陽師の活動範囲については、文政元（一八一八）年、駿府院内町陰陽師岡村掃部は祈禱檀那一二〇〇軒ほどを、同じく河村民部は五〇〇軒ほどを、同じく岡村左中は三五〇軒ほどの檀那をもって、右に述べた占いや祈禱のほかに、竈清めなどをしていました[14]。陰陽師の場合も、盲僧・万歳や後述の修験者などと同様、檀那場が何郡・何村・何軒と決められ、それが彼らの権利ともなっていました。陰陽師は、自分の檀那場を日帰りないしは数日、さらには数十日をかけて廻っていたようで、岡山藩の場合では、備中国富原村陰陽師に対し、藩は貞享三（一六八六）年、他国逗留日数を定めています[15]。それによれば、備前・備中両国の内、日数四・五日までの逗留は庄屋にて改めて陰陽師を出入りさせること。右二国と他国ともに四・五日以上で二四・五日までの逗留は、肝煎にて改め、罷り出る際に陰陽師は判形をつき、帰ってから判を消すように定めています。とくに、四・五日までの逗留については、陰陽師頭の名判した木札を陰陽師に持たせ、帰ったら木札を陰陽師頭に返し、その際に庄屋も改めることとしました。その後、享保三（一七一八）年には、他国逗留が二五日切りから五〇日切りに延長されています。

修験者や神職の行なう祈禱は、これはよく知られているので、ここでは省略することにします。ただ、これまで述べてきた各種の祈禱活動に較べ、近世の修験者の方が各村落に定着しており、神社・堂・祠などを拠点にして、祈禱のほかに、時には医療活動を行なっている場合があることは特徴的です[16]。また、神職は修験者よりもさらに定着的で、村落と一体となって活動していたことはよく知られています。

最後に祈禱系の僧侶については、例えば、圭室文雄氏の研究された江の島岩本院[17]や、さきにも例示した成田山新勝寺のように、あるいは江戸の目白・目黒・目赤の三不動[18]のように、時には開帳などをして現世利益を願う民衆を多く集めていました。

以上、近世の祈禱活動について、具体的にすぎるほど述べてきましたのは、この点が前近代民衆を考える上で重要な視点であるにもかかわらず、これまでの研究史では必ずしも十分ではなかったからです。近世の民衆にとって、現世利益や無病息災などを祈るという性格をもつと同時に、とくに、種々の祈禱活動が農業と密接に関連したものであったことに、近世の祈禱の特質を見出すことは可能でありましょう。

さて、ここまで述べてきました祈禱は、一様に民衆のための祈禱についてでありました。では、権力のための祈禱はどうであったでしょうか。次に述べてみます。

猿引や万歳は、それぞれ幕府や各大名・旗本、あるいは朝廷でも同様に祈禱をしていました。例えば、三河院内の万歳作太夫は「已前浅草御蔵ニテ、米十五俵被下、近年者御勘定御部屋ニテ正月十一日万歳相勤、御金拝領[19]」しています。しかし、猿引や万歳は年中行事的なものではあっても、日常的なものではありません。

国家権力を構成する幕府・大名・朝廷のための祈禱は、天台・真言系僧侶や修験・神職・陰陽師の各々の最上層部分である門跡・院家・本所などが執行して、国家と権力者のための安全祈禱が、古代から一貫して行なわれてきました。古代〜中世における密教系僧侶や神職・修験による祈禱例は知られていますが、近世に入っても同様に行なわれています。これまで、あまり研究の対象にされてこなかった陰陽道による、国家や権力者のための活動については、元慶六（八八二）年に陸奥国鎮守府に軍団の用で卜筮や漏刻之調をするため陰陽師を置かせています[20]。また、平安貴族にとって、方違《かたたがえ》や彗星の除厄祈禱などに見るように、陰陽五行思想が盛んで、陰陽師は重用されました。さらに下って、中世では、平氏政権・源氏政権ともに陰陽道を重用していることが、村山修一氏の研究[21]でわかります。室町時代から江戸時代まで、陰陽道では最重要な天曹地府の祭りが、天皇・将軍就任時に必ず行なわれ、天皇・将軍の長寿延命等が祈禱されています[22]。また、上巳の祓い・名越の祓いは、近世では京都より土御門家の使者が江戸城に参上するほか、年間に七〇度の祈禱をしていると、土御門家の記録には記されています。その他、年号改元の日時勘文など、明治四（一八七一）年八月十四日家職廃止の達しが出されるまで行なわれます。

権力のための祈禱は、誰の命令で、誰が主体になって国家安全等を祈願するのか、それは祭祀権と併せて重要な問題を孕んでいます。というのは、祭祀権と同様に、祈願の主体[23]が国主の所在を象徴すると考えるからでもあります。石母田正氏は『中世政治社会思想上』の解説で、御成敗式目は「鎌倉殿の権力が一個の公権力または、国家権力に転化するための法であること」を考察され、そう考える根拠の一つに、式目第一条の、神社修理および祭祀に関する条項が、従来、諸国の祭祀権が律令国家の統治権の不可分の一部をなすものであったのを、東国においては鎌倉殿に祭祀権があることを明確にしており、つまり鎌倉殿の公権力化を示すものであると、述べておられます。

この祭祀権の所在と同様の意義を、私は、祈禱主宰権[24]に見出したいと考えるのですが、その点、主に東寺による祈禱を素材にした「室町時代における祈禱と公武統一政権[25]」を書かれた富田正弘氏は、結論の一つとして「国家的な祈禱の主宰権ともいうべき権限は、ほぼ応安から永和ごろ（一四世紀後半――筆者注）に公家から武家の手に渡り、武家による祈禱の秩序が完成されるのが義満の時代であり、その最頂点が義教の時代である」と述べておられ、中世の祈禱主宰権の所在を知る上で参考になります。

近世において幕府に掌握されていたと思われる国家的な祈禱主宰権は、幕末になり、天皇に移ったものと思われます。文久三（一八六三）年三〜四月、天皇の賀茂社・石清水八幡宮への「攘夷祈願」の行幸に、将軍家茂以下諸大名が上洛して供奉したのは、天皇に祈禱主宰権が移ったことを、すなわち、天皇が国主たることを示したものであることを、私はかつて述べたことがあります[26]。その後、明治時代以降、十五年戦争敗戦までは天皇に祈禱主宰権があったとして、では、主権在民の現代においてはどうでしょうか。天皇祭祀権の問題とともに、靖国神社公式参拝問題を考える上でも重要な課題だと思われます。

二　国家権力による統制

次に、近世の民衆の信仰に対して、国家権力がどのような統制を行なったのかという問題について考えていきたいと思います。

いかなる権力からも超越する神・仏の存在を信仰する一向宗・キリスト教・日蓮宗不受不施派は、近世の権力によって弾圧されました。したがって、近世の宗教は王法為本であるところの、封建権力の下で容認されたもののみが存続されました。国家権力は弾圧の後もさらに、民衆にキリスト教・不受不施派を信仰させないよう、寺請制度を浸透させていったことは、これまでの研究史が豊富に物語るところであります。

これに対して、右に述べた民衆の祈禱への依頼心や祈禱行為を、権力は、その多くが農業と結びついていたがゆえに、祈禱行為が異法・邪法によって人心をまどわす行為を除いて、権力はこれ自体を直接に禁ずることはしませんでした。しかし幕藩制国家権力は、中世段階においては比較的自由な活動のものとして描かれているこれら祈禱系の宗教者を、掌握・統制することで、すなわち、権力の認めた祈禱者のみの活動を許すことで、民衆に対しては、いわば間接的な統制を行なっていたということができそうです。以下具体的に、祈禱をする宗教者の編成・統制を見ていくことにします。

檀家をもち寺請をし葬式を執行する真宗などの非祈禱系の僧侶と同様、祈禱系の僧侶も本末関係をもち、本山・本寺の寺法に従い、官金などを上納して、僧位僧官や宗派内寺格や法衣などの補任を受けてはじめて僧侶としての身分が保てました。この組織化・統制の方式は、僧侶のほかに修験者に対しても行なわれていたことは、かつて少し詳しく述べたことがあるので、ここでは説明を省きます(27)。

次に、神職についてですが、全国の神社のうちには、特定の公家（武家伝奏を含む）を執奏家として官位を受けることが決まっている神社があります。これは、『雲上明鑑』などにすべて載せられている通りですが、例えば、伊勢・石清水・賀茂・松尾・平野・稲荷・春日のような二十二社などは、一条・九条・鷹司・広橋・勧修寺・白川家などの寺社伝奏によって官位執奏が行なわれました。これに対して、従来から固定した執奏家をもたなかった神社（上は信濃国上下諏訪社や多くの諸国一宮などの大社から、下は末端村落の神社まで）の神職たちは、吉田家か白川家を執奏として官位を補任されました。あるいは無位の場合には、両家から許状が出されました。これが無くては神職の身分は保てません。官位は言うに及ばず、両家の諸種の許状を受けるに際しては、官金を用意する必要があるほか、必ず、村役人・地頭領主の添状を受けて上京する原則でありました。

ところで、岸野俊彦氏(28)や間瀬久美子氏(29)の研究などから明らかな、文化年間の吉田・白川家の争論においても、あるいは阿蘇神社をめぐる吉田家と鷹司家の間の争論にしても、これらはいずれも神職の官位執奏権に関わる争論であります。幕府は、官位執奏を通した神職統制を、単一の本所に集中させることができず、寺社伝奏の公家や吉田家・白川家による多数の家々に委ねざるをえなかったために、当然、神職の所属をめぐる争論は起こるべくして起こったものであると言えましょう。そこに幕府の神社支配にまつわる苦慮も存在していたわけです。維新政府が慶応四（一八六八）年三月十三日の布告[30]で、王政復古・祭政一致を述べ、神祇官再興造立を述べたあと、「（前略）諸家執奏配下之儀ハ被止、普ク天下之諸神社神主・禰宜・祝・神部ニ至迄、向後右神祇官附属ニ被仰渡候間、官位ヲ初、諸事万端同官へ願立候様可相心得候事」と、吉田家など諸家の執奏を廃止して、全国の神社支配を神祇官に一元化したのは、けだし必然の政策であったと言えましょう。

　次に、近世の陰陽道の組織とその統制について、少し丁寧に述べてみたいと思います。まず、幕府と土御門家との関係であります。天和三（一六八三）年五月十七日、土御門家による日本国中陰陽師支配の綸旨[31]が出され、同年九月二十五日、綸旨をうけて、将軍徳川綱吉は土御門家に対して諸国陰陽師之支配を仰せつけました[32]。以後、代々の将軍が代替りごとに同文の朱印状を土御門家に与えています。この天和三年の綸旨と朱印状とをうけて、土御門家は一定の規準をもって各地の陰陽師の編成を進めたようです。「……天和之節、当家ゟ陰陽道相改候趣者、有髪・束髪ニ而占考・祈禱・日取・方角等考致候輩は悉可為当家之支配候[33]」との記録があります。これは、近世前期に陰陽師であるか、修験・神職・行人であるか、あるいは願人坊主であるかあいまいな祈禱者がおそらく不分明なまま多く存在していた当時、「有髪・束髪ニ而占考・祈禱・日取・方角等考致候輩」を陰陽師として編成していったようです。その結果、その当時発行された許状は、京都はもちろん、摂津・河内・和泉・尾張などで確かめられ、その後、貞享・元禄年間にも土御門家から許状が出されていたことがわかり、この時期、土御門家による編成が一定程度行なわれていたことを示しています。

しかし、その後しばらくは、土御門家による全国陰陽師支配の統制は緩慢になっていた模様です。元禄期から六〇年ほど経った宝暦十二（一七六二）年には、すでにその動きが見られますが、はっきりとは明和二（一七六五）年、土御門家より寺社奉行へ、土御門家の全国陰陽師支配の触れを出してくれるよう、願書が出されました。しかし、寺社奉行は「……土御門被相願候諸国陰陽道近年乱雑ニ相成、前々及出入難渋ニ付、天和年中之通御触之儀被相願候旨ニ御座候得共、右天和之御触之儀は御触書其外ニも相見不申候得は如何様之御触ニ御座候哉相知不申候……」[34]と、御触れの前例が見られないことから、この時には触れを出す必要を認めず、願いを却下しました。

しかし土御門家は、さらに二十数年経った天明八（一七八八）年に、武家伝奏に宛てて長々しい願いを出して、再度、土御門家による陰陽師支配を明らかにするため、全国に触れ流すよう幕府に依頼します。その願書の内容は、陰陽師支配が乱れたため、例えば、長崎では盲僧に陰陽師が侵害されていることなどをあげ、支配が乱れると全国の陰陽師からの貢納料が入らなくなり、しかも土御門家は小禄でもあるから、公武への諸祈禱御用が勤められなくなる、だから触流しによる引締めを願いたいというものであります。この時にも、幕府は評議した結果、触れを出しませんでした。さらに、土御門家は寛政元（一七八九）年にも同様な念の入った願書を出すが、これも却下されます。しかし、寛政三年三月十日になり、再三の願いが受け入れられて、ついに次のような全国触れが出されることになりました。

大目付え

陰陽道職業いたし候輩は、土御門家支配たるへき儀勿論候処、近年甚乱雑ニ相成、陰陽道猥ニ執行候族も有之様に相聞候、以来右体之心得違無之、土御門家より免許を受、支配下知堅相守、可取行候、

右之趣、不洩様可被相触候、

四月

右之通、可被相触候(35)

この寛政三年の全国触れを契機にして、土御門家は、全国の陰陽師支配を強固に推進することになります。例えば、盲僧の活動の強い長崎にはもちろん江戸より触れが達せられ、長崎奉行所から翌五月に触れられたことが、長崎市立博物館所蔵史料からわかります。ま

た、岡山藩に対しても同様に、寛政三年の触れが達せられた後、三十数年後の文政八（一八二五）年九月二十日に至って、

今般、其御国陰陽道為取締、家来鈴木図書被指下候、御領分致通行候付てハ其御領分罷在候当家配下之者へ立寄取調之事も可有之、逗留も可致候間宜御取計御心添之儀頼入被存候、此段御頼可得貴意、以使者被申達候事

九月　　土御門陰陽頭殿使者　岡　監物(36)

と、陰陽道取締りのために土御門家は使者を派遣していることがわかります。さらに、天保八（一八三七）年には、岡山町居住の陰陽師片山平介以下一二名に対し、土御門家は職業厳重にするよう命じています。

長崎・岡山のみならず、土御門家は南部藩に対しても、寛政七年、陰陽師改めを依頼し、土御門家よりの印鑑・職札を照会していることがわかります(37)。なるほど、土御門家が再三再四懇望するごとく、全国触れの威力は強力であり、土御門家にはきわめて有効な触れであったわけです。幕府が、どういう政策意図によって全国触れをすることになったのかは、ここではよくわかりませんが、ただ、この触れを機会に、他宗派の江戸触頭制度と同様に、いちいち京都の土御門家に通さずとも、江戸に居た関東陰陽師触頭を通して、諸国陰陽師に触れ流しをする方式を認めさせました(38)。

次に、陰陽師の分布状態や組織について述べておきます。分布状態については、今後の

広範な研究に期待したいところですが、現在わかっている点だけで考えてみます。分布地域は、ほぼ全国的にわたっているのではないかと思われます。これまで、南部領・関東・三河・尾張・畿内・備前・備中・土佐・長崎で存在が認められているからです。各地域において陰陽師は、大きく二つの居住のタイプをもっていたと考えられます。一つは、陰陽師集団の村を形成していたタイプと、もう一つは、一般村落に一〜二戸居住するタイプです。岡山藩領の場合を例にとると、備前国には赤坂郡西勢実村に一戸、磐梨郡肩背村に二戸、上道郡倉富村に一戸、児島郡下津井村に一戸、同郡北方村に一戸、備中国には窪屋郡真壁村に二戸、下道郡富原村に七一戸の陰陽師が存在し[39]、富原村には結城氏という頭役が一戸含まれています。つまり、岡山藩領の場合、陰陽師の居住には二つのタイプがともに認められるということになります。

では、陰陽師の組織はいかなるものであったのでしょうか[40]。まず、陰陽頭土御門家とその家司・雑掌をもって本所が形成され全国支配の頂点になります。次に、関八州の陰陽師については、その支配を江戸触頭が行なっております。全国の陰陽師は、本所・江戸触頭の下に、古組・新組・新々組・売卜組・在々組・万歳師の順で階層づけられ、いずれかの組＝階層に組み込まれていました。各組には、それぞれの掟があり、また、階層に応じて官名の有無や装束などが決められていました。掟は各組で若干の差異がありますが、共通して、公儀法度・土御門家の家法の遵守、修験者・神職など他の祈禱者と混乱しないこと、必ず職札＝免許状を受けること、決められた貢納料を土御門家に遅滞なく納めること、の諸点が定められています。各組の掟の細部の検討はここでは省略しますが、万歳師については少し述べておきましょう。三河・尾張・遠江三カ国の年始万歳は、土御門家の支配下で、関東の何国においても勤める権限が与えられます（実際には信州・甲斐などにも行っています）。もし万歳の職札を不所持の者があったり、難渋にあえば処の役人に届け出るよう決められていました。万歳師がその職を維持するための貢納料は、文久二（一八六二）年の例ですと、一年に運上金壱両ツツを土御門家に納める定めでした。この陰陽師職札の偽せ物が売られ、取り締まられた例[41]が天保六（一八三五）年にあったことからも、職札の制度は実際に機能していたことがわかります。

陰陽師は、親の跡をつぐ子供か弟子、ないしはしかるべく修行をした者が、本所から認められ、官金を納めて職札が与えられ、貢納料を納めるなどの義務を果すことで身分が保たれる。そして幕藩制国家権力は、職札をもたない陰陽師風については、これを取締るということで、陰陽師組織や身分が維持されてきました。この方式は、幕藩制国家権力による陰陽師支配にのみ限られたものではなく、僧侶・修験者・神職はもちろん、虚無僧・願人坊主・座頭・瞽女・説教師などの場合にも共通した、権力による統制の方式であります。それはすべて、本山・本寺・本所に官金なり貢納料なり、諸役を納め、そのかわりにその身分を保証する免許状（それは、院号・坊号・官位であったり、職札・本則・許状であったりする）が与えられ、この免許状をもたない者は、似せあるいは虚官として、幕藩制国家権力の取締りの対象にされたのであります。

先に述べた地神経読みの盲僧は、その組織がなかなか権力によって認められず、延宝二（一六七四）年に公儀より盲僧の活動は否定されます。しかし、盲僧は青蓮院門跡を本山として、何とか組織の公認を求めますが、公儀は、さらに享保十三（一七二八）年九月、「地神経読盲目、官位・院号・袈裟衣御停止之儀、先年被仰出候処に、遠国ニては猥に成候と相聞之候間、向後、在々所々に至迄猥に無之様急度可被申付候、以上」[42]と全国触れを出して、これを禁じます。結局は天明三（一七八三）年に、青蓮院門跡が西国・中国筋盲僧支配を公儀に求め、許可されるのでありますが[43]、右の享保十三年の触れは、公儀の認めない組織が、官位・院号・袈裟衣を発行することは、これは禁じられ、公儀の取締りの対象になるということの例示になりましょう。

権力は、近世初頭の元和四（一六一八）年に、農業からの離脱を防ぐために私的勧進を禁じ、似せ山伏や似せ神職を禁じたのと同様[44]、寛文二（一六六二）年以来、出家・山伏・行人・願人に店貸しする場合は、本寺または末寺頭より証文を取り立てるように町触れを出して都市における似せの宗教者を取締っています[45]。太閤検地以来、農民を土地に緊縛させようとした幕藩権力の政策と対応して、土地から離脱しても容易に生きられる途をふさぐ政策の一環として、すなわち、それはとりもなおさず、権力の目指した全人民掌握の政策の一環としても、この宗教者統制を位置づける必要があると思います。

流動的な祈禱系宗教者を、いかに編成・掌握するかという課題にあたって、幕藩権力は宗教者を組織化し、組織外の宗教者を取締るという方式をとったことを述べてきましたが、この組織内の編成の論理に、官位が幕藩制国家にふさわしいかたちで用いられていることに注目する必要がありましょう。以下、この点に関する課題を指摘することで、報告のしめくくりにしたいと思います。

近世の権力が宗教者を統制・編成するために組織化させた、あるいはすでに存在した組織を権力が公認してできた宗教者の組織には、大きく三つの類型が存在したと考えることができます。一つは、僧侶・修験者・神職・盲僧の場合のように編成のシステムに官位を用いる組織です。本山である門跡や執奏家を通して、個々の宗教者が官位を補任されることで、その身分が保たれると同時に、官位が組織内の階層を序列づけるのに機能している組織です。[46] 二つめは、官位を編成のシステムに用いないが、本所・本寺などが確定していて、本所などの発行する許状（根元になる免許状や装束などの許状）が組織編成に機能している組織です。陰陽師・虚無僧・座頭・願人坊主や説教師などがこれにあたります。神職に無位の者が居るのと対照的に、陰陽師に官名や国名を名乗る（これも許状が必要だが）者が存在しています。例えば、吉村市正・吉川式部・杉井大隅・菊川伯耆などのごとくです。しかし、これらは大隅守・伯耆介・式部少輔のような、正式な受領名・官名ではなく、おそらくは、朝廷からの補任を受けたものではなかったのだろうと推測されます。しかし、陰陽師組織内の階層序列を作るのには一定の機能と意味を有していたことは否定できません。さて三つめは、猿引のように、穢多頭弾左衛門の支配下として編成された組織です。説教師や願人坊主のように、本寺をもちながらも、実態としては被賤視が伴っていたものもあるようですが、猿引の場合はいわゆる賤民組織にはっきりと組み込まれていたようです。以上、宗教者組織の編成に関して三つの類型に分けてみたのですが、この三つの類型、すなわち官位をもつものから被賤視を伴うものまで、その差異は何が原因で生じたのか考えてみる必要があります。これは幕藩制国家権力による身分編成の論理に、賤視がどのように機能していたのかを考える上からも重要な課題となるでしょう。

ところで官位を補任するとは、国家権力が公認することを意味しているわけで、例えば、慶応四年正月十日、討幕にあたり徳川慶喜・松平容保以下あわせて二七名の官位を朝廷が取り上げたのは当然でした。また、寛文四（一六六四）年、現在の埼玉県東松山市にあります岩殿観音の散銭をめぐって、観音の別当である真言宗寺院と、参道に居を構えていた修験者との間で争論が起こった際、修験者が無位無官であったため敗訴したように、官位のもつ意味は、国家権力との関係において捉えるべき重要な問題を含んでいると思われます。最後に、少々占いめいた話をすることを許していただきたいと思います。丸山真男氏が、明治政府による荻生徂徠の贈位問題で明示しているように、贈位はその時点での政治的な意味をもつものです。現在、すでに靖国神社に合祀され、「国の英霊」となった戦犯に対し、次には、戦犯は「天皇と国家のために死んだのだから、国家は位階を追贈すべきだ」との妄説をまき散らされる日が来るのではないかと杞憂します。主権在民の国家である現在の日本にあって、我々は位階制度をどのように位置づけるべきか、これも課題の一つでしょう。

註

（1）小報告の行なわれた同日（一九八〇年十一月二十九日）の日本経済新聞朝刊で、写真家本橋成一氏は『密着サーカスを撮る』と題して次のように書いている。「芸人さんたちと寝起きをともにして知ったもう一つのことは、サーカスの芸には命がかかっている、ということだ。……どんな単純な芸でも命がけなのだ。もし危険が伴っていなければ、いくらすばらしい芸でも単なるショーになってしまう。……どのサーカスも場所の初日は必ず舞台をきよめ、使用する道具におはらいをする。命をかけているサーカスの芸は神聖なものなのだ。」本橋さんの言われるように、命がけの神聖なサーカスの芸では、きよめやおはらいを行なうということだが、我々の周囲を丁寧に見まわせば、これらと類似の精神が決して少なくないことに気がつく。また、同じく報告後、遠藤周作氏「夫婦の一日」（『新潮』第九一一号）を目にした。カトリックの信者である遠藤氏はその中で「『本当の宗教とは、そんなことと関係ないんだよ』、『そんなことって』、『それを信じれば病気が治るとか、世俗的な運がひらけるとか……そういうことさ』」と、夫の健康のために、占いや方違いをやむなく信じようとした妻に、それらと本当の宗教とは違うことを説いている。右に示したように現に存在する、きよめ・おはらい・占いなどを信じようとするこのような精神が、いかなる歴史過程を経て今日に伝えられたのかという、大きな課題に取り組むための一素材に、小報告がなればと思う。

(2)「猿廻しの話」(『定本柳田國男集』第二七巻、筑摩書房、一九六四年)。
(3)『日本盲人社会史研究』(未来社、一九七四年)。
(4)佐賀県立図書館所蔵明治行政資料「盲僧大中徳人撰留　明治八年　第一課」による。
(5)内閣文庫所蔵。
(6)森末義彰「民間芸能の問題――千秋萬歳の発生を中心として」(『国語と国文学』三一巻一〇号、一九五四年)を参考にした。
(7)岡田弘「萬歳の歴史と展望」(『大衆芸能資料集成』第一巻、三一書房、一九八〇年)を参考にした。
(8)『近世出かせぎの郷――尾張知多万歳』(知多町文化財資料第八集、知多町教育委員会、一九六六年)。
(9)『祠曹雑識』巻三十六によれば、一～三月以外に陰陽師の活動をするものもあったが、多くの場合は農民であった。

(10) 熊谷勉編『宝飯地方史資料』(六)(愛知県宝飯地方史編纂委員会、一九五八年)二三三頁。
(11) 『日本書紀』(岩波日本古典文学大系68、一九六五年)巻二十二推古天皇の条。
(12) 三浦圭一『和泉市史』上巻・日本史研究会一九八〇年大会報告など。
(13) 岡田芳朗「日本各地で作られた暦のすべて」(『歴史読本』一九七三年一二月臨時増刊号)を参考にした。
(14) 『駿國雑志』巻之七、〈院内町〉(吉見書店、一九〇九年)。
(15) 『撮要録』前編巻二十一(日本文教出版、一九六五年)。
(16) 山梨県南都留郡忍野村忍草の修験万宝院の場合には、幕末に種痘を行なっている。
(17) 圭室文雄『江戸幕府の宗教統制』(評論社、一九七一年)。
(18) 坂本勝成「江戸の不動信仰——目黒不動の場合」(圭室文雄他編『近世仏教の諸問題』雄山閣、一九七九年)。
(19) 『宝飯地方史資料』(七)(一九五八年)二五頁。
(20) 太政官符「応置鎮守府陰陽師事」(『古事類苑』13方技部一、吉川弘文館、一九六九年)。
(21) 「陰陽道と鎌倉武家社会」(『月刊百科』二〇九号、一九八〇年)。
(22) 『土御門家記録 二』(東京大学史料編纂所所蔵謄写本)。
(23) 『中世政治社会思想 上』(岩波日本思想大系21、一九七二年)。
(24) この言葉は富田正弘氏の用語である。
(25) 日本史研究会史料研究部会編『中世日本の歴史像』(創元社、一九七八年)。

(26) 拙稿「幕藩制国家と本末体制」(『歴史学研究別冊(一九七九年度)』、本書第四章)。
(27) 拙稿「修験本山派の本末体制」(『大月市史 通史編』一九七八年、本書第八章)、および拙稿、前掲註(26)。
(28) 「渡辺政香覚書――化政期を中心として」(『名古屋自由学院短期大学研究紀要』一二号、一九八〇年)。
(29) 歴史学研究会近世史運営委員会口頭報告。
(30) 『法規分類大全第一編 社寺門』。
(31) 『土御門家記録 一』。
(32) 『常憲院殿御実紀』巻八。註(31)と同。
(33) 註(31)と同。
(34) 同前。
(35) 高柳真三・石井良助編『御触書天保集成 下』(岩波書店、一九四一年)五五二五。
(36) 『市政提要』下巻(福武書店、一九七四年)七二〇頁。
(37) 『普化宗門掟書』(東京大学史料編纂所所蔵謄写本)。
(38) 註(31)と同。
(39) 『撮要録』前編巻二十四。
(40) 以下は、『陰陽道家職一件』(東京大学史料編纂所所蔵原本)による。
(41) 司法省調査課編『徳川時代裁判事例 刑事ノ部』(一九三六年)一二三頁に「陰陽家取締

助役と詐称し職札を偽造して占考者へ交付し金銭欺取せし者」がある。

(42) 高柳真三・石井良助編『御触書寛保集成』（岩波書店、一九七六年）一一九七。

(43) この経過については加藤康昭註(3)前掲書が詳しい。

(44) 拙稿、前掲註(26)。

(45) 司法省調査課編『徳川時代民事慣例集(1)人事ノ部』戸籍（一九三一年）。

(46) 拙稿「近世の僧位僧官」（『論集きんせい』四号、一九八〇年、本書第五章）で、この点について詳述している。

(47) 願人坊主の本寺は鞍馬寺大蔵院。説教師の本寺は三井寺別院近松寺。

(48) 陰陽師の中には賤視されたものがあったようで、二つの例を示しておく。一つは、『撮要録』前編巻二十一に享保五年七月の、備中富原村陰陽師と旦那寺上原村禅林庵との出入裁許の史料がある。裁許は、今後も禅林庵は、「無官之者共宅江は不参候筈受領仕候者共宅計江参申候」と、無官の陰陽師宅への旦那寺不参という差別を容認している。もう一例は、国立国会図書館蔵『土御門家神職座頭渡世出入一件　文化九年』で、武州入間郡の陰陽師が同州比企郡の瞽女と入間郡の座頭を相手取った訴訟である。瞽女座頭が諸村々軒別相廻る節、「毎度陰陽家之神職は下職成者故其家江ハ不参由申触」して陰陽師を賤しめることは、陰陽師職業の支障になると訴えた。これに対し、瞽女座頭側は、門附けをしてはならない賤しき筋目の家々の中に陰陽師が入っていると答えている。

(49) 『埼玉叢書』第三「巌殿山千手観世音菩薩来由略記」（三明社、一九二九年）。岩殿正法寺所蔵文書。
(50) 丸山真男「荻生徂徠の贈位問題」(家永三郎教授東京教育大学退官記念論集刊行委員会編『近代日本の国家と思想』三省堂、一九七九年)。

補説2　近世の村と寺社

はじめに

慶応四（一八六八）年、甲斐国に散在していた仏教各宗派寺院と神社は、甲府寺社総轄職に対し、寺社書上げを提出した。書上げの大部分は山梨県立図書館に現存し（社記二〇巻のうち第四巻目、寺記六〇巻のうち第二四〜六巻目が欠本）、『甲斐国社記・寺記』一〜四巻として刊行されている。その刊本にもとづき、甲斐国都留郡（郡内地方）の一部である、現在の大月市域の寺院・神社を示したものが**表1・2**である。慶応四年当時のものであり、近世の全期間について示すものではないが、そこから一つの地域（大月市域）の近世の宗教の諸特徴を見出すことは可能であろう。

それらの特徴として、

(1)　天台宗・真言宗・時宗とともに、山梨県の他地域では盛んな日蓮宗が皆無であること。

(2) 修験寺院が多く、とくに本山派修験者が多数存在すること。

(3) 廃止された修験宗を除くと、一九二五年に『北都留郡誌』編纂のために行なわれた調査の時までに無住寺院以外は四院しか減っていないこと。一九二五年から現在までに九院減っており、この時期のほうがより減少していること。

(4) 本山・本寺はなく、すべて末寺院であること。各村落には必ず氏神社か産神社《うぶがみ》が存在し、大月地域に居住する一〇人の神職は三七社の氏神・産神社の氏子圏をもっていたこと。

などの諸点をあげることができる。

本章では、本山や本寺あるいは本所の統制を受けていた寺院や神社が、村々の中でどういう役割や位置を占めていたのか、あるいはまた、村人との関わりはどのように営まれていたのか、という問題について考えることにする。

一　寺院と村

1　寺檀関係

幕府の宗教政策は、本末体制と寺請制度とを二本の柱としていた。第三章で述べたように、本末体制が全国の寺院を本寺と末寺の秩序にはめこんで統制するためのものであった

浄土宗鎮西派	浄土真宗		修験宗			寺院数
	西本願寺	東本願寺	本山派	当山派	羽黒派	
				胎蔵院		3
						1
			国宝院			2
				蓮乗院·大善寺		6
						2
	正念寺・福正寺	善福寺				3
西方寺·悟安寺						2
無辺寺	(行願寺)②					1
			大宝院			3
						0
	安楽寺					2
			常楽院·大坊			3
			永正院			4
	浄照寺					2
						0
						0
			松岳坊		秀山房	3
			蔵王院			2
宗安寺				大山寺		2
						4
			金剛院			2
阿弥陀寺						2
						2
			宝寺院			3
						0
	福泉寺					2
			華蔵院·吉祥院			3
			大仙院·東泉寺			4
			正覚院·正宝院·常寿院·大林院			10
						1
						0
						1
			大正院			3
5	5	1	18	4	1	78
	6		23			

る．③：『北都留郡誌』にあり．▭：慶応4年，大正14年に存在し現存するもの．㊟ 現在猿橋殿上に日蓮宗円行寺あり．

表1　大月地域の寺院

村名		新義真言宗	臨済宗 塩山派	臨済宗 建長寺派	臨済宗 妙心寺派	曹洞宗
笹子	黒野田				普明院・阿弥陀堂×	
	吉久保				泉冷院×	
	白野				宝林寺	
初狩	中初狩				儀光庵・福聚院・瑞竜庵	地蔵寺
	下初狩				自徳寺	法雲寺
大月	真木					
	花咲					
	大月					
	駒橋					光照寺・延命寺
賑岡	浅利					
	強瀬					全福寺
	岩殿	真蔵院				
	畑倉		東陽寺			法幢寺・威徳寺
	奥山					東光寺
七保	林					
	奈良子					
	瀬戸		金竜寺			
	駒宮			光養寺×		
	浅川					
	葛野			福泉寺・涼泉寺・常光寺		宝林寺
	下和田		花井寺			
猿橋	殿上				大椿寺	
	猿橋			心月寺		長谷寺
	小沢			(東光寺)③		長応寺・照光寺
	朝日小沢					
	藤崎			妙楽寺		
	小篠			養福寺		
富浜	宮谷					宝前寺・正覚寺
	鳥沢			円福寺・瑞光寺・瑞雲寺×・修善庵×・福寿庵・真福寺×		
梁川	綱之上			全昌寺		
	新倉	(宝泉寺)①				
	塩瀬		瑞淵寺			
	立野		円通寺			竜岩寺
		1	5	14	9	15
			28			

［註］ 社記20巻，寺記60巻の原本のうち，第12巻社記，第24巻新義真言宗，第25・26巻禅宗塩山派，第31巻妙心寺派は欠本．×印：慶応4年当時無住．□：慶応4年に存在し，大正14年『北都留郡誌』にあり．①：真言宗高野派，『北都留郡誌』にあり．②：『北都留郡誌』にあり，現存す

兼　帯　社

——奥野山稲村大明神
——稲山大明神
——子神大明神

——富士見山子神大明神
——諏訪大明神
——諏訪大明神（上花咲）

——御嶽社
——御嶽大明神
——子神社

——春日大明神
——春日大明神
——春日大明神
——春日大明神
——春日大明神
——春日大明神

——山　神
——御嶽大明神（小倉組）・千劔大明神（幡野組）　┌諏訪春日 大明神（猿橋宿）　└八幡大明神　——三輪若宮 相殿
——御嶽大明神（田中組）
——諏訪大明神
——勝手大明神・小篠社・子安大明神
——諏訪春日 相殿

——小松大明神
有倉大明神——（川合村 島田山城兼帯）
八幡宮——
——山神（下畑組）・貴布禰大明神

表2　大月地域の神社

村名		宝暦12年9月		慶応4年	
		神職	神社	神職	神社
笹子	黒野田				
	吉久保				
	白野				
初狩	中初狩	小林伊賀	高岩神社	小林出雲正	高岩四所大明神
	下初狩	藤本丹後	八幡宮神社	藤本丹後	鎌倉山八幡宮
大月	真木				
	花咲	橋本能登	高岩神社	橋本因幡正	稲村大明神
	大月	吉村山城	三島大明神社	吉村山城正	三嶋大明神
	駒橋				
賑岡	浅利				
	強瀬				
	岩殿				
	畑倉	箭竹越後	春日大明神	箭竹大隅正	春日大明神
	奥山				
七保	林				
	奈良子				
	瀬戸				
	駒宮				
	浅川				
	葛野	箭竹和泉	御嶽権現社	箭竹頼母	御嶽大明神
	下和田	奈良主殿	春日大明神・猿橋明神	奈良大和正	春日大明神
猿橋	殿上	佐藤若狭	三島大明神社	佐藤若狭正	三島大明神
	猿橋				
	小沢				
	朝日小沢				
	藤崎			和田和泉正	春日大明神
	小篠				
富浜	宮谷				
	鳥沢	山口因幡	大木大明神社	山口藤之助	大木大明神
梁川	綱之上				
	新倉				
	塩瀬				
	立野				
		9人			

［註］ ○宝暦12年9月の史料は，『北都留郡誌』掲載．
○慶応4年については末社を除いた．

のに対して、寺請制度は、身分や階層にかかわりなくすべての人々の信仰を規制することを直接の目的としたものであった。より具体的には、幕府の禁じる宗教（キリスト教・日蓮宗不受不施派など）が信仰されないよう、すべての人々を、容認された仏教諸派寺院に登録・証明させる（寺請）制度であった。

すなわち、すべての人々は（もちろん、武士も神職も含まれる）、必ず一定の一寺院の檀家にならざるをえなくなったのである。[1]

甲斐国郡内地方の一部である現在の大月市域において、幕府の強制した寺請制度がいつごろから実施されたのかは史料的に明らかではない。ここでは一応、これまでの研究によって寛永十二（一六三五）年に全国いっせいに実施されたという説[2]をあてはめておきたい。なお大月市域において寺請制度廃止が達せられたのは、明治三（一八七〇）年六月二十四日のことである。

しかし、幕府が強制したことによって初めて、寺院―檀家の関係が生じたのではない。それ以前に、すでに寺檀間の関係は固定化の方向に向かっていたのである。

手形の事

一右より手形いたし旦那に相定、殊更証人迄御座候処ニ、其上様子相ちかい申候付て、御腹立被成候故、綱上衆頼入御訟訴申候、於以来ニは何哉之儀御座候とも、御寺御下地なくして竜岩寺ニかまわせ申間敷候、為後日如件、

寛永八年ひつしノ十二月八日　　　与　作（略押）

証人綱上衆　新左衛門尉㊞

喜　兵　衛（略押）

二良衛門尉（略押）

仁　兵　へ（略押）

作右衛門尉（略押）

二良左衛門尉（略押）

円通寺　参

寛永八（一六三一）年、立野村立野の円通寺（臨済宗塩山派）宛に与作が出した、「手形の事」[3]によれば、与作は以前より証人をたて、手形を致し円通寺を檀那寺としたが、竜岩寺（立野村下畑・曹洞宗）とも関係をもち続けた。ために円通寺は立腹した。そこで与作は改めて綱之上衆（立野村の隣村、綱之上村の草分百姓か）六名を証人に立て、以後、竜岩寺には構わせないことを誓っている。檀家は一檀那寺としか関係を結べないという、寺請制度の一原則の原型が、そこには見られる。

右の一檀家―一檀那寺の原則のほかに、檀家の側から檀那寺を変えること（離檀）は、原則として認められなかった。逆に、寺院が檀家を変更させることはあった。

正徳元（一七一一）年六月、強瀬村真龍寺が下和田村名主・組頭に宛てた「一札之事」[4]

によると、下和田村所左衛門は、二八年以前から真龍寺の檀家であった。このたび、戸沢村（都留市）に照連寺開山別けするにあたり、所左衛門を照連寺檀家につける。よって、これ以後、真龍寺は同人に構わないことを誓っている。檀那寺は寺院経営の基盤である檀家を、開山別けに伴い新寺に付けることが可能であった。

これに対し、檀家の側からいっさい檀那寺を変更できなかったかといえば、必ずしもそうではなく、何らかの理由にもとづき訴えを起こすことで離檀することは可能であったといえる。

文政二（一八一九）年、猿橋村久兵衛は同村心月寺（臨済宗建長寺派）から離檀し、葛野村福泉寺（臨済宗建長寺派）に檀那寺を変更したい旨を谷村代官所に訴えた。この訴えに対する心月寺から同代官所に宛てた「乍恐以書付奉申上候」[5]によると、久兵衛は、檀那寺が通夜に食事もせず帰ったのは心意あってのことである、という些細なことが離檀の理由であり、心月寺は示談を望んでいること。たとえ離檀をするにしても、本寺（建長寺）の山法に従うべきなので、どうか「久兵衛一同、鎌倉本寺へ罷出、本寺差図を受候様、仰付られ度」と願っている。

この史料は心月寺の主張にもとづいているゆえ、久兵衛の離檀を望む本当の理由は明らかではないが、同宗であるとはいえ、檀那寺を変更しようと檀家が代官所に訴えたという事実は、寺檀関係における檀家の権利を示す事例といえよう。

大月地域の人々の生活の単位である村落のまとまりは、寛文九（一六六九）年の検地の際に、中世以来の自然村落を一部改編し、近世の行政村落として設定された（村切り）。後に述べるように、神社は村落共同体とは密接不可分な関係をもつが、寺院はそれほどの直接のつながりはもたない。ある村の「宗門人別改帳」を見ると、他村に在る寺の檀家が多数存在することがわかる。一村には数カ寺の檀家が、各々檀中としてまとまり、連帯行動・責任をとった。

2　寺院の役割

これまで、寺檀関係の制度的原則や性格を述べてきたが、次に、寺院が檀家に対して、あるいは村落に対してどのような役割・機能を果していたのか検討しよう。

まず、寺檀関係の原基ともいえる、檀家死亡の際、菩提寺として引導を渡し葬事を営むこと。次に、宗門人別帳作成の際に檀那寺は、寺請証文を出して自院の檀家であることを証明する。これは寺請制度の本来の役割である。

そこから派生して、檀家の婚姻の際に、嫁ぎ先の檀那寺に寺替証文を出す。天保十四（一八四三）年、浅利村の弥右衛門に嫁入りした、いその檀那寺である駿東郡御厨中嶋村勝福寺（臨済宗）は、弥右衛門の檀那寺浄照寺（奥山村・浄土真宗西本願寺派）に宛てて、いそを浄照寺檀家にすることを許可し、以後、いそに構わないことを誓った寺替証文を出

している。(6)

また、檀家が他国に転出する際（奉公人など）や、旅行で他国に出かける際、檀那寺は寺送り証文を出す。奉公人の場合には、奉公先の檀那寺の仮檀家となるが、旅行の場合には、檀那寺から関所・村々役人に宛てた寺送り証文を持参させる。文化五（一八〇八）年、奈良子村定之丞と娘が金毘羅参りをする際、檀那寺の瀬戸村金龍寺（臨済宗塩山派）は当寺の檀家であることを証明した後、「若し此者、万一病死等致し候わば、其所の御作法通に御葬い置き下さるべく候」(7)との証文を出している。

これと照応して、大月のような街道交通の繁しい地域では、往来者が宿で死亡する場合が出てくる。天明七（一七八七）年、江戸日本橋に出店をもつ清吉は、奉公人長左衛門（信州高嶋郡塩沢村出身、浄土宗功徳寺檀家）が病身のため、ともなって帰郷させようとした。ところが、途中、黒野田宿で長左衛門が死亡したので、清吉は、最寄りの寺院である黒野田村普明院（臨済宗妙心寺派）へその取扱いを委ね、埋葬が許されている。(8)すなわち、旅先で死んだ場合の葬い方は、宗旨に関わらず現地で行なうことになっていた。

以上は寺院の寺請制度にもとづく役割・機能であり、幕府は末端の一人一人の小さな移動をも、寺院を通じて掌握させていたと言うことができ、現在の戸籍係の任務を、寺院が果していたともいえる。

そのような制度上の機能だけではなく、さらに村民の生活にとって欠かせない役割をも果していた。第一には、各種の講を結びその中心となることである。

宗教上の講には、およそ、遠隔地の寺社参詣を目的とした講と、地域的な諸種の信仰対象を中心に営まれる講とがあった。前者では富士講・伊勢講・熊野講などが、神社参詣の講として代表的なものであろう。

林村には念仏講があり、文化十（一八一三）年二月、信州善光寺別当職万善堂知太夫から「金三百疋、右は御名号頂戴に付御冥加幷御開眼御法営料として相納められ候処、慥に請取申し候」との「覚」(9)が送られている。それには、つづいて「猶また、当山参詣之節、御内仏寺拝礼相遂げられたき衆中、これ有らば此証状御持参致さるべく候」とある。この念仏講は、浄土信仰により結ばれ、かつ善光寺の経営とも結びついた組織ではあったろうが、同時に、善光寺参詣に名をかりた旅行を一つの目的とした講であったともいえる。

次に、参詣を目的とはせず、信仰対象を中心に組織された講として、浄土真宗

表3　女人講人数寺別記帳（文政6年9月）

村名	寺院名	人数	1カ年掛銭
戸　沢	正蓮寺	人 23	青銅　貫 文 4.600
法　能	専徳寺	9	1.800
川　面	浄泉寺	50	10.
川　面	西光寺	13	2.600
藤　崎	福泉寺	15	3.
田野倉	法福寺	11	2.200
強　瀬	安楽寺	25	5.
奥　山	浄照寺	20	4.
真　木	正念寺	20	4.
真　木	福正寺	50	10.
	寺 10	人 236	貫 文 47.200

西本願寺派の寺院を中心に結ばれた永代女人講がある。文政六（一八二三）年の「永代女人講記帳　杉御坊御配下　郡下組」[10]によれば、表3の通り、郡内下郷一〇カ寺が檀家女人を編成し、一人銭二〇〇文ずつ二三六人を講中としている。婦人が真宗修行のため、あるいは、信仰・談合のために結合した組織ではあろうが、この場合、本山（西本願寺）の財政基盤として設定された色彩が濃厚である。表3の「女人講人数寺別記帳」の前文には、「然ば今般仰出され候女人講御掛銭、猶又諸事上納、在来の通り御本山へ御直上納仕候……女人講掛銭之儀は年々凶作等に拘わらず、不闕に十一月急度上納仕るべく候」と厳命しているからである。

　地域的な諸種の信仰対象を中心に結ばれる講には、このような教団・寺院によって財源のために設定されたとみなされるものだけではなかった。直接、教団とは結びつかない、庚申講・月待講や念仏講などがあった。

　下宮谷村の念仏講の安政五（一八五八）年当時の様子を知ることができる。

　抑当安政五午年之事成が、春よりふりしげく、蚕不足ニ而春作五・六分程ニ候、五・六月より雨繁秋作も雨天ゆへ三・四分ニも相成兼、七月下旬より上郡内谷村辺ニ、何共相不知風病相はやり、谷村ニ而人間三百人余死、其後谷村下り村々宿々ニ相はやり、其村一同難重(渋)仕、当邑義ハ八月上旬より、一統老小共男女一同心神仕、女中小供ハ百万べんを念誦、大念仏講中ハ上下共心神をとせいとし、毎日一心ニ相守、其りやくに

てや、村方壱人も病人等無之、（中略）何事よらず只一心に心神致、其御良薬にか右之病難相のがれ、誠に難有御神力なり、

安政六未正月五日書之(11)

風病（コレラ）の恐怖から、村民すべてが念仏講を結び、信心をつとめとしたことによって風病から逃れられたと記している。科学的には、村民が講を結んだことで一カ所に固まり、他村のコレラ患者と接触しなかったことが幸いして感染しなかったのであろう。この年は、春から蚕の出来も悪く、そのうえ風病もはやるという危機的状況下で、宮谷村民が、そのすべてよりほかなく結んだ念仏講と、先に見た女人講（教団財源）・念仏講（参詣講）との間に質的な差異が存在することは容易に想像できよう。

制度上の機能としてではなく、寺院が果した役割の第二に、争論の内済の扱人（調停者）となることがある。近世社会において、民事（出入筋）の訴訟は多く、その裁判権は当事者の人別地を支配する領主にあった。しかし、訴訟の数に支配機講は応じきれず、できるだけ内済（第三者が介入して双方を和解させる）を望んだ。内済が成立すると済口《すみくち》証文を作り、代官に聞届けてもらうと、それは判決と同じ効果をもった。大月地域では、調停がしばしば寺院にもちこまれた。もちこむことを、「お寺入り《てらばいり》」と呼んでいる。

文政四（一八二一）年、奈良子村永次郎と音右衛門との間に山論が起こり、隣村の林村名主八郎兵衛他二人が仲裁したが成立たず、そこで瀬戸村金竜寺にもちこまれた。争論を

している当事者二人の檀那寺である金竜寺は、調停を試みたが内済は不調に終わり、ついに、同寺より谷村代官所に取調べを願っている。[12]

また、宝暦十二（一七六二）年の黒野田村の入会争論の際には、黒野田村普明院に調停が依頼され、内済に成功している。[13]

寺院には、右の例よりさらに火急な事態の調停が依頼された。慶応二（一八六六）年六月十七日、立野村伊左衛門娘は、「半四郎悴友七と不埒の義これ在候を、聟喜兵衛に見付けられ、右友七簀巻に致され、余儀なく、父半四郎菩提寺へ入寺いたし、方丈幷村役人一同にて重々御詫申し、趣意金として金四〇両差出し御詫相済申し候」。ならびに、伊左衛門娘は「右夜、小篠村花蔵院（修験本山派）へ逃げ込み、種々詫申し、ようよう七月八日、元通り熟縁に相成申し候」。[14]

あるいは、安永元（一七七二）年、真木村要助は、女房に不義を致した下初狩村丈右衛門を、無慈悲にも手打ちにし、要助の檀那寺である福正寺へ入り出家した事件があった。[15]

これらの事例は、寺院が村落内のもめごとを解決する調停者として機能していたことを示しているといえよう。

3　本末体制と檀家役

幕府の人身支配政策・宗教統制政策の一環としての制度にもとづいた寺院の機能のほか

に、右に見た、村民の生活の中で果した諸種の役割を前提として、寺院は檀家に対して檀家役を求めた。

真木村福正寺は浄土真宗西本願寺派の末寺院であり、甲斐国触頭である山梨郡等々力村万福寺（杉ノ坊）の触下であった。郡内は末寺院を上下二組に分け、福正寺は下郷一〇カ寺（**表3**の一〇寺院。当初は福泉寺・専徳寺を除いた八寺院で一組）に入れられていた。同宗にも、他宗同様に寺の格式が設定され、本末制度維持に不可欠なゆえ、その序列は厳守された。同宗の寺格は、享和二（一八〇二）年の「西派浄土真宗位階并得度之次第」[16]によると、門主とその連枝の下に、院家・内陣・余間・三之間・飛檐・初中後・国絹袈裟・平僧の序列になっている。福正寺の場合は、寛永十二（一六三五）年、絹袈裟（寛永年間当時の寺格で、飛檐に相当）、宝暦十一（一七六一）年、永代余間、慶応三（一八六七）年、永代内陣・院家となっている[17]。福正寺は寺格を得るために、触頭である万福寺に取次を依頼し、本山に上納金を納め許可をしてもらう。また、跡職を継ぐ場合、「継目御礼」として同様に上納金を払う。なぜなら、「本山免状これ無き者は、住持相続相成らざる寺法に御座候」[18]であったから、僧侶としての身分を維持していくために不可欠であったのである。

末寺院が上納金をするのは、寺格などを得る際だけではなかった。本山・触頭等に対し、定例・臨時の上納金が必要であった。定例のものは、**表4**のごとく年頭・中元・報恩講の三季上納である。寺格によって上納金額が異なる。このほかに、臨時の上納金があった。

表4　本山幷杉御坊三季上納額（天保10年）

寺格		年頭	中元	報恩講
本山	三季上納			
	余間中	青銅 300文	青銅 300文	青銅 300文
	三ノ間中	250	250	250
	以下	200	200	200
杉御坊	三季上納			
	余間中	300	200	200
	三ノ間中	200	100	100
	以下	200	100	100

本山・本寺の堂宇修復・普請料や完成祝儀料をはじめ、じつに諸々の臨時上納金の要請があった。それらは、下郷一〇寺の年番が集め、上納する。したがって、定例・臨時上納金は下郷一〇寺の連帯責任となる。

寺格獲得金・各種上納金は、本山・本寺・触頭に対し、末寺院が行なうものであるが、末寺院にそれに応えられる財源はあったのであろうか、延宝二（一六七四）年、「真木村水帳之写」によれば、福正寺は二一石二斗八升七合の持高があり、その大部分を小作に出していた。村内有数の高持であったといえる。しかし、いかに有数な高持であったとしても、右の各種上納金に耐えうるものではなかった。

天保十（一八三九）年十一月、「御本山御充実金控」(19)によれば、この年の臨時上納金二二両のうち、二両を福正寺が引請け、檀家が二〇両を負担している。同寺の檀家数一一七軒で二〇両を均等に割り、一軒に付き銀一〇匁五分が一檀家負担となっている。この例のように、末寺は一部を負担するが、大部分は檀家役として檀家の負担に委ねた。本山は、当然、檀家から取り立てることを前提としており、本山にとっては、末寺―檀家の総体こそが財政基盤だったのである。そのことは、前述した永代女人講が、本山の財源確保のために、新たに企てられた講であったことからも想像できよう。

檀家には、檀那寺の各種上納金・寺格等獲得金のほか、もちろん檀那寺の諸普請・修復なども負担となった。安永二（一七七三）年正月、福正寺は本堂より出火、庫裡・楼門とも焼失した。その本堂再建事業は、檀家にとって「一衣を脱ぎ、一食を減じて」でも果さねばならないものとなり、寛政九（一七九七）年より開始され、文化七（一八一〇）年八月の入仏法会まで、一四カ年、合計金六五〇両の経費を必要とした。他村の同門徒、自村の他門徒はもちろん、あまねく勧化を求めたが、いうまでもなく檀家が負担の中心となった。寛政十三年の時点で、檀家（一八八軒）は金三六八両余を負担している。一軒一軒の檀家は、一度には負担に応じられず、真木村長兵衛は金三両を、五カ年で八回に分納、同村儀右衛門は同じく金三両を六カ年で五回に分納している。檀家にとっては、「一衣を脱ぎ、一食を減じて」でも上納したという表現は、必ずしも誇張ではなかったであろう。

領主による本年貢を中心とする諸負担に、すでに耐えかねていた村民の多くの部分にとって、檀那寺からの檀家役は、その上の負担となり苦しいものとなった。ために、檀家役を差し支える檀家も生じた。

奥山村浄照寺は、西本願寺派の末寺院であり、その檀家は数カ村にわたっている。その一つ花咲村檀中一四名から、文政四（一八二一）年、同寺に出された詫状[20]が残されている。それによると、花咲村檀中は、「去年来より檀家役差支」えているのでたびたび代表が詫び入れてきた。ところがその後、同村檀家中は善後策のための寄合を開こうともしない。ために他村の檀中・世話役は難渋している。のみならず、「御寺報恩講其外大法会等御招これあり候節……参詣もこれなき事」、その他、「去年春旦方一統相談の上、入仏供養仕度」節にも花咲村檀中は、「一円等閑の致方」であった。これに対し、花咲村檀中は右等のことは「一言の申し分け相立ちがたく、然上ハ、向後右様之儀もこれなき様、実意を以て先祖霊廟御崇敬申上ぐべく候。御公儀御本山御用向、御差支これ無き様、きっと相守り申すべく候」と一札入れている。

同じく、浄照寺の檀家、浅利村彦次右衛門は檀家役に差し支え、文政九年、浄照寺と浅利村御世話人衆中に宛て詫状[21]を入れている。そこには、「御本山向御奉加、或は割付等、彼是六ケ敷き我意申し差支に及び」なおざりにしていたが、それでは「御本山向相済み申さざるに付、寺旦一同迷惑ニ付、拠なく寺にて弁金立替置き候事」。また盆・両親命日の参詣がないが、寺は「宗旨印形差加え、宗旨役所へ申立つべき旨」役所より申し渡しがあったところである。檀家彦次衛門が三季その他の信施の心得もないことは、「寺は旦家江法施し、旦家は信施ヲ寺へ差上げ候筈。信施の心得これなきは不受不施宗門と申し御法度筋の義、諸事不冥加の事」。彦次右衛門は、今後、それらのことのないよう詫びている。

二つの詫状から、檀家の義務の具体的な内容を抄出したが、そこからわかる特徴的なことは、一つは、本山向の奉加・割付金は全檀家・末寺で連帯責任を負う体制があったこと。したがって、そこには檀中という一つの共同体が強制力を発揮したこと。次に、檀家役（三季などの信施）を果さないことは、禁制の不受不施派に等しく、宗門帳作成にあたって、檀那寺は檀家を証明する寺請証文が出せなくなる、と、暗に宗旨改めを拒みさえしようとしていること。寺院は、幕府の制度を、檀家役を果させるための強制力としていたのである。しかし、それにもまして檀家役を果させるために、寺院が強制力としているのは引導拒否であった。

差出申一札之事

此度滝次郎死去ニ付御届申上候処、右之者何与心得候哉、御菩提所江年頭・盆・彼岸・報恩講幷ニ親忌日・明日ニも一向参詣不仕、右様ニ仏前参詣不仕者ハ、引導難相成旨被仰聞、御尤ニ奉存候、右之段施主・親類組合ニ而御詫申上候処、御聞済被成下、難有奉存候、然上者施主・親類心得違無之参詣可仕候間、御導奉願上、為念一札如件

文久二年戌九月廿九日　上真木村

施主　長兵衛㊞

組合惣代　弥兵衛㊞

親類　覚左衛門㊞

福正寺様(22)

文久二(一八六二)年、真木村滝次郎死去に伴い、施主・組合惣代・親類が檀那寺にその旨を届け上げたところ、檀那寺の福正寺が言うには、滝次郎は年頭・盆・彼岸・報恩講や親忌日・明日にも一向参詣しなかったので、このような者のためには引導なりがたいと述べたという。ために、施主等が詫びて檀那寺である福正寺に引導を下してくれるよう嘆願している。

ところで、寺院が不当と思える檀家役を課した場合でも、檀家はただ忍従せざるをえなかったのであろうか。そういう場合、宗派によって違いはあろうが、檀家は訴えを起こし、不当な義務などをはねかえそうとしたのである。

文化十一(一八二八)年、岩殿村茂左衛門らは、同村真蔵院(新義真言宗)を訴えている。

差出申一札之事

一私共菩提寺真蔵院住持道良儀、檀家取計方之儀新規之仕方相定、私共一同困窮仕候故、今般出訴仕候ニ付、各方を惣代ニ御頼申候所相違無御座候。仍而一札差出申所、如件。

文化十一戌年九月

都留郡岩殿村茂左衛門

(以下十名連名略)

檀那寺が、檀家に対し一方的に新規の取計方を取りきめ、檀家が困窮したことが出訴の理由となっている。この出訴が誰宛てであるかは、文書の後半が切断されており不明である[23]。

文政二（一八一九）年の、猿橋村久兵衛による、同村心月寺に対する出訴は、谷村代官所に対して行なわれた[24]。また、奥山村東光寺（臨済宗建長寺派）「焼失ニ付、再建立幷ニ御移転」より発生した文政元年の争論は、「御本山迄御訴訟」している[25]。

寺院にとって、出訴されることは大いに打撃であったとみえ、心月寺の場合は、谷村代官所に対して、まず当事者で示談を望むが、やむなくば、本寺（建長寺）の指図を受けたいのでそのように命じてくれるよう願っている。

一方、東光寺の件では、本山の「御吟味請奉り候ては双方共宜からず、左の扱人立入り……寺檀和合にて……内済熟談仕り候」と記されている。すなわち、寺院は代官所に訴えをもちこまれるよりは本山へ、本山よりは本寺へ、それよりは寺檀の内済を望んだ。

檀家は、寺檀関係においてまったくの無権利状態に置かれていたのではなく、上訴権をもっていたのである。

寺院の種々の強制と檀家の上訴という、いわば、ぎこちない非日常的な関係を述べた。ところで、引導拒否という寺檀間の最も基本的な関係である檀那寺＝菩提所の役割を拒んでまでも、それほどに檀家役を強制する末寺院の置かれた背景とは、どのようなものだったのであろうか。

表5　福正寺三季臨時上納金不納額
（天保10～慶応3年）

各種上納名目	金額	銀額
三季上納額	金 41.（両） .2（朱）	銀 281.（匁）
上納分	〃 3.1.（分）	〃 34.5
三季不納分	〃 37.3.2	〃 246.5
築地御手伝	〃 2.	
御橋御手伝	〃 1.	
新御門跡様御得度御祝儀		〃 48.
新御門跡様大僧正御転任御祝儀	〃 1.1.	〃 3.
臨時不納分	〃 4.1.	〃 51.
不納額合計	〃 42. .2	〃 297.5

福正寺は、天保十（一八三九）年から慶応三（一八六七）年までの間、**表5**のごとく、定例の三季上納金と臨時上納金と合わせて金四七両余の不納額があり、この間わずか四両ほどの上納しか行なっていないのである。先に見た寛政～文化期の本堂再建の多大な負担や、天保騒動に象徴的な、財源である檀家の経済的破綻、あるいは、檀家数の減少（寛政十〔一七九八〕年の一八八軒から、天保十年の一一七軒へ）という状況の中で、末寺院は僧侶たる身分を保つため、本末体制のもと、あくまでも上納金を果さねばならず、あえて諸種の強制力を発揮してまでも檀家役を取り立てざるをえなかったのである。

このような末寺院を、単に堕落したとのみ把握するのではなく、「末寺院―檀家」を一体として財源の基礎とした本山・本寺による本末体制と、それを、個別人身支配・身分制維持をも目的とした宗教政策として推し進めた幕藩権力とが、その背景に存在したということを想起する必要があるのである。

二　神社と村

1　神社と村

今ではもう少数の老人にしか、その跡も見出せなくなった祠・堂が、この時代には、今も続く神社とともに各村に存在していたことは、近世の村絵図を見ると判明する。大月地域の各村村絵図[26]には、山神・天神・道祖神・子安明神・八幡・山王・津島・金山等々の神々を祭った祠・神社や、不動・薬師・観音・蔵王権現等々の堂の存在が確認できる。祠・堂は、今も続く神社の神主が兼帯し巡回していたり、修験者が別当として活動の場としていた。

山稼ぎを生業の中心としていた黒野田村には、周辺の山々に多くの山神（山を領する神）が祭られていたし、また、金山神社が祭られた地域には必ずといってよいほど、鋳物師・鍛冶師・金鉱師の存在が跡づけられる。また、五穀成就は農業を行なう各村にとって恒例の祈願であり、神職を招いて行なうその四季神道祭は村入用でその費用を支払っている。そのように、それぞれの地域の人々にとって、とくにその生業と深く結びついて、神々への信仰が行なわれていたといえる。また一方、人々の信仰に、神職・修験者が深く結びつき活動していたことが考えられる。

ところで、村の人々の生活と信仰にとって、中心となったのは氏神社であった（黒野田・鳥沢・袴着・綱之上村などの場合は産神社であった）。村民は自分の村の氏神の氏子となり、氏子惣代を中心として、氏神社を祭り、かつ維持していった。神主に対する初穂料を多くの村で村入用としてまかなっているのは、そのあらわれであり、神社の普請・修復費用は氏子である村人が負担の中心になり、他村へも勧化をあおいで、その調達にあたった。これらの場合、寺檀関係が数カ村に渡り、入り組んでいたのに対し、氏神―氏子関係は一村落に限られており、村の共同体としてのまとまり・規制を伴って展開された。先の**表2**のごとく、大月地域の場合一〇人の神職は、一人平均四カ村の氏神社か産神社を兼帯してもち、それらの村落を氏子圏として掌握していた。

ところで、これら氏子圏の農民にとって神社修復・普請の費用は臨時の重い負担となり、これを果すのに苦労をしたことがうかがえる。

文化十二（一八一五）年九月、下和田村氏神春日明神社普請の際、同村小前一統は村役人に対し連印一札を差し出している。[27]

差出申連印之叓

今般、氏神御普請金として、小前一統相談之上、大和守様へ御無心申、御寄進文字金拾五両只今慥ニ請取申処実正に御座候、然上は是迄社領面之儀、御年貢勘定年々被成候処、向後之儀は永々御年貢勘定無之筈相定メ申候、幷に天神・八幡・一の宮、右三カ所社領面之御年貢之儀は年々役所ニ而御取立、大和守へ差上候筈に相定申候、依之小前一統連印差出し申候、以上、

文化十二年亥九月日　（小前連印省略）

村御役人中

小前一統は神主から借金（文字金一五両）をして、その金を普請金として神社に寄進した。そのかわり、社領面の年貢地（石高五石四斗五升）の年貢は小前一統が請け負い、また、除地である他の三社領（合わせて三七七坪）の年貢は、村役人が取り立て神主へ納めるものとした。

小前層にとって、氏神社の普請金はまるまる借金となり、すでにこの時点で普請金を支払えなかった小前層に、その後いっそうの負担がついてまわることになった。村役人層・神主と、小前層との間の格差がますます広がっていったであろうことは想像に難くない。

右のような方法で普請を行なった村々もあれば、一方、村全体＝惣氏子中で協力し、工夫をして修復を行なった例もあった。

寛政元（一七八九）年十一月、朝日小沢村の氏神諏訪大明神宮修復につき、村内村役人ならびに惣氏子は相談をもって、修復の入用金を算定し、村方氏子が少額の寄付金で済む

ように取りきめた[28]。その方法は、まず世話役を定め、その運営のもとで村民の積立金を貸付け（担保を取る）、利子を生ませる。一方、奉納金は有りしだい随時取込み、これらの金が一定額に達するとこれを修復の基金とする。そして、この時点で他村に奉加金を願い、その両方を併せて、ついに文政七（一八二四）年に修復を実現した。じつに、この間三五年の歳月が費されたのである。

2　神主の上京

幕府は、仏教諸派の本山を掌握することで、全国の寺院を統制することに成功したのと同様、神道についても、全国の神社・神主を統制するために、京都吉田家を通して掌握した。寛文五（一六六五）年、幕府は「諸社禰宜神主法度」を発し、神職の守るべき五カ条の大綱を定めた。そこでは、寛文二年二月二十一日付、藤崎村和田丹波[29]や、寛文三年二月九日付、下和田村奈良越後掾[30]に出された神道裁許状に見られるように、すでに、寛文五年以前に神道管領長上を称して、諸国の神主の位階・祭服許可の権限を有していた吉田（卜部）家に対し、権力的、体制的に権限を承認することで、吉田家を頂点とした全国神社の掌握を企図した。吉田家はこの保証にもとづき、諸社神主の装束をはじめ、神職そのものを許可する権限をもった。換言すれば、神職という身分には誰もがなれるというのではなく、吉田家に、その神職たる筋目の明らかなことを証明し、継目金を上納することで、はじめて認可されたのである。それは幕府の、身分間の流動を阻止し、身分を固定しようとした政策に照応した機能・制度であったともいえる。

一方、氏子は氏神社が絶えないように、神主の継目裁許に協力をした。弘化五（一八四八）年三月十七日、鳥沢村下組神主山口壱岐と同村上・下組・袴着村・綱之上村名主より代官佐々木道太郎谷村役所宛に、

乍恐以書付奉願上候

当御領所甲州都留郡鳥沢村・袴着村・綱野上村右三ケ村産神六社神主鳥沢村下組山口壱岐悴徳之進儀、今般於吉田殿ニ、神職官位継目として、上京仕度奉存候間、御添翰頂戴仕度奉願上、何卒以御慈悲右願之通御聞済被成下置度、宮元村役人一同、連印ヲ以奉願上候、已上、

弘化五年三月十七日

鳥沢村下組
神主 山口壱岐
名主 八良兵衛
同村上組
同断 儀八
袴着村
名主 武右衛門

綱野上村
名主　与十郎

佐々木道太郎様
谷村御役所[31]

を差し出し、継目の確かなことを谷村代官所の添翰で保証してもらおうと願っている。

それだけではない、氏子の協力の最大のものは、吉田家で許可を得るための、上京の費用と裁許料の負担である。

文化十（一八一三）年十月、中初狩村の神主小林越後の場合は、

舌代

当家之義ハ先伊賀守卒去被致候後、不幸ニ而相続調兼、年久敷退転同様罷進申候、私義漸盛長仕候得共、神用相勤候ニも、無官ニ而歎敷奉存候間、両三年以前より上京之義心願有之候得共、不陽気故、檀中江無心申候ニも、是迄延引仕候得共、最早、等閑難致候ニ付、今度、各々方江御無心申入候、何卒、勧金相調候様、格別之御世話、奉希候、以上

文化十年酉十月日　小林越後[32]

と、神職・官位を得、神用を勤めるための上京奉加金を依頼している。小林越後は、中初狩村のほかに、白野・吉ヶ久保・黒野田の各村の各々、子神・稲村・稲村大明神の産神社

の神主を兼帯しており、各村にも同文の依頼をして奉加金を集めている。居住する中初狩村から三〇両、白野・吉久保・黒野田村から、各々、九両・七両・九両ずつ、総計五五両の奉加金を集めている。各村の奉加金額は、表6のごとく、ほぼ四カ村の村高に比例した金額といえる。黒野田村九両の内訳は、金一分一朱から銭四八文まで、合わせて九一名が奉加帳に名を連ねている。文化三（一八〇六）年ころの同村の戸数九三戸からして、村民全戸が奉加金を出していると判断できる。おそらく、官位獲得・上京費用合計金額があらかじめ算定され、それを村高に応じて四カ村に比例配分し、各村では、全戸に負担をかぶせたものと推察できる。

幕府の身分制度維持と宗教統制の目的のために、また、本所（吉田家）の末社よりの収奪のために、じつは一般の農民（氏子）たちが経済的な負担を負っていたというこの姿は、この時代、大月地域の各村で見られたものと考える必要があるだろう。

表6　村高表

村名	村　高
	石
黒野田	121.006
吉久保	84.939
白　野	103.612
中初狩	331.570.7

先に見た、寺檀関係の下での檀家役といい、氏子としての諸負担といい、幕藩権力による宗教政策は、本年貢などの貢租の上にさらなる重荷を農民たちに課す結果となった。このことは、領主と農民間の、あるいは農民間相互の諸矛盾を増幅させることに働き、郡内地方の天保騒動や幕末に多発する村方騒動[33]の遠因の一つとなったことは疑いようもないことである。

註

（1）拙稿「宗教政策」（『日本歴史大系3　近世』山川出版社、一九八八年）。

（2）圭室文雄「檀家制度の成立」（『歴史公論』一一一号、一九八五年）など。

（3）畠山正雄家文書（大月市梁川町立野）。

（4）古見金弥家文書（大月市七保町）。

（5）山口英夫家文書（大月市賑岡町奥山）。

（6）「寺替之事」平井之宝家文書（大月市賑岡町西奥山）、『大月市史　史料篇』（大月市役所、一九七七年）三六〇頁所収。

（7）「寺送一札」棚本佳秀家文書（大月市七保町）。

（8）「差出申一札之事」天野新平家文書（大月市笹子町黒野田）、『大月市史　史料篇』二三六頁所収。

（9）鈴木正治家文書（大月市七保町林）。

（10）福正寺文書（大月市大月町真木）、『大月市史　史料篇』二七一頁所収。

（11）「年仏講中入用」東光寺文書（大月市賑岡町奥山）。

（12）「乍恐以書付奉申上候」『大月市史　史料篇』二七〇頁所収。

（13）「差上申済口書付之事」天野新平家文書、『大月市史　史料篇』一九七頁所収。

（14）「万日記覚帳」上条昭夫家文書（大月市梁川町下畑）、『大月市史　史料篇』四一二頁所収。

（15）「差出シ申一札之事」上真木区有文書（大月市大月町真木）。

(16)『古事類苑』9宗教部十一仏教十一真宗下（吉川弘文館、一九六七年）所収。
(17)福正寺文書。
(18)註(16)と同。
(19)福正寺文書。
(20)「差出申一札之事」平井之宝家文書、『大月市史　史料篇』二六八頁所収。
(21)「差出申一札之事」浄照寺文書（大月市賑岡町奥山）。
(22)福正寺文書。
(23)若野恒久家文書（大月市賑岡町）。
(24)「乍恐以書付奉申上候」山口英夫家文書。
(25)「内済議定書之事」東光寺文書。
(26)『大月市史　史料篇』絵図・地図。
(27)古見金弥家文書。
(28)「定」小林滋家文書（猿橋町朝日小沢）、『大月市史　史料篇』二四〇頁所収。
(29)和田馨家文書（大月市猿橋町藤崎）。
(30)奈良陸由家文書（大月市七保町下和田）、『大月市史　史料篇』一六一頁。
(31)斧窪正亮家文書（大月市梁川町）。
(32)「上京奉加帳」天野新平家文書。
(33)『大月市史　史料篇』近世大月市地域の百姓一揆・村方騒動年表参照。

あとがき

「君は、天皇や神社のことをよく研究できるね」とやや高い、よく響く声で津田秀夫さんが冗談半分に仰っしゃったのは、長野県駒ヶ根市で開かれた近世史サマーセミナーでの、くつろいだひと時のことであった。戦争で辛い目にあった方々は、天皇や神社の言葉を耳にするだけで、拒絶反応を起こすというのである。戦後生まれの私は、天皇や神社を研究対象にすることに、さほど抵抗を感じないというのが率直な気持ちである。しかし、それだけのことでは研究対象とするに至らない。

内田穣吉先生との出会いは、卒論との出会いでもある。越前和紙の産地今立郡岩本村の在村商人内田吉左衛門家の質量豊かな史料の閲覧をお許し頂き、私は卒論を仕上げることができた。その後も、お宅に何度も伺い、泊り込んで史料整理にあたり、必要な史料を拝借し分析することで、「幕藩制中期における生産者支配の一形態」(『日本歴史』三五四号)・「近世中期における商業経営の変質」(『学習院大学文学部研究年報』二九輯)・「和紙」(『講座日本技術の社会史1』日本評論社)を発表することができた。しかし、私の実力の無さ(発想の貧困と勉強不足)により、近世の商品流通研究・商人資本研究の深化と展望を見出せず、内田家史料を通した研究は中断した状態になっている。内田穣吉先生の御好意に応えられぬ我が身の不明・不学を恥入るばかりである。

東京大学史料編纂所の公募に辛うじて合格し、大学院生と暁星学園教諭との二足のわらじを脱いで、維新史料部の井伊家史料編纂の端くれに、加わらせてもらったのが一九七四年の四月であった。山口啓二先生や、稲垣敏子・多田実・小野正雄・宮地正人の先輩諸兄姉は、職場や国内各地への調査出張の際、史料の柔軟な見方、多様な観点を縦横に示され、私の硬い狭い読み方はほぐされ、啓かれていったように思う。そのような時、山梨県大月市の市史編纂に協力するよう、山口先生からお勧めを頂いた。大月市域の商品経済史ではなく、宗教について調べる役割が与えられた。かつて尾藤正英先生のゼミで、近世のキリスト教のリポートをさせて頂いたことのあるだけの、宗教史にまったくの素人であった自分ではあったが、新しい対象に興味・関心を強く抱く、維新史料部の伝統が少しは身に付いていたのかも知れない。大月市の小林利久さんによって精力的に収集された豊富な史料の中に、修験道関係史料も含まれていた。聖護院の文字の躍る文書や法印などの補任状の数々を目の当りにして、修験道本山派の研究に止まらず、門跡論や僧官位の問題に関心は向かっていった。

一九八一年に、学習院大学史学科に職場を移してからも、刺激に満ちた魅力的な先輩の先生方と、熱心なゼミ生の中で、私のテーマになった「国家権力と宗教」への関心は深まっていった。しかも、一五年余も続いている北島万次さんの山荘での研究会（青木美智男・三浦俊明・深谷克己・松田之利諸氏）の談論風発は滋養に富んでいた。また、鈴木靖・間瀬久美子両氏と始めた朝幕研究会は、平井誠二・久保貴子・田中暁龍・山口和夫氏ら若手の参加もあって、掛替えの無い勉強の場になった。それに加えて、学習院大学史学科の先生方の御好意で、一九八六年度の一年間、在外研究の制度で家族ともにフランスに居住できたことは、国家・社会・民族などの問題を考えるのにどれほど有効であったことか。かつて大学闘争の中で、いやというほど国家権力を見せつけられたことが、その後の研究に意味を持ち続けたのと同様に、外国から日本の特質を眺められたことの意義は計り難い。

これら多くの方々のお力添えと恵まれた環境の下で「国家権力と宗教」、言葉を置き換えれば、「天皇や神社」についての論文が書かれたのである。かくして小著を上梓するに至ったのであるが、このこととてもまた、東京大学出版会の高橋朋彦さんの御助力無くして到底なしえぬことであった。高橋さんの熱意と真摯な取組み、それに保坂裕興・山口和夫両氏の御協力によって小著は成った。

さあ、皆で乾杯。そして、また始めます。

一九八九年四月

高埜　利彦

文庫版あとがき

本書第九章「近世陰陽道の編成と組織」は、今から四十年前の一九八四年に刊行された『日本近世史論叢　下巻』（吉川弘文館）に収載されたものである。尾藤正英先生の還暦記念の出版を企画した先輩の呼びかけに応え、論文を寄せることになった。どんなテーマにするか、自分にはすでに心積りはあった。それまで修験道本山派の研究（本書第四章〜八章）に取り組んできており、次に陰陽道史の研究に取り組まなければならないと考えていたのだ。東京大学史料編纂所に在職中、書庫内の陰陽道史関係の史料を捜し徐々に解読を進めていた。近世の修験道史も陰陽道史も、それまでほとんど研究がなされず、中世末までのイメージしか描けないでいたため、手探りで歴史像を描いていくほかなかった。陰陽道に関する史料はあまり残されてはおらず、自分の努力不足もあって、限られた史料で成稿するのがやっとであった。

その頃『講座日本歴史』（東京大学出版会）の企画が、歴史学研究会と日本史研究会の合同で動いており、企画編集委員の朝尾直弘先生から「江戸幕府と寺社」（本書第三章）執筆の依頼を受けた。中世の寺社がどのように近世を迎えたのかに留意して取り組むよう指示されたことを記憶する。近世の神社・神職については依存するべき先行研究はなく、一から立ち上げる必要に迫られた。そのため陰陽道史研究は中断し、その後も自らが研究を深めたり広げたりすることなく今日まで打ちすぎてしまった。幸いにもその後、梅田千尋さんや林淳さんをはじめとする陰陽道史研究が積極的に取り組まれ、研究は広がりかつ深まっていった。

近世の神社・神職研究は、本書刊行後も自ら取り組んでいったが、間瀬久美子・西田かほる・井上智勝さん等をはじめとする研究の深まりによって充実していった。「近世奉幣使考」（本書第二章）は『歴史学研究』五〇〇号記念の特集号に寄せるよう編集委員会から依頼されたもので、期限までによく間に合ったという記憶がある。奉幣使一行の進路に与えた廃仏思想などの影響や筑前の社家組織の動向などは、近世の神社史にとって意味のある研究となったように思う。しかるに天皇・朝廷と祈年穀奉幣使との関係は十分な叙述にはなっていなかった。その後自分なりに取り組むことによって、「江戸時代の神社制度」（『日本の時代史15』吉川弘文館、二〇〇三年）を発表し、幕府・天皇・朝廷と全国の神社の関係を、古代・中世と比較しつつ体系的に位置づけた。この論文をもとに、さらに『江戸時代の神社』（山川出版社　日本史リブレット、二〇一九年）で読みやすい叙述を試みた。

本書第一章「近世国家における家職と権威」は、岩波書店が『日本の社会史』全八巻を刊行したうちの第三巻「権威と支配」（朝尾直弘編集）に所収されたものである。一九八七年に刊行されたものだが、折しも八六年四月より学習院大学からの在外研究によって、フランスに一年間滞在中に原稿の締め切りが迫り、パリのアパルトマンで執筆した。論文の前半で江戸時代の相撲を素材にして家職と権威について論じた。江戸時代の相撲については、その後も少しずつ研究を進め、『日本の伝統文化4　相撲』（山川出版社、二〇二二年）を上梓することができた。

これまで述べた各章ともに、門跡を含む天皇・朝廷との関連が議論されており、江戸時代の幕府と朝廷との関係を通時的に論じる必要に迫られた。「江戸幕府の朝廷支配」（『日本史研究』三一九号、一九八九年、のちに『近世の朝廷と宗教』吉川弘文館、二〇一四年所収）は本書の刊行直前に発表されたもので、論文そのままを本書に所収できず、その概要を序章として収めた。この近世の朝幕関係論は、朝幕研究会に集う平井誠二・久保貴子・田中暁龍・山口和夫さんをはじめとする研究の成果を反映したものである。その後も次の世代やさらに次の世代の幅広い研究者の取り組みによって、今や天皇・朝廷の存在を抜きにした近世史像は描くことができないほどになっている。拙著『江戸幕府と朝廷』（山川出版社　日本史リブレット、二〇〇一年）はこの間の成果を平易にまとめたものである。

ところで四十年前、例えば明治維新史研究は膨大な研究蓄積があり、幕府政治や藩政史研究も豊かな実りをあげていた。地主制研究から村落構造の分析や商品流通などの社会経済史なども幅広い研究蓄積があった。これらに対して、本書所収の各論文で研究対象にした近世の修験道・陰陽道・神社神職や天皇・朝廷研究は、当時はいまだ依拠する先行研究に乏しく、歴史像を一から立ち上げる作業を求められた。

喩えて言うならば、江戸時代の前半に里山の麓の草原を開墾し灌漑用水路を開削して新田開発を行うようなもので、未開拓の土地に一鍬一鍬耕していると、いつの間にか自分のあとにつぎつぎと耕作者が増えて、田畑が出来上がっていったようなものである。すでに本田畑で実りをあげていた政治史・経済史などに加えて、新田開発された天皇・朝廷、神道・修験道・陰陽道などの研究が成果を上げ、今や江戸時代の歴史像に欠かさず描かれるようになったのである。

二〇二四年十月

高埜利彦

う-2-1

〈小さき社〉の列島史　牛山佳幸著

「村の鎮守」はいかに成立し、変遷を辿ったのか。各地の同名神社群「印鑰社」「ソウドウ社」「女体社」「ウナネ社」に着目し、現地調査・文献を鍵に考察を試みる意欲作。

1300円

い-3-1

日本の神社と「神道」　井上寛司著

日本固有の宗教および宗教施設とされる神社と、神社祭祀・神祇信仰の問題を「神道」との関わりに視点を据えて、古代から現代までをトータルなかたちで再検討する画期的論考。

1500円

お-2-1

来迎芸術　大串純夫著

阿弥陀来迎図や六道図等の美と信仰のあり方を、浄土教美術に影響を与えた『往生要集』の思想や迎講・仏名会等の宗教行事から考証。解説＝須藤弘敏

1200円

お-3-1

忘れられた仏教天文学
一九世紀の日本における仏教世界像　岡田正彦著

江戸後期から明治初、仏教僧普門円通によって体系化された仏教天文学「梵暦」。西洋天文学の手法を用い、須弥界という円盤状の世界像の実在を実証しようとした思想活動に迫る。

1300円

お-4-1

増補　ゆるやかなカースト社会・中世日本　大山喬平著

第一部では日本中世の農村が位置した歴史的位相を国内外の事例から解明。第二部では日本中世史研究の泰斗・戸田芳實、黒田俊雄、三浦圭一らの業績を論じた研究者必読の書。

1700円

ふ-2-1

増補　戦国史をみる目　藤木久志著

斬新な戦国時代像を描き、後進に多大な影響を与えた歴史家・藤木久志。その歴史観と学問・思想の精髄を明快に示す論考群を収録した好著の増補完全版。解説＝稲葉継陽

1500円

み-2-1

天狗と修験者
山岳信仰とその周辺

宮本袈裟雄著

修験道の通史にはじまり、天狗や怪異伝承、修験者の特性と実態、恐山信仰などを考察。入手困難な記録や多様な事例から修験者の固有信仰を幅広く論じる。解説＝鈴木正崇

1200円

た-7-1

法然とその時代

田村圓澄著

法然はいかにして専修念仏へ帰入するに至ったのか。否定を媒介とする法然の廻心を基軸に、歴史研究の成果を「人間」理解一般にまで昇華させた意欲的労作。解説＝坪井剛

1200円

さ-6-1

祭儀と注釈
中世における古代神話

桜井好朗著

神話はいかに変容したのか。注釈が中世神話を創出し、王権－国家の起源を新たに形成。中世芸能世界の成立をも読解した、記念碑的一冊。解説＝星優也

1400円

た-6-2

民俗の日本史

高取正男著

文明化による恩恵とともに、それによって生じた土着側の危機をも捉えることで、文化史学の抜本的な見直しを志した野心的論考12本を収録。解説＝谷川健一・林淳

1400円

ま-1-1

中世の都市と非人
武家の都鎌倉・寺社の都奈良

松尾剛次著

非人はなぜ都市に集まったのか。独自の論理で彼らを救済した仏教教団とは。中世都市の代表・鎌倉と奈良、中世都市民の代表・非人を素材に、都市に見る中世を読み解く。

1200円

た-8-1

維新期天皇祭祀の研究

武田秀章著

幕末維新期における天皇親祭祭祀の展開過程を文久山陵修補事業に端を発する山陵・皇霊祭祀の形成と展開に着目しつつ検討、天皇を基軸とした近代日本国家形成の特質をも探る。

1600円

み-1-1

江戸のはやり神

宮田登著

お稲荷さん、七福神、エエジャナイカ——民衆の関心で爆発的に流行し、不要になれば棄てられた神仏。多様な事例から特徴を解明し、背景にある日本人の心理や宗教意識に迫る。

1200円

お-1-1

寺檀の思想

大桑斉著

近世に生まれた寺檀の関係を近代以降にまで存続せしめたものとは何か？　家を基本構造とする幕藩制下の仏教思想を明らかにし、近世社会の本質をも解明する。解説＝松金直美

1200円

や-3-1

藤原道長

山中裕著

道長の生涯を史料から叙述すると共に、人間関係を詳しく説き起こして人物像を浮かびあがらせる。既存の図式的な権力者のイメージをしりぞけ史実の姿に迫る。解説＝大津透

1200円

た-5-1

安倍晴明の一千年

「晴明現象」を読む

田中貴子著

スーパー陰陽師・安倍晴明はいかにして誕生したのか。平安時代に生きた晴明が、時代と世相にあわせて変貌し続ける「晴明現象」を追い、晴明に託された人々の思いを探る好著。

1200円

ふ-1-1

江戸時代の官僚制

藤井讓治著

一次史料にもとづく堅実な分析と考察から、幕藩官僚＝「職」の創出過程とその実態・特質を解明。幕藩官僚制の内実を、明瞭かつコンパクトに論じた日本近世史の快著。

1100円

た-6-1

宗教民俗学

高取正男著

民俗学の見地から日本宗教史へとアプローチし、日本的信仰の淵源をたずねる。高取正男の真骨頂ともいうべき民間信仰史に関する論考12篇を精選。解説＝柴田實／村上紀夫

1400円

な-1-2

祭祀と供犠

日本人の自然観・動物観

中村生雄著

動物を「神への捧げもの」とする西洋の供犠との対比から、日本の供養の文化を論じ、殺生・肉食の禁止と宗教との関わりに新たな光を当てた名著が文庫化。解説＝赤坂憲雄

1500円

さ-4-1

ラジオの戦争責任

坂本慎一著

戦前最強の「扇動者」、ラジオ。その歴史を五人の人物伝から繙き、国民が戦争を支持し、また玉音放送によって瞬く間に終戦を受け入れるに至った日本特有の事情を炙り出す。

900円

は-1-1

明治維新と宗教

羽賀祥二著

近代「神道」の形成と特質を仏教までも含んだ俯瞰的な視野から考察し、「国家神道」に止まらない近代「神道」の姿をダイナミックに描いた、日本近代史の必読文献。

1800円

た-4-1

聖武天皇

「天平の皇帝」とその時代

瀧浪貞子著

高い政治力を発揮し、数々の事業を推進した聖武天皇。「天平の皇帝」たらんとしたその生涯と治世を鮮やかに描写。ひ弱、優柔不断といった旧来の聖武天皇像に見直しを迫る。

1300円

よ-2-1

日本人の身体観の歴史

養老孟司著

日本の中世、近世、そして現代哲学の心身論から西欧の身体観まで論じる。固定観念を揺さぶり、常識をくつがえし、人と世界の見方を一変させる、養老「ヒト学」の集大成。

1300円

こ-1-1

神々の精神史

小松和彦著

カミを語ることは日本人の精神の歴史を語ること。竈神や座敷ワラシ。酒呑童子、ものくさ太郎に、山中の隠れ里伝承など、日本文化の深層に迫った妖怪学第一人者の処女論文集。

1400円

や-2-1
〈方法〉としての思想史
安丸良夫著

安丸史学が対峙し、目指したものとは――。自身の研究や経験を回顧した論考・時評等を中心に収め、その思想的格闘の軌跡を示した歴史学徒必読の名著。解説＝谷川 穣

1300円

か-1-2
改訂 祇園祭と戦国京都
河内将芳著

創作物を通じて戦国期の祇園祭に託された「権力に抵抗する民衆の祭」というイメージは実態に合うものなのか。イメージと史実を比較し、中世都市祭礼・祇園祭の実像に迫る。

1000円

ブ-1-1
儀礼と権力 天皇の明治維新
ジョン・ブリーン著

日本の「近代」創出に天皇がはたした身体的役割とは何か。天皇はいかにして「神話の体現者」となったのか。従来とは異なる儀礼論的アプローチから迫ったユニークな試み。

1300円

む-1-1
天平芸術の工房
武者小路穣著

正倉院や東大寺をはじめとする花やかな天平芸術の創造にたずさわった工人たちの盛衰を明らかにしていくなかで、古代国家の文化の形成基盤の全体像を考察。解説＝山岸公基

1200円

た-3-1
改訂 歴史のなかに見る親鸞
平雅行著

数少ない確実な史料を緻密に検証することで、歴史研究者として親鸞の事蹟の真偽を究明する一方、民衆の苦難と自らの思想信条とのはざまで悩み苦しむ親鸞の姿をも描きだす。

1100円

か-5-1
一遍語録を読む
金井清光
梅谷繁樹著

一切を捨てた「捨聖」一遍。その思想的背景と生涯を法語から読み解き、巻末では一遍の和讃「別願和讃」を『節用集』『日葡辞書』などを駆使して詳論する。解説＝長澤昌幸

1200円

法蔵館文庫既刊より

さ-1-1
増補 いざなぎ流 祭文と儀礼　斎藤英喜 著
高知県旧物部村に伝わる民間信仰・いざなぎ流。中尾計佐清太夫に密着し、十五年にわたるフィールドワークによってその祭文・神楽・儀礼を解明。
1500円

さ-2-1
アマテラスの変貌　佐藤弘夫 著
中世神仏交渉史の視座
童子・男神・女神へと変貌するアマテラスを手掛かりに中世の民衆が直面していたイデオロギー的呪縛の構造を抉りだし、新たな宗教コスモロジー論の構築を促す。
1200円

く-1-1
王法と仏法　黒田俊雄 著
中世史の構図
強靱な論理力で中世史の構図を一変させ、「武士中心史観」にもとづく中世理解に鋭く修正を迫った黒田史学。その精髄を示す論考を収めた不朽の名著。解説＝平　雅行
1200円

な-1-1
折口信夫の戦後天皇論　中村生雄 著
戦後「神」から「人間」となった天皇に、折口信夫はいかなる可能性を見出そうとしていたのか。折口学の深淵へ分け入り、折口理解の新地平を切り拓いた労作。解説＝三浦佑之
1300円

か-1-1
信長が見た戦国京都　河内将芳 著
城塞に囲まれた異貌の都
同時代史料から、「町」が社会集団として成熟していくさまや、戦国京都が辿った激動の軌跡を尋ね、都市民らの視線を通して信長と京都の関係を捉え直した斬新な戦国都市論！
900円

価格税別

高埜利彦（たかの　としひこ）

1947年生まれ。学習院大学名誉教授。東京大学文学部卒業。専門は日本近世史。著書『近世の朝廷と宗教』（吉川弘文館、角川源義賞受賞）、『天下泰平の時代（シリーズ日本近世史３）』（岩波新書）、『江戸幕府と朝廷』・『江戸時代の神社』（ともに日本史リブレット、山川出版社）、『相撲』（日本の伝統文化４、山川出版社）、『近世史研究とアーカイブズ学』（青史出版）など多数。

近世《きんせい》日本《にほん》の国家《こっか》権力《けんりょく》と宗教《しゅうきょう》

二〇二五年一月一五日　初版第一刷発行

著　者　高埜利彦
発行者　西村明高
発行所　株式会社法藏館
京都市下京区正面通烏丸東入
郵便番号　六〇〇-八一五三
電話　〇七五-三四三-〇〇三〇（編集）
〇七五-三四三-五六五六（営業）

装幀者　熊谷博人
印刷・製本　中村印刷株式会社

ISBN 978-4-8318-2687-9　C1121

索　引

①配列は原則として五十音順とした．同姓の人名など，一括した部分がある．
②索引項目が章・節の見出しの一部になっている場合は，最初のページのみ太字で表記した．

あ　行

か　行

さ　行

た　行

な　行

は　行

ま　行

や　行

ら　行

わ　行